CHANG-SANJIAO QUYU
GAODENG JIAOYU XIETONG FAZHAN
ZHENGCE YOUHUA YANJIU

长三角区域高等教育协同发展政策优化研究

曹燕 / 著

上海社会科学院出版社
SHANGHAI ACADEMY OF SOCIAL SCIENCES PRESS

本书出版获上海开放大学学术专著出版基金资助

前 言
FOREWORD

自中共十六届三中全会提出"区域协调发展战略"后,区域协调发展持续深入推进;2018年,国家支持长江三角洲区域一体化发展并将其上升为国家战略。高等教育协同发展是长三角区域一体化的重要组成部分,这一重大战略的实现也亟须发挥高等教育的支撑引领作用,但目前长三角区域高等教育服务支撑能力不强;尽管长三角区域高等教育领域推进协同发展的探索至今已有十多年,但协同发展成效滞后于其他领域。究其原因,长三角区域高等教育协同发展政策仍处于探索阶段,面临着政策缺位、体制机制掣肘以及缺乏有机协调、衔接不畅等问题,尚未形成完善的政策体系。长三角区域高等教育协同发展政策亟待实现由探索到发展、由经验到科学的转变,紧扣问题的政策调整和优化是促进这一转变的关键因素。故而,对长三角区域高等教育协同发展政策如何优化进行探讨就显得尤为必要。

本书着重对长三角区域高等教育协同发展政策存在的问题进行剖析,提出政策优化的方向,从而为长三角区域高等教育协同发展提供可参照的依据。本书研究内容涉及以下五个方面:对长三角区域高等教育协同发展政策的理论分析;目前长三角区域高等教育协同发展政策存在的问题;长三角区域高等教育协同发展政策优化的依据;长三角区域高等教育协同发展政策优化的方向;长三角区域高等教育协同发展政策优化的路径。上述内容围绕"长三角区域高等教育协同发展政策是什么、为什么要进行优化以及如何进行优化"这一逻辑思路,综合运用文献法、政策文本分析法、访谈法、比较法,按照内涵把握、问题剖析、依据探寻、方向提出、实现路径的研究思路加以展开。据此,得出的主要结论如下:

第一,长三角区域高等教育协同发展政策经历了起步阶段和探索阶段,大多散见在国家、区域、地方的相关政策文件中。长三角区域高等教育协同发展具备了一定的现实基础,而国家发展战略的形势要求和高等教育发展的诉求则分别形成长三角区域高等教育协同发展的"外生推动力"和"内生牵引力"。

第二,长三角区域高等教育协同发展在区域高校联盟构建、学生交流交换、合作办学与学科协同、产学研协同创新等方面取得了一些成效,同时也存在协同主体的错位与缺位、协同内容的局限与滞后、协同成效不显著等问题。究其原因,有协同发展制度机制不健全、受传统管理体制掣肘、区域文化认同缺失等因素。

第三,本书认为长三角区域高等教育协同发展政策优化的方向应是充分发挥制度优势,坚持共建共享、融合发展的新理念,遵循差异性、互补性、开放性原则。厘清区域高等教育协同发展中政府、高校和社会力量各方的权责定位;理顺长三角区域高等教育协同发展中政府间关系,增强中央与地方的协调性;理顺地方利益与区域利益的关系,推动研究型高校与应用型高校分类定位参与协同发展;在体现国家战略的总目标的基础上,制订区域高等教育协同发展的分阶段目标。

基于以上结论,本书提出了长三角区域高等教育协同发展政策优化路径。首先,改进长三角区域高等教育协同发展政策制定,着眼于强化公平正义的价值导向,提升决策的民主化和科学化水平,建立政策动态调整机制等。其次,强化长三角区域高等教育协同发展政策执行,具体从提供政策执行保障、夯实政策执行能力、激发系统变革活力、创新激励约束机制等方面着手。最后,通过完善督导评价体系,加强信息舆论引导,动员多元主体参与,打造新型长三角高等教育治理格局。

目录
CONTENTS

绪论 ………………………………………………………………………… 1
  第一节 问题提出 ……………………………………………………… 1
  第二节 国内外研究现状综述 ………………………………………… 4
  第三节 研究设计与实施 ……………………………………………… 29

第一章 概念界定与理论依据 …………………………………………… 41
  第一节 概念界定 ……………………………………………………… 41
  第二节 理论依据 ……………………………………………………… 52

第二章 长三角区域高等教育协同发展政策历程及其面临的形势 ……… 57
  第一节 21世纪以来长三角区域高等教育协同发展政策历程 ……… 57
  第二节 长三角区域高等教育协同发展政策面临的形势 …………… 76

第三章 长三角区域高等教育协同发展的现状与问题 ………………… 95
  第一节 长三角区域高等教育协同发展的现状 ……………………… 95
  第二节 长三角区域高等教育协同发展存在的问题 ………………… 106
  第三节 阻碍区域高等教育协同发展的原因 ………………………… 121

第四章 长三角区域高等教育协同发展政策优化的基本依据 ………… 129
  第一节 政策优化的基础 ……………………………………………… 129
  第二节 他山之石：国内外实践经验借鉴 …………………………… 150

第五章　长三角区域高等教育协同发展政策优化的方向 …… 155
第一节　秉承理念、制度优势与原则 …… 155
第二节　厘清协同发展各方的权责定位 …… 160
第三节　制定区域高等教育协同发展的分阶段目标 …… 169

第六章　长三角区域高等教育协同发展政策优化的路径 …… 173
第一节　改进长三角区域高等教育协同发展政策制定 …… 173
第二节　强化长三角区域高等教育协同发展政策执行 …… 178
第三节　打造新型长三角高等教育治理格局 …… 185

结论与反思 …… 191

附录 …… 194

参考文献 …… 199

后记 …… 221

绪 论

第一节 问题提出

一、研究缘起

(一) 国家重大区域战略的实现亟须发挥高等教育的支撑引领作用

目前,我国面临着新的宏观环境,世界处于"百年未有之大变局",我国已经进入一个新的发展阶段,传统的资源导向型增长模式不可持续,国土开发与空间约束问题凸显;城乡、区域、收入三大差距掣肘改革和发展;行政壁垒、市场分割与地区间恶性竞争的治理难题突出,针对这些问题,国家区域协调发展总体战略持续深入推进。长三角地区是我国经济增长的重要引擎,是全国经济体量最大的区域,在国家现代化建设大局和全面对外开放格局中具有举足轻重的战略地位,在经济全球化和区域一体化进程日益深化的大背景下,继"一带一路"倡议、京津冀协同发展、长江经济带发展、粤港澳大湾区建设等重大战略之后,国家支持长江三角洲区域一体化发展并将其上升为国家战略,为长三角区域一体化发展提供了历史性的机遇。如何抓住这个历史机遇,加快长江三角洲区域一体化发展成为亟待破解的重大课题。目前长三角一体化在交通、能源、产业、信息、环保、公共服务、市场等各个领域都在推进。教育对经济社会发展具有基础性和先导性作用,作为长三角区域合作的最大民生工程之一,教育协同发展是长三角地区一体化发展的应有之义和重要内容。而在各级教育中,高等教育和区域社会经济发展的联系最为紧密,高等教育协同发展率先突破具有重大的现实意义。

国内外宏观环境的变化和国家区域协调发展战略赋予了长三角更高质量一体化发展新的历史使命。在区域一体化发展背景下,国家陆续出台了涉及长三角教育合作发展的综合政策和专项指导意见。2008年9月,国务院出台《关于进一步推进长江三角洲地区改革开放和经济社会发展的指导意见》,首次明确提出"区域一体化发展",并将教育联动发展作为长三角区域一体化发展的重要组成部分。《国家中长期教育改革和发展规划纲要(2010—2020年)》明确提出"统筹推进教育综合改革,促进教育区域协作,提高教育服务经济社会发展的水平""探索省际教育协作改革试点,建立跨地区教育协作机制"。2014年,教育部颁布《关于进一步推进长江三角洲地区教育改革与合作发展的指导意见》,标志着长三角教育联动发展正式上升到国家层面。2018年,中共中央、国务院发布《关于建立更加有效的区域协调发展新机制的意见》,提出"进一步完善长三角区域合作工作机制""以上海为中心引领长三角城市群发展,带动长江经济带发展"。

(二)区域高等教育服务支撑能力不强

高等教育是区域经济社会发展的重要战略支撑,长三角高等教育协同发展是在区域一体化背景下进行的,从某种程度上说,长三角高等教育协同发展是实现这一目标的支撑。高等教育协同发展率先突破,实现区域高等教育深度合作和有效联动,对促进高等教育优质资源流动与共享具有重要意义。但目前在长三角高等教育合作的现实中,合作成效滞后于其他领域,尚未释放强大的合作与辐射效应,尚未能为区域内经济社会、产业发展及科技创新提供有效的支撑。换言之,长三角区域高等教育服务经济社会发展的能力不强。具体体现为:一些高校办学定位不明,盲目追求"高层次""综合化""大而全",造成高等教育重复建设、特色淡化、资源浪费,学科专业设置趋同,人才供给与人才需求结构性矛盾突出,与经济社会发展需求结合不紧密;高校面向国家重大战略的高质量成果不多,科研成果转化率低,关键核心技术领域的原创能力不足。因此,长三角地区高等教育如何更高质量地协同发展成为我们面临的一个重要课题,不仅是国家战略的需要,也是三省一市教育发展的需要,亟须理论创新与实践推进。

(三)长三角区域高等教育协同发展政策优化的诉求

以优势互补、特色发展、整体提升为核心的区域高等教育协同发展是提升高等教育服务区域经济社会发展能力的应然途径,而长三角区域高等教育协同发展面临着行政壁垒、政策衔接不畅、与其他政策缺乏有机协调、缺乏体制机制突破等问题,协同发展政策亟待实现由探索到发展、由经验到科学的转变,紧扣问题的政策调整和优化是促进这一转变的关键因素。已有研究对长三角高等教育合作成效的检视,没有以系统的数据收集和分析为依据,对合作成效缺乏追踪和反思。

为了透视长三角区域高等教育协同发展政策存在的不足和面临的困境,以期为政策的完善提供反馈性和预测性的依据,针对长三角区域高等教育协同发展政策,本研究将围绕以下问题进行展开:

首先,目前长三角区域高等教育协同发展政策存在哪些问题?

其次,长三角区域高等教育协同发展政策优化的依据有哪些?

最后,长三角区域高等教育协同发展政策应该如何进行优化?

二、研究意义

(一)理论意义

区域高等教育协同发展政策须构建完善的政策体系,但目前学界对于区域高等教育协同发展的政策研究明显不足。本书在前人相关研究的基础上,对长三角区域高等教育协同发展政策进行梳理和总结,期望在以下三个方面有所进益:第一,从政策层面对其进行研究,尝试丰富关于区域高等教育协同发展研究的理论体系;第二,从政策视角研究区域高等教育协同发展,以期丰富长三角区域高等教育协同发展研究的理论视角和理论成果,为未来区域高等教育协同发展政策的制定提供充分、客观的依据和理论支撑;第三,以区域高等教育协同发展的研究来丰富区域教育治理理论,乃至丰富区域治理理论。

(二)实践意义

本研究通过对区域高等教育协同发展政策进行系统的分析,提出政策优化的方向和实现路径,有利于促进长三角区域高等教育服务国家区域发展战略目标的顺利实现。高等教育是区域经济社会发展的重要战略支撑,高等教育协同发展的率先突破,实现区域高等教育的深度合作和有效联动,对促进高等教育优质资源流动与共享具有重要意义。但目前长三角高等教育合作的现实中,面临着行政壁垒、政策衔接不畅、与其他政策缺乏有机协调,缺乏体制机制的突破等问题,合作成效滞后于其他领域,尚未释放强大的合作与辐射效应,尚未能为区域内经济社会、产业发展及科技创新提供有效的支撑。本研究通过梳理分析现有长三角区域高等教育协同发展政策,并探索创新"不破行政隶属,打破行政边界"的协同发展体制机制,优化长三角高等教育结构布局,引导长三角区域基于比较优势和发展潜能,通过协同发展推动结构布局的优化,借此强化各自的功能特色,释放比较优势的溢出效应,形成区域高等教育发展的整体优势,集中要素资源培育"单打冠军",集成整体优势打造"团体冠军",旨在为推动长三角区域高等教育协同发展提供决策参考依据。

第二节 国内外研究现状综述

一、国内外研究现状

国内外关于区域高等教育协同发展的相关研究已经取得诸多成果,尽管推进区域高等教育协同发展已在学界达成诸多共识,但关于如何更好地推进协同发展仍然存在诸多问题亟待解决。为深入了解相关研究的主要内容和最新进展,本研究从理论视角和内容主题两个方面对相关研究进行梳理和分析。

(一)不同理论视角下的区域高等教育协同发展

伴随着区域高等教育协同发展的进程,关于区域高等教育协同发展的已有研究大多围绕经济学、教育学、社会学、经济地理学等学科领域展开。

第一,从经济学视角上,龚放借鉴法国经济学家佩尔鲁克斯等人提出的"发展极"理论作为打造长三角高等教育"发展极"的理论基础,论证长三角应当充分发挥高等教育发达、高等教育资源丰厚的优势,通过整合与联动在整个国家教育现代化进程中扮演"发展极"角色,为区域经济增长和社会进步提供知识、信息、人才和智力支持;①湛俊三从规模经济和范围经济的角度出发,论证了地方高校战略联盟经济上的可行性;②张阳从教育经济学和人力资本理论的角度出发论述高等教育区域化问题,阐明区域高等教育发展使区域成为最大的受益者,提高人力资本投资能获得巨大的社会经济效益。③

第二,从教育学视角上,董泽芳以潘懋元先生的教育外部关系规律理论为基础,说明一方面社会对高等教育的管理体制、运行机制、专业设置、资源利用等提出了更高的要求;另一方面区域高等教育的合作与发展有利于实现高等教育对区域经济发展的积极主动适应,也更好地满足区域发展的需要。④

第三,从社会学视角上,袁兴国以结构与功能主义理论为理论基础,论证了高校形式结构、层次结构、地域结构、科类结构的矛盾和不协调,并指出高等教育兼具育人功能和社会功能,将人才培养的改革和创新与社会发展相适应,能够在产业结构调整、科技创新、社会流动等方面发挥极大的作用。⑤

第四,从经济地理学视角上,刘舒玉基于区位理论、集群理论、比较优势理论、人地关系理论、区域产业结构理论、经济全球化理论阐释和论证了空间集聚的高等教育组织行为,为更好地规划、实施长三角高等教育一体化战略提供理论支撑。⑥

(二) 不同内容主题下的区域高等教育协同发展

1. 高等教育区域化发展的历史趋势与可能性、必要性

关于高等教育区域合作与发展的历史可以追溯至中世纪形成欧洲共同知

---

① 龚放.整合与联动:打造长三角高等教育发展极[J].教育发展研究,2004(1):5—7.
② 湛俊三.地方高校战略联盟研究[D](博士学位论文).武汉理工大学,2008.
③ 张阳.我国高等教育的区域问题研究及其发展简述[J].江苏高教,2002(3):29—31.
④ 董泽芳,柯佑祥.高等教育区域化研究[J].江苏高教,2000(5):31—34.
⑤ 袁兴国.结构与功能的矛盾:我国高等教育人才培养研究的社会学视角[J].中国高教研究,2008(10):49—51.
⑥ 刘舒玉.经济地理学视角下的长三角高教一体化战略[J].教书育人,2012(36):4—6.

识空间的想法,欧洲中世纪开始,学生和学者的流动成为大学的特点之一,直至1998年欧洲最古老的博洛尼亚大学建校900周年之际,欧洲430个大学校长共同签署了《大学宪章》,确立了学术合作原则,并强调打破地理与政治疆域对获得相互认可和进行文化互动的重要性。[①] 此后,为应对各种复杂的挑战,打破地理与政治疆域成为高等教育加强合作、采取协调一致行动从而实现共同目标的重要途径。近几十年来,世界各区域和地区越来越多地参与到高等教育区域合作与发展中来,如欧洲著名的博洛尼亚进程寻求建立欧洲高等教育区(EHEA),非洲、拉丁美洲和东亚等区域努力创造共同的高等教育"领域"和"空间"……而国家的高等教育区域化以前是由中央政府通过国家政策施行的。这一进程1977年在瑞典开始,然而10年之内就失败了,[②]后被西班牙在1983年的《高等教育组织法》所采用,[③]随后,区域化出现在比利时、法国和英国。区域化进程对国家与邻国超越国界发展网络产生了影响。

当前,高等教育出现国际化与区域化两种发展趋向,有学者认为知识和学习的国际化、高等教育的民族化这两个运动的定律活跃在相反的方向。[④] 也有学者认为高等教育活动的区域化与国际化同步发生。区域化和国际化是共生的关系,它们并存,可以互补或竞争,并且在国际合作的不同阶段将各自突出。[⑤] 世界银行、教科文组织和经合组织等国际组织对此进行了广泛讨论,并

---

① 王晓辉.全球教育治理:国际教育改革文献汇编[M].北京:教育科学出版社,2008:17—18.

② Premfors, R. Analysis in Politics: The Regionalization of Swedish Higher Education[J]. Comparative Education Review, 1984, 28(1): 85—104.

③ Neave, G. The Bologna Declaration: Some of the Historic Dilemmas Posed by the Reconstruction of the Community in Europe's Systems of Higher Education[J]. Educational Policy, 2003, 17(1): 141—164.

④ Kerr, C. The Internationalization of Learning and the Nationalization of the Purposes of Higher Education: Two Laws of Motion in Conflict[J]. European Journal of Education, 1990, 25(1): 5—22.

⑤ Knight J. Regionalization of Higher Education in Asia: Functional, Organizational, and Political Approaches[A]. In Collins C., Lee M., Hawkins J., Neubauer D. (eds). The Palgrave Handbook of Asia Pacific Higher Education[C]. New York: Palgrave Macmillan, 2016: 113—127.

提出了直接影响国家和区域公共政策的全球议程。1995年,联合国教科文组织(UNESCO)在《促进高等教育的变革与发展的政策性文件》中提出:"要保证高等教育发挥社会赋予它的作用所必需的变革,使高等教育更切合各地区、各国家或社区的实际问题",并提出建立"进取大学",使其积极适应社会、国家和地区发展的需要。① 联合国教科文组织在1998年世界首届高等教育大会上发表了《21世纪的高等教育:展望和行动世界宣言》,其第15条:"跨国界和跨大洲的知识与技能交流"中提出"全世界高等院校互相支持和建立真正的伙伴关系这一原则是十分重要的。多种语言的运用,促进知识与科学合作的校际的联系和教师与学生交流计划应成为所有高等教育制度的组成部分。应批准和实施关于承认学历的地区和国际准则性文件,包括证明毕业生的技能和能力的证书,以便于学生改修课程、在各国教育制度内和在这些教育制度之间流动"。② 高等教育区域化已经成为必然趋势。加拿大学者简·奈特(Jane Knight)分析了区域高等教育协同发展的四个不同的研究方向,一是区域主义对高等教育的影响,在这种分析趋势中,高等教育区域化被视作对区域主义日益重要的影响的回应;二是高等教育区域化,是指在一个特定的区域或框架内,建立区域内高等教育行动者和系统之间的协作关系的过程,此时的高等教育更富有主动性和积极性;三是将高等教育作为区域一体化的工具,强调高等教育是实现区域经济一体化总体目标可以采用的最终手段;四是高等教育的区域间合作或区域内合作,涉及两个世界性区域间的互动,或者是规模较小的区域间的相互作用。③ 但也有学者表现出担忧,如克拉克·克尔认为"虽然高等教育的国际化(或区域化)有它的好处,但是它也可能要付出代价——特别

---

① 联合国教科文组织.关于高等教育的变革与发展的政策性文件(一)[EB/OL].[2019-04-25]. http://old.moe.gov.cn/publicfiles/business/htmlfiles/moe/moe_236/200409/975.html.

② 联合国教科文组织.21世纪的高等教育:展望和行动宣言[A].国家教育行政学院组编.世界高等教育:改革与发展趋势[C].北京:国家教育行政学院,2002:7.

③ Knight J. Regionalization of Higher Education in Asia: Functional, Organizational, and Political Approaches[A]. In: Collins C., Lee M., Hawkins J., Neubauer D. (eds). The Palgrave Handbook of Asia Pacific Higher Education[C]. New York: Palgrave Macmillan, 2016: 113—127.

是丧失多种多样的遗产"。①

在高等教育区域合作与发展的必要性与可能性方面,阿特巴赫(Philip G. Altbach)和彼得森(Peterson P. M.)提出世界范围内的高等教育和高等教育机构有着许多共同的传统和特点。② 欧盟委员会 2003 年出台的政策文件《欧洲知识大学》提出虽然大学是国家性的,但挑战却是国际性的,适应大学的新环境,接受新的方式吸纳可持续的资金,新的和更专业的学术和管理组织方式、结构的多样性,可能产生真正的优势。③ 兹伯罗维斯基(Zborovsky G. E.)和安波罗瓦(Ambarova P. A.)从社会经济不确定性的角度论证了高校网络互动对地区及其高等教育发展的重要性和潜在有效性。④ 哈立德(Khalid J.)等以东盟高等教育合作为例,认为学生/员工流动、交流项目、研究合作和区域奖学金等实践可能会塑造一个更和谐的东盟共同体。⑤ 拉维内(Ravinet P.)等指出经济全球化中的后工业经济增长、国际竞争、社会凝聚力塑造了高等教育区域化,而知识话语带来了共同的高等教育空间的可能性。同时也指出更广泛的区域一体化模式在更高层次的崛起中的作用和当代决策中的知识"转向"是高等教育区域化背后的思想驱动力。⑥ 周梦轩(Chou M.-H.)等认为尽管区域差异很大,但这些倡议的共同之处在于,它们都强调区域内流动性和学位认可对于在全球高等教育市场上与其他地区竞争

---

① [美]克拉克·克尔. 高等教育不能回避历史——21 世纪的问题[M]. 王承绪译. 杭州:浙江教育出版社,2001:32.

② Altbach, P. G., Peterson, P. M. Higher Education in the 21st Century: Global Challenge and National Response[M]. Annapolis Junction: IIE Books, 1999.

③ European Commission. The Role of Universities in the Europe of Knowledge[R]. Commission Communication, 2003.

④ Zborovsky G. E., Ambarova P. A.. Network Interaction of Universities in Higher Education System of Ural Macro-Region[J]. Economy of Region, 2017, 13(2): 446—456.

⑤ Khalid, Jamshed, Ali J. Anees. Regional Cooperation in Higher Education: Can It Lead ASEAN toward Harmonization[J]. Southeast Asian Studies, 2019, 8(1): 81—98.

⑥ Ravinet P, Chou M H. Higher education regionalism in Europe and Southeast Asia: Comparing policy ideas[J]. Policy and Society, 2017, 36(1): 143—159.

的重要性。①

2. 高等教育与区域社会经济发展关系

在高等教育与区域社会经济发展关系方面，经济合作与发展组织（OECD）发布了《高校对区域需求的响应》（1999年）、《知识经济中的城市与区域》（2001年）、《高等教育对区域的贡献：一个系统性文献综述》（2007年）、《高等教育与区域：立足本地，制胜全球》（2007年）等文件，其中《高等教育对区域的贡献：一个系统性文献综述》指出高等教育机构不仅仅进行教育和研究活动，在其区域的经济、社会和文化发展中也发挥着积极的作用，同时还强调高等教育机构能够发挥这种作用的程度取决于机构的特征、所处的地区以及相应的政策框架。② 而《高等教育与区域：立足本地，制胜全球》提出高等教育机构间的协调可使区域最大限度地从中受益，因为高校间的协调具有提升高等教育临界质量、为学生提供多元路径、促进共享学习、问题解决以及形成高校间共同的声音等好处。③ 克拉克·克尔指出"大学与工业的各部分越来越相像，这两个世界正在从形体上和心理上趋于融合，大学各中心也具有一种结合的倾向，一个国家的学术高峰将呈现一幅以绵延的山脉为主的新图景"。④ 英国政府的白皮书也指出，学术机构除履行文化存储、教育与研究等传统功能以外，还要对"创造财富"做出直接的贡献。⑤ 布利尼（Bleaney M. F.）等则用实证的方法论证了大学对其所在的地区经济产生了

---

① Chou, M.-H., & Ravinet, P. The rise of "higher education regionalism": An agenda for higher education research[A]. Handbook of higher education policy and governance[C]. Palgrave: Basingstoke, 2015: 361—378.

② Arbo, P. and P. Benneworth, Understanding the Regional Contribution of Higher Education Institutions: A Literature Review[EB/OL]. (2007-07-09). https://www.oecd-ilibrary.org/education/understanding-the-regional-contribution-of-higher-education-institutions_161208155312.

③ 经济合作与发展组织. 高等教育与区域：立足本地，制胜全球[M]. 清华大学教育研究院译. 北京：教育科学出版社，2012：139.

④ [美]克拉克·克尔. 大学之用[M]. 高铦，高戈，汐汐译. 北京：北京大学出版社，2008：52.

⑤ HMSO. Realising Our Potential: Strategy for Science, Engineering and Technology[M]. London: HMSO, 1993.

重要影响。① 尼夫(Neave G.)指出大学作为一个复杂的组织和作为一个"研究型大学"的发展与其作为一个国家服务机构的同化是密切相关的。② 吴志攀指出高等教育与区域发展不仅具有相关性,更呈现共生性,发展高等教育是区域经济社会文化发展的核心。③ 余秀兰提出了长三角区域经济对教育的需求体现在对人才、科技服务与科技开发、教育一体化等方面的迫切需求,并探讨了教育如何促进与区域经济的良好互动。④ 谢维和指出高等教育发展的一个新趋势是高校正逐渐成为地方或区域社会经济和文化发展的新地标,高等教育正在成为地方或区域经济发展的新动能,需要进一步加强高等教育与区域经济社会发展的深度融合。⑤ 郭康指出应用技术大学与区域经济发展呈现共生关系,趋势是应用技术大学应当通过发挥人才培养、科学研究、社会服务三大职能服务区域经济社会发展从而实现共赢。⑥ 马陆亭指出,高等教育与整个区域社会是一种互动发展关系,高等教育融入区域发展,在为企业技术创新能力提升、城市活力与品味提升做出贡献的同时,自身也得到发展。⑦ 谈松华认为由于各国的经济社会发展都在一定区域空间内展开,高等教育发展和区域社会经济发展、区域现代化发展呈现紧密的相关性。⑧

---

① Bleaney, M. F., Binks, M. R., Greenaway, D., Reed, G. V., & Whynes, D. K. What does a University add to its local economy[J]. Applied Economics, 1992, 24(3): 305.
② Neave, G. The Bologna Declaration: Some of the Historic Dilemmas Posed by the Reconstruction of the Community in Europe's Systems of Higher Education[J]. Educational Policy, 2003, 17(1): 141—164.
③ 吴志攀. 高等教育与区域发展——以"首都教育"为视角的考察[J]. 北京大学教育评论, 2003(4): 68—77.
④ 余秀兰. 促进与区域经济的良好互动: 长三角教育的应为与难为[J]. 教育发展研究, 2005(17): 60—62.
⑤ 谢维和. 高等教育: 区域发展的新地标[J]. 中国高教研究, 2018(4): 12—15.
⑥ 郭康. 应用技术大学服务区域经济发展的理论探析——兼论地方高校转型应用技术大学[J]. 高教探索, 2016(6): 25—29.
⑦ 马陆亭. 促进高等教育区域发展的模式、机制、文化[J]. 中国高教研究, 2012(8): 8—10.
⑧ 范笑仙. "区域现代化与高等教育发展"中英研讨会综述[J]. 中国高教研究, 2012(8): 10—14.

3. 高等教育区域合作与发展存在的问题

从不同层面和视角看,高等教育区域合作与发展存在的问题及其成因可能会有所不同。丹恩(Dang Q. A.)、哈立德(Khalid J.)等指出地区差异带来了重大挑战,如国家政策和资金支持方面的差距、基础设施和人力资源缺乏、高校的多样性和不同水平的研究能力。①② 兰布卢斯(Ramburuth P.)提出由于国家教育体系多样化,参与区域内流动的学生面临文化多样性、语言和交流、教学实践、与课程不相容等障碍。③ 薛二勇、刘爱玲通过考察京津冀高等教育协同发展,指出高等教育布局和质量严重不均衡以及人才规模、层次和结构不够协调,是区域高等教育协同发展的关键政策问题。在区域高等教育协同发展的主要因素方面,崔玉平等指出行政性壁垒是制约区域高等教育深度合作和实现有效联动的重要因素。④ 龚放指出由于"长三角坐标"的观念认同没有真正确立,使得长三角高等教育一体化进展迟缓。⑤ "长三角地区教育联动发展战略研究"上海⑥、江苏⑦和浙江⑧课题组以单个省市的角度,探讨了制约各自参与长三角教育联动发展的瓶颈与障碍,影响因素集中在教育体制与

---

① Dang, Q. A. The Bologna Process Goes East? From "Third Countries" to Prioritizing Interregional Cooperation between the ASEAN and EU[A]. In The European Higher Education Area[C]. Cham: Springer, 2015: 763—783.

② Khalid, J., Ali, A. J., Khaleel, M., and Islam, M. S. Towards Global Knowledge Society: A SWOT Analysis of Higher Education of Pakistan in Context of Internationalization [J]. Journal of Business, 2017, 2(2): 8—15.

③ Ramburuth, P., and McCormick, J. Learning Diversity in Higher Education: A Comparative Study of Asian International and Australian Students[J]. Higher Education, 2001, 42(3): 333—350.

④ 崔玉平,陈克江.区域一体化进程中高等教育行政区划改革与重构——基于长三角高等教育协作现状的分析[J].现代大学教育,2013(4): 63—69.

⑤ 龚放.观念认同,政府主导,项目推动——再论打造"长三角高等教育发展极"[J].教育发展研究,2005(7): 55—57.

⑥ "长三角地区教育联动发展战略研究"上海课题组.以共同发展为导向,推动长三角地区教育率先联动[J].教育发展研究,2009(Z1): 8—10.

⑦ "长三角地区教育联动发展战略研究"浙江课题组.以改革为动力,构建长三角教育一体化发展平台[J].教育发展研究,2009(Z1): 14—16.

⑧ "长三角地区教育联动发展战略研究"江苏课题组.以项目为载体,加快长三角地区教育联动发展[J].教育发展研究,2009(Z1): 11—13.

环境建设、制度安排与合作机制等方面,而其中的核心因素,"真正可能长期地、持续地扭曲一体化进程的主要力量,可以归结为制度方面的阻碍因素"①。共建"长三角教育综合改革试验区"课题组指出,区域教育合作及联动发展滞后,行政体制造成的制度性约束,基层合作的动力机制尚未建立,教育综合改革大环境落后,国家实质性与支持政策的缺位使区域教育深度合作和有效实现联动发展陷入困境。②杨秀芹等剖析了高等学校内外部的博弈行为,并揭示其一般伴随着利益冲突而进行,这导致教育资源的浪费和无效使用。③

4. 区域高等教育协同内容

现阶段针对区域高等教育协同的研究主要围绕招生考试改革、人才培养的合作与交流、资源共享、合作办学、产学研合作等方面展开。眭依凡提出长三角高等教育合作内容涉及多个方面:推进长三角高校联考招生制度、建立高等教育优质资源共享机制、缩小地区高等教育均衡发展差距、化解高校债务风险。④雷树祥等提出高等教育合作包括校际教师交流和学生的交叉培养、区域性课程与学科建设、区域高校产学研合作、区域高校图书信息资源共享等方面。⑤谢爱磊等以粤港澳大湾区高等教育合作为例,认为区域高等教育合作形式上包括跨境招生、学分与学历互认、合作办学、学术交流与科研合作四种,强调除了学者间的个别合作外,区域高等教育合作主要依托校际机制、政府机制及民间(社会)机制。⑥刘海波认为江浙沪高等教育资源的整合与发展包括人、财、物的交流、交换与共享,需要建立相应的交流与共享机制。⑦岳建

---

① 孔令池,刘志彪. 长三角地区高质量一体化发展水平研究报告(2018年)[EB/OL]. (2019-04-03)[2019-06-01]. http://www.yangtze-idei.cn/index.php?m=content&c=index&a=show&catid=19&id=782.

② 共建"长三角教育综合改革试验区"课题组. 推进长三角教育综合改革,实现区域教育联动发展[J]. 教育发展研究,2012(5):27—45.

③ 杨秀芹,范先佐. 高等学校行为的博弈分析[J]. 高等教育研究,2006(5):40—45.

④ 眭依凡. 合作与引领发展:"长三角"高等教育行动[J]. 中国高教研究,2010(6):1—6.

⑤ 雷树祥,肖阳. 长三角区域经济一体化下的高等教育合作[J]. 现代教育科学,2008(3):28—31.

⑥ 谢爱磊,李家新,刘群群. 粤港澳大湾区高等教育融合发展:背景、基础与路径[J]. 中国高教研究,2019(5):58—63.

⑦ 刘海波. 江浙沪高等教育资源整合与发展[J]. 江苏高教,2005(5):28—30.

军指出高等学校教育资源共享包括物力资源、人力资源、信息资源、课程资源、品牌资源、管理制度资源等方面的共享,既包括校内共享又包括校际共享,相比来说校际共享障碍较大。[1] 张红霞等认为学科建设与课程计划层面的合作具体应当从设立与区域经济发展相关的职业教育计划,建立统一的教学和学术领导组织,建立课程认证和学分转换系统等方面进行探索。[2] 从高校间合作的方式看,余秀兰认为分工与合作是长三角区域高等教育一体化过程中不可分割的两个方面。[3] 赵庆年提出区域高等教育的分工与合作是区域高等教育协同发展的现实需要与理性诉求。[4]

5. 区域高等教育协同发展模式

关于区域高等教育协同发展模式类型,已有研究大多基于区域高等教育协同发展中政府职能和作用进行划分。孙善学认为教育协同发展的模式主要有下列几种:政府主导下的综合协作模式、政府主导下的全方位区域合作模式、政府主导下的项目推进模式、政府主导下的国际合作模式、政府主导下的帮扶模式。[5] 张力依据政府在管理模式中的作用,将区域教育协同发展管理模式归纳为三种:(1)以政府主导、搭建共建共享平台的集中模式;(2)以政府引导、不同组织之间签约协作的契约模式;(3)依靠市场机制、不同组织之间利益驱动合作的自主(松散)模式。[6] 孙喜才列举了六种模式,包括"疏解＋提质"模式、分校或独立学院模式、高校联盟模式、高等教育综合改革试验区模式、对口合作模式、主管部门协调模式。[7] 巫丽君通过梳理长三角高等教育一

---

[1] 岳建军.高等学校教育资源共享问题研究[D](博士学位论文).辽宁师范大学,2012.

[2] 张红霞,曲铭峰.长三角高等教育一体化:学科与课程层面[J].教育发展研究,2005,(17):63—65.

[3] 余秀兰.分工与合作:促进长三角高等教育新发展[J].教育发展研究,2004(1):8—9.

[4] 赵庆年.分工与合作:区域高等教育协同发展的现实需要与理性诉求[J].黑龙江高教研究,2009(1):13—17.

[5] 孙善学,吴霜,杨蕊竹.京津冀教育协同发展战略探究[M].北京:首都经济贸易大学出版社,2016:76—84.

[6] 张力.区域教育协同发展的政策方案与理论研究——京津冀教育协同发展对策研究[M].广州:广东教育出版社,2017:157—158.

[7] 张喜才.京津冀高等教育与产业协同发展模式及对策——基于产业链视角的研究[M].北京:中央编译出版社,2018:85—98.

体化的历史进程,总结其演进模式为"以政府为主导的多中心治理"模式。①周萍立足于长三角中心城市的角度,总结了"创新体制、激活机制""教育基地资源共享模式""整合资源、服务地方""1+10"等高等教育发展模式。② 高兵以京津冀高等教育协同发展为例,型构了三级梯度放射模式,并探讨了高等教育创新推动模式。③ 宗晓华依据"合作博弈"理论,提出长三角地区高校之间协作的两种博弈模式:协调博弈和联合博弈。④

6. 区域高等教育协同发展政策研究与实践

在区域高等教育协同发展政策研究中,国外学者们的关注点主要集中在政策目标、政策手段、政策制定与执行等方面。在政策目标方面,有学者提出在高等教育中,通过学习过程的移动性和协作来实现区域化或协同化本身并不是目的,重要的是,在高等教育体系的所有层次上,都要增强高等教育领域共享及其与各个大学的利益紧密相关的意识。⑤ 在政策手段方面,有学者以欧盟为例,指出目前欧洲高等教育领域有两种改革进程并存,欧盟教育和培训工作计划和博洛尼亚进程。欧盟在高等教育以及更一般的教育和培训中的活动采取的是终身学习政策,终身学习计划以及一系列外部计划和政策,并且得到了很大的发展和扩展。其中终身学习政策采用"开放式协调方法",包括课程改革、治理改革和资金改革三个方面;终身学习计划给所有教育政策部门带来了补贴性交流、学习项目和关系网络的好处,同时也催生了欧洲关键能力框架、欧洲终身学习资格框架等一系列工具;外部计划和政策则是指为了促进教育和培训方面的国际合作而制定的外部政策,如签署《加入前援助文书》《欧洲邻国与伙伴关系文书》《发展合作文书》等,以实现支持欧盟以外的伙伴国的现

---

① 巫丽君,王河江.长三角高等教育区域一体化模式探析——基于历史进程的考察[J].清华大学教育研究,2010(4):52—56.
② 周萍.长三角中心城市高等教育发展模式初探[J].江苏高教,2005(5):31—34.
③ 高兵.京津冀教育协同发展战略探究[M].北京:知识产权出版社,2016:30—31.
④ 宗晓华,冒荣.合作博弈与集群发展:长三角地区高等教育协同发展研究[J].教育发展研究,2010(9):1—5.
⑤ Khalid, Jamshed, Ali J. Anees. Regional Cooperation in Higher Education: Can It Lead ASEAN toward Harmonization[J]. Southeast Asian Studies, 2019, 8(1):81—98.

代化努力,促进跨文化理解和共同价值观的形成,推动欧盟成为卓越的教育及培训中心,通过互相学习、比较及交流等做法,改善欧盟内部的服务及人力资源素质。① 在政策制定与执行方面,有学者总结了区域高等教育政策制定的三个经验:在设计政策时要考虑大学间合作模式的重要性以及制定合作指标的相关需求;地理环境在大学关系中的重要性;大学的研究和教育部门很强的相互作用可能会对公共政策和资助机制产生的影响。② 有学者强调了像高等教育这样的复杂政策领域的跨部门性质,有效的决策和执行需要一些横向协调。③ 1999 年,世界银行发布的《教育领域战略》提出教育计划的实施需要考虑所处的社会、文化、宗教、经济和政治环境,良好的教育体系是必要的,但发展条件不足,只有当政治、经济、文化、人口等关键领域的政策与之相互协同时,才能发挥出最大的效应。④ 有学者以欧盟为例,提出欧盟委员会需要得到其他机构的支持,以便有效地促进区域间高等教育的政策合作。⑤ 也有学者强调要从相互依存的角度考虑区域发展,重要的是不要忽略区域内部和区域之间的张力与拉力。⑥

随着世界各地关于加强高等教育合作与交流对提高国际竞争力重要性认识的不断提高,各个板块、各个发达国家陆续颁布教育政策、施行各种措施促进区域高等教育协同发展,大洲内跨国高等教育合作与交流有:欧盟高等教

---

① Corbett A. Ping Pong: competing leadership for reform in EU higher education 1998—2006[J]. European Journal of Education, 2011, 46(1): 36—53.

② Seeber M, Lepori B, Agasisti T, et al. Relational arenas in a regional Higher Education system: Insights from an empirical analysis[J]. Research Evaluation, 2012, 21(4): 291—305.

③ Gornitzka, Å. Bologna in context: A horizontal perspective on the dynamics of governance sites for a Europe of knowledge[J]. European Journal of Education, 2010, 45: 536—548.

④ World Bank Library. Education Sector Strategy [EB/OL]. https://elibrary.worldbank.org/doi/pdf/10.1596/0-8213-4560-5.

⑤ Corbett A. Ping Pong: competing leadership for reform in EU higher education 1998—2006[J]. European Journal of Education, 2011, 46(1): 36—53.

⑥ Ravinet P, Chou M H. Higher education regionalism in Europe and Southeast Asia: Comparing policy ideas[J]. Policy and Society, 2017, 36(1): 143—159.

育一体化、东盟高等教育合作发展、拉丁美洲高等教育一体化、非洲高等教育一体化等探索实践；国内区域之间高等教育合作与交流有：美国州际高等教育协调与合作、英格兰东北部区域高等教育合作发展、法国"大学区制"的机制和制度的探索、澳大利亚高等教育区域合作发展、世界三大一流大湾区高校的集群发展等。国外区域高等教育协同发展的主要政策措施，大都呈现出一些基本特征，具体体现在以下几个方面：

（1）法律与政策支持提供可靠的制度保障。以欧盟为例，欧盟高等教育政策的开展是围绕着在欧盟成员国内部构建一个无障碍的高等教育区域，实现欧盟高等教育一体化，推动欧洲一体化的进程，从而提升欧盟的国际竞争力进行的。在高等教育一体化方面欧盟出台了一系列公约、决议、条约、协议、行动计划等政策文本。

欧盟在其建立和发展过程中形成的法律体系为高等教育一体化提供了可靠的制度保障。《欧洲单一法》《欧洲共同体条约》《欧洲联盟条约》《欧洲联盟运行条约》为欧盟确立共同的高等教育发展目标和战略，制定和实施统一高等教育行动计划项目奠定了坚实的基础。此外，欧盟采用软法机制调整成员国政策从而使其接受必要的变革，如欧共体委员会于1991年发表《欧洲共同体高等教育备忘录》、1993年发表《教育的欧洲维度绿皮书》。[①] 1988年，欧洲430个大学校长在意大利博洛尼亚共同签署了《大学宪章》，[②]确立了大学自治、学术自由与合作的原则；1997年欧洲理事会与联合国教科文组织共同制定的《欧洲高等教育资格认定公约》(《里斯本公约》)是欧洲高等教育区建立的重要法律基础。这些政策均为欧洲高等教育一体化的推行奠定了法律与制度基础。

1960年开始实施的《美国加利福尼亚州高等教育总体规划》是美国州级高等教育规划的杰出代表，对区域内不同层级和类型的高校进行结构和功能

---

① Laura Nistor. Public Services and the European Union: Healthcare, Health Insurance and Education Services[M]. Hange, the Netherlands: T. M. C. Asser Press, 2011: 365.

② 王晓辉. 全球教育治理：国际教育改革文献汇编[M]. 北京：教育科学出版社，2008：17—18.

的协调与优化,形成各安其位、富有特色的高等教育治理体系①。此外,美国州际之间高等教育协调与合作主要通过签署州际高等教育协定和州际学费互惠协议来推进②。目前主要有4个州际协定:1949年签署的《南部地区教育协定》(the Southern Regional Education Compact),1953年颁布的《西部州际高等教育协定》(the Western Interstate Compact on Higher Education),1955年签署的《新英格兰高等教育协定》(the New England Higher Education Compact),1991年颁布的《中西部高等教育协定》(the Midwestern Higher Education Compact),并在上述协定的基础上分别成立了南部地区教育委员会(the Southern Regional Education Board)③、西部州际高等教育委员会(the Western Interstate Commission on Higher Education)④、新英格兰高等教育委员会(the New England Board of Higher Education)⑤、中西部高等教育委员会(the Midwestern Higher Education Commission)⑥。关于州际学费互惠协议,以20世纪60年代明尼苏达州和威斯康星州签署的第一个州际学费互惠协议为例,允许学生不用按照非本州居民学费的标准支付进入对方州的公立高校学习。美国的高等教育协调与合作机制、区域高等教育合作组织为区域高等教育合作与资源共享提供了组织和制度保障。

法国区域式教育管理制度——"大学区"制把全国划分为若干个教育行政区,由总长管理,起初,大学区辖境与司法区重合,1896年《国立大学组织法》

---

① 教育部国家教育发展研究中心.美国加利福尼亚州高等教育总体规划[M].王道余译.北京:人民教育出版社,2005:18.

② 彭红玉,张应强.美国州际高等教育协调与合作机制及其启示[J].高等教育研究,2012(4):99—104.

③ SREB. About Southern Regional Education Board[EB/OL]. [2019-12-23]. https://www.sreb.org.

④ WICHE. About Western Interstate Commission for Higher Education[EB/OL]. [2019-12-23]. https://www.wiche.edu.

⑤ New England Board of Higher Education. About Us[EB/OL]. [2019-12-23]. https://nebhe.org/about.

⑥ Midwestern Higher Education Commission. About MHEC[EB/OL]. [2019-12-23]. https://www.mhec.org/about/committees.

颁布后,原来独立设置的学院联合成为17所文、理、法、医四科齐全的综合性大学,大学区的辖境不再与司法区重合,1968年出台的《高等教育方向指导法》提出大学自治、参与和多科性的三大原则,规定大学必须与地区的经济社会发展紧密联系起来。① 法国"大学区"制突破司法区划,将整个大学区视为一个教育功能区,任命专门的权威管理人员,并从法律上保障"大学区"制的运行机制,统筹协调推进区域内教育发展。

非洲于2003年出台了学历资格互认和等值公约,做出了成员国学历互认的规定;2004年,通过了《教育和培训协定》;2007年,启动了《非洲高等教育一体化战略》;2009年,签署了建立共同市场的协议,以促进区域内商品、人才、劳动力和服务的自由流动;2013年,发出了建设"非洲高等教育与研究区"的倡议。

(2) 机构建设提供了组织保障。美国在国家和州两个层面都设立了高等教育协调机构。国家层面的协调机构,比如美国大学联合会(AAU)。州级的高等教育协调机构主要有统一治理委员会、协调委员会以及规划委员会②。此外,前文提到的南部地区、西部地区、新英格兰、中西部地区在签署的州际协定的基础上还成立了南部教育委员会(Southern Regional Education Board)、西部州际高等教育委员会(Western Interstate Commission for Higher Education)、新英格兰高等教育委员会(New England Board of Higher Education)、中西部高等教育委员会(Midwestern Higher Education Compact)等区域高等教育合作组织。

美国的高等教育领域中有着类型多样、数量众多的协会组织,在促进高等教育的跨区域合作方面发挥了重要作用。在高等教育联盟方面,美国的高等教育联盟分为区域联盟、跨州联盟和全国性联盟。高等教育联盟在倡导高校以各自的优势进行协作、在资源共享的过程中不断完善,如亚特兰大高等教育

---

① 章佳梅.法国大学区制历史沿革研究[D](硕士学位论文).上海:华东师范大学,2016.
② 左崇良,潘懋元.美国高等教育治理的核心要义与内外格局[J].江苏高教,2016(6):24—30.

区域委员会(ARCHE)^①就是由最初的亚特兰大地区高等教育联盟发展而来。此外,欧洲研究型大学联盟(League of European Research Universities)、罗素大学集团(The Russell Group)、澳洲八校集团(Group of Eight)等国家或地区的高水平大学联盟组织在内部协调学科专业、教师队伍与课程建设、学生交流等,在外部与社会经济发展保持密切的联系。

在推进非洲高等教育区域合作与发展方面,非洲教育发展协会高等教育工作组(ADEA WGHE)、非洲远程教育委员会(ACDE)、非洲大学协会(AAU)等区域高等教育合作组织都发挥了积极的作用,非洲发展银行(ADB)则提供资金,支持合作项目的开展。

在英国英格兰的东北部地区,区域发展署(Regional Development Agency)、英格兰高等教育基金会(HEFCE)、高等教育区域联盟(HERAS)、地方学习与技能委员会(Local Learning and Skill Councils)和区域商会(Regional Chambers)等组织分别在促进、支持高等教育区域合作与发展等方面发挥了各自的功能。

(3) 项目引领持续推动合作与发展。为了更好地落实欧盟高等教育交流与合作政策,欧盟实施了多项教育行动计划,如 1987 年启动"伊拉斯谟计划",开发出了"欧洲学分转换系统";1990 年启动的关于欧盟东扩的高等教育合作交流的"坦普斯计划"(TEMPUS),同年启动的关于提高外语能力的林瓜语言计划(LINGUA);[②] 1995 年启动"苏格拉底计划",旨在促进大学生流动和建立欧洲高校教师资源网,以实现各国人力资源的交流与共享;2002 年实施的关于欧盟对外高等教育合作交流的"伊拉斯谟—曼德斯计划",2014 年还推出了"'伊拉斯谟+'计划",更加强调人员流动、国际合作和高等教育组织机构之间的合作,并重点在高等教育领域的知识创新、青年成长和专业培训方面给予支持。

---

① ARCHE. About Atlanta Regional Council for High Education[EB/OL]. [2019-12-23]. https://www.atlantahighered.org/.

② European Union. Education, Training and Youth[EB/OL]. [2019-12-23]. https://europa.eu/european-union/topics/education-training-youth_en.

针对欧洲高等教育一体化的重要改革——"博洛尼亚进程",欧盟主要通过教育部长会议推进,从1998年法国、意大利、英国和德国四国教育部长签署的《索邦宣言》到2009年46个成员国教育部长会议发布的《鲁汶公报》,围绕促进人员流动、建立共同的二层级制的教育体制、确立"欧洲维度"的高等教育不断地阐明政策目标以及推动目标实现的学分转换与积累系统、资格框架等途径和工具等,具体见表0—1。

其他国家和地区也实施和开展了各类计划和项目,如澳大利亚政府设立了"合作与结构改革基金"(Collaboration and Structural Reform Fund),重点支持"旨在提高澳大利亚高等教育效率、效益和质量的重大结构性变革";非洲在全洲范围内实施高等教育奖励计划,启动建立泛非大学(Pan-African University)、非洲高等教育与研究空间(African Higher Education and Research Space);东盟大学联盟开展了东盟大学联盟质量保障计划。[1]

(4) 合作机制与发展模式。非洲建立了保障高等教育质量的区域机制,如非洲质量等级机制(African Quality Rating Mechanism);美国湾区通常位于城市群或都市圈内,世界三大一流大湾区高水平大学均呈现出集群发展的特点,如纽约湾区的"多中心+轴线"式大学集群发展模式、旧金山湾区的多中心互补式大学集群发展模式、东京湾区的"中心+边陲"式大学集群发展模式。[2]

(5) 高等教育合作政策评估研究。经济合作与发展组织(OECD)开展的一项实证研究,通过对12个国家14个地区进行自我评估以及外部评估,探究了高校与所在地区进行合作的因果关系和过程。[3] 在此基础上,OECD综合分析了12个国家14个地区的评估报告以及OECD区域评估后,探讨了高等

---

[1] 王新凤.欧洲高等教育区域整合研究——聚焦博洛尼亚进程[M].北京:社会科学文献出版社,2013:7—8.

[2] 欧小军.世界一流大湾区高水平大学集群发展研究——以纽约、旧金山、东京三大湾区为例[J].四川理工学院学报(社会科学版),2018(3):83—100.

[3] OECD. Supporting the Contribution of Higher Education Initatitions to Regional Development[EB/OL]. (2007 - 09 - 20)[2019 - 12 - 23]. http://www.oecd.org/education/imhe/highereducationinregionalandcitydevelopment.htm.

表0—1 博洛尼亚进程：从索邦到鲁汶（1998—2009）

年份	1998	1999	2001	2003	2005	2007	2009
文件	索邦宣言	博洛尼亚宣言	布拉格公报	柏林公报	卑尔根公报	伦敦公报	鲁汶公报
政策目标与政策工具	促进学生与教师流动	促进学生、教师、研究人员及职员的流动	人员流动的社会维度	贷款与资助的流动性、完善流动数据信息	关注签证与工作许可	应对签证、工作许可、薪酬体系以及认可的挑战	2020年学生流动比例达到20%
	建立共同的二级学位体系	建立易读、可比的学位体系	公平认可、联合学位	将博士学位纳入第三级学位体系	建立欧洲区高等教育资格框架，启动国家资格框架	到2010年建立国家资格框架	到2012年完成国家资格框架
			社会维度	主张平等入学	加强社会维度	制订国家行动计划并开展有效监测	到2020年衡量国家社会维度目标的实现
			终身学习（LLL）	国家终身学习政策认可先前学习（RPL）	在高等教育领域提供灵活的学习途径	深化对高等教育在终身学习中的作用的认识，建立伙伴关系增强就业能力	终身学习作为公共责任、需要建立伙伴关系；号召共同致力于解决能力问题

续 表

年份	1998	1999	2001	2003	2005	2007	2009
文件	索邦宣言	博洛尼亚宣言	布拉格公报	柏林公报	卑尔根公报	伦敦公报	鲁汶公报
政策目标与政策工具	建立知识欧洲	确立"欧洲维度"的高等教育	增强欧洲高等教育区的吸引力	连接高等教育与研究	加强基于价值与可持续发展的合作	提升博洛尼亚进程的全球维度	通过博洛尼亚政策论坛加强全球政策对话
	采用学分	采用欧洲学分转换体系(ECTS)	ECTS及文凭补充文件	发挥ECTS的学分累积功能		必须连贯地使用工具并进行认可实践	继续实施各项博洛尼亚工具
		欧洲质量保证合作	质量保证与专业资格认可合作	建立高校、国家与欧洲三个层面的质量保证体系	出台欧洲质量标准与指南	成立"欧洲质量保证机构登记处"	

资料来源：Education, Audiovisual and Culture Executive Agency, European Commission, Focus on Higher Education in Europe 2010: The Impact of the Bologna Process[R]. Brussels: Education, Audiovisual and Culture Executive Agency, European Commission, 2010: 14。

教育区域合作的逻辑以及动力和障碍,并提出了提高高等教育与区域进行合作的能力。①

以为推进欧洲高等教育一体化改革而启动的博洛尼亚进程为例,在2003年《柏林公报》作出要求后,为服务下一届部长级会议,博洛尼亚进程官方机构成立清查工作组进行清查评估从各个角度对博洛尼亚进程中已经执行的政策和行动路线的实际推进情况进行回溯性评估,工作组就教育部长会议制定的目标所取得的进展得出结论,并发布了《博洛尼亚进程清查报告》(*Bologna Process Stocktaking Report*)和《欧洲高等教育区：博洛尼亚进程执行报告》(*The European Higher Education Area: Bologna Process Implementation Report*),在持续开展的清查评估中,在搜集统计数据的基础上,进一步加强了评估中的定性分析。② 除此之外,其他非官方的组织机构也在评估博洛尼亚进程实施开展情况方面发挥了重要作用,如欧洲学生联盟强调作为高等教育的主要利益相关者的学生在实施改革的整个过程中所看到的现状、成功和未来的挑战,对博洛尼亚进程的实施情况进行了独立分析,并对改革计划的运行状况进行了严格评估,围绕"学生参与治理、社会层面的质量保证与认可、流动性和国际化、结构改革和高等教育融资"等方面,出版了《学生视野中的博洛尼亚进程》。③ 此外,有学者将欧盟高等教育合作的成效如何视为政策制定的有效性问题之一,通过考察自1992年《马斯特里赫特条约》签订以来欧洲高等教育合作的政策内容,探讨了欧盟在高等教育政策领域的合作是否有效以及如何有效的问题。④

从国内看,当下全国区域协同发展战略持续推进,最具代表性的协同发展

---

① 经济合作与发展组织. 高等教育与区域：立足本地,制胜全球[M]. 清华大学教育研究院译. 北京：教育科学出版社,2012：2.

② EHEA. Monitoring And Stocktaking[EB/OL]. [2019-12-23]. http://www.ehea.info/page-monitoring-and-stocktaking.

③ ESU. Bologna With Student Eyes[EB/OL]. [2019-12-23]. https://www.esu-online.org/?s=Bologna+With+Student+Eyes.

④ Corbett A. Ping Pong: competing leadership for reform in EU higher education 1998—2006[J]. European Journal of Education,2011,46(1)：36—53.

区域分别为长三角、京津冀、粤港澳大湾区(参见表0—2)。三大区域定位不同,长三角人口、面积和GDP都位列第一,且人均GDP、进出口总额、劳动生产率高于京津冀地区,低于粤港澳大湾区;世界五百强企业数目比京津冀和粤港澳大湾区少;世界一百强大学和粤港澳大湾区数量持平。

表0—2　长三角、京津冀、粤港澳大湾区区域经济发展质量比较(2018年)

类别＼地区	长三角	京津冀	粤港澳大湾区
定位	全国发展强劲活跃增长极,全国高质量发展样板区,率先基本实现现代化引领区,区域一体化发展示范区,新时代改革开放新高地	疏解北京非首都功能,探索人口经济密集地区优化开发模式	"一国两制"条件下建设国际一流湾区和世界级城市群
人口(万人)	22 535	11 270	7 115
面积(万平方千米)	35.8	21.6	5.6
GDP(万亿元)	21.2	8.5	10.9
人均GDP(万元/人)	9.4	7.6	15.3
进出口总额(亿元)	110 498	38 811	147 936
全员劳动生产率(万元/人)	13.7	12.7	19.0
世界五百强企业(个)	13	56	20
世界一百强大学(所)	4	2	4

资料来源:中华人民共和国国家统计局编.中国统计年鉴2019[M].北京:中国统计出版社,2019;孔令池,刘志彪.长三角地区高质量一体化发展水平研究报告(2018年)[EB/OL].(2019-04-03)[2019-06-01]. http://www.yangtze-idei.cn/index.php?m=content&c=index&a=show&catid=19&id=782;耿联,任松筠,倪方方.第一届长三角一体化发展高层论坛在安徽芜湖举行[N].解放日报,2019-05-23;中共中央、国务院.长江三角洲区域一体化发展规划纲要[EB/OL].(2019-12-01).[2019-12-02]. http://www.gov.cn/zhengce/2019-12/01/content_5457442.htm.

三大协同发展区域均拥有高品质的教育资源,教育协同发展是长三角、京津冀、粤港澳大湾区都十分关注的领域。在政策制定方面,陈景春提出了地方政府建立"长三角高校协作联合专项基金",制定优惠政策鼓励和扶植一批高校联合组建产学研共同体,地方政府、教育行政部门和高校建立专门机构、整体规划等对策建议。[①] 共建"长三角教育综合改革试验区"课题组则以建立长三角教育综合改革试验区为实现区域教育联动发展的构想,分析了推动教育联动发展的背景与意义、基础与优势,并探讨了共建试验区的功能定位与目标。[②] 赵渊提出以建立"长三角高等教育协作区"或"长三角高等教育综合改革试验区"为依托,确立"自上而下"的长三角高等教育协作改革路径。[③] 张蕾蕾在开展"长三角区域高等教育联动改革与协调发展"调查和访谈的基础上,提出了长三角区域高等教育联动改革与协调发展的具体行动路线。赵红军等以长三角教育一体化高需求为依据,提出从宏观、中观、微观三个层面推进长三角跨区域教育协作。[④] 袁晶等针对行政壁垒、机制缺位等障碍因素,提出利用信息化技术手段在长三角区域打造线上+线下、本部+分校的新型"长三角联合大学"等高等教育新业态。[⑤] 薛二勇针对京津冀高等教育布局结构存在的问题,提出了综合集成教育资源、区位优势、产业优势等优化京津冀高等教育空间布局、层次结构、专业结构等政策建议。[⑥] 薛二勇、刘爱玲提出了加强协同发展的顶层设计,建设高等教育协同发展体系,构建协同发展的保障性制

[①] 陈景春,尤玉军."长三角"高校科学联合与产业发展互动[J].江西社会科学,2006(3):249—252.

[②] 共建"长三角教育综合改革试验区"课题组.推进长三角教育综合改革,实现区域教育联动发展[J].教育发展研究,2012(5):27—45.

[③] 赵渊.长三角高等教育协作:路径矫正及动力机制建构[J].中国高教研究,2013(2):37—40.

[④] 赵红军,刘民钢.1 639份问卷背后:长三角教育一体化需求高[EB/OL].(2019-04-26)[2019-06-01]. https://www.thepaper.cn/newsDetail_forward_3342280.

[⑤] 袁晶,张珏.长三角区域高等教育一体化发展:需求、障碍与机制突破[J].教育发展研究,2019(5):54—59.

[⑥] 薛二勇,刘爱玲.京津冀高等教育布局结构优化的政策研究[J].高等教育研究,2018(8):38—44.

度等针对性政策建议。① 李旭分析了京津冀区域高校联盟建设的现状与困境,并提出了走向"统筹""下位""问题导向""软文化共鸣"的对策。② 齐艳杰、薛彦华针对功能定位、行政壁垒、质量差异等问题,提出政府推动与科学建制、跨府际资源调配、要素重组等推动京津冀高等教育一体化的对策。③ 谢爱磊等系统分析了粤港澳大湾区高等教育融合发展、创新和开放的基本原则,并提出加强顶层设计、进行制度创新、促进与产业协同、提升国际化水平等策略路径。④ 许长青等从新制度经济学制度变迁理论出发,应用"强制性"和"诱致性"混合制度变迁策略,从政府、高校、社会三个层面提出了推动粤港澳大湾区高等教育融合发展的政策建议。⑤ 刘静在对我国区域高等教育协同发展进行评价的基础上,提出了推进区域高等教育的分工与合作、转变政府的高教管理职能等政策建议。⑥ 田汉族等在分析京津冀高等教育合作困境的基础上,提出了明确高等教育合作的管理组织与政府职能,制订正当合理的战略、制度与策略,创新合作机制,优化制度环境等对策建议。⑦

在协同发展的机制方面,丁晓昌构建了以项目为载体,以政府为主导、高校为主体、市场主动作为的"四轮驱动"、多元协调的区域高等教育治理结构,并指出推进长三角高等教育联动发展需要构建区域高等教育整体规划机制、品牌提升机制、资源共享机制、合作推进机制和综合改革机制。⑧

---

① 薛二勇,刘爱玲.京津冀教育协同发展政策的构建[J].教育研究,2016(11):33—38.
② 李旭.京津冀区域高校联盟建设的现状、困境与对策[J].高等教育研究,2018(6):42—50.
③ 齐艳杰,薛彦华.京津冀高等教育一体化进程对策研究[J].北京师范大学学报(社会科学版),2017(2):15—20.
④ 谢爱磊,李家新,刘群群.粤港澳大湾区高等教育融合发展:背景、基础与路径[J].中国高教研究,2019(5):58—63.
⑤ 许长青,黄玉梅.制度变迁视域中粤港澳大湾区高等教育融合发展研究[J].中国高教研究,2019(7):25—32.
⑥ 刘静.我国区域高等教育协同发展及其对综合水平的影响[D](硕士学位论文).湖南大学,2014.
⑦ 田汉族,王超.京津冀高等教育合作困境的制度分析[J].首都师范大学学报(社会科学版),2016(5):122—132.
⑧ 丁晓昌.长三角高等教育联动发展的实践与思考[J].中国高教研究,2010(8):13—17.

在微观层面的高校协调机制方面,侯蔚结合长三角两省一市高校专业设置的现状,提出需要从学校、师资、学生几个方面构建长三角高校协同发展机制,在学校层面建立高校专业动态调整机制,在师资层面建立教师合作交流机制,在学生层面建立学生学分互认机制。[①] 马陆亭基于高等教育对区域发展的意义及对方的实践,构建了"模式＋机制→文化"的理论框架,在大学层面加强模式的探索,在区域层面加强机制的探索,最终构建出一种文化。[②] 黄崴等针对泛珠三角区域教育发展合作机制的完善,提出了健全区域教育合作组织体系与协调机制、健全高等教育人才培养和科学研究领域的合作机制,健全粤港澳教育发展合作机制等建议。[③] 张志刚系统梳理了高等教育区域优化的内涵、要素、目标以及原则等,并提出了区域特色的高等教育办学体制创新、投资体制创新、管理体制创新的建议。[④]

在政策执行方面,张力从政府行政组织层面,政府与学校、企业等组织间的关系层面,某个单个的跨区域教育协同组织层面几方面分析了跨区域教育协同发展的政策执行模式。在政府行政组织层面有整体推进模式、阶段转换模式,在政府与学校、企业等组织间的关系层面有自主模式和竞争模式,在某个单个的跨区域教育协同组织层面有集体协作模式和个体绩效模式。[⑤]

在政策评估方面,王鲜萍从成员高校个体和区域整合的高等教育是否得到优化两个维度出发,初步构建了高等教育区域合作绩效评价指标体系。[⑥]

[①] 侯蔚.长三角区域一体化下的高校协同发展战略选择与制度创新[J].中国高教研究,2014(4):31—37.
[②] 马陆亭.促进高等教育区域发展的模式、机制、文化[J].中国高教研究,2012(8):8—10.
[③] 黄崴,孟卫青.泛珠三角区域教育发展合作的背景、现状与机制[J].教育研究,2007(10):67—72.
[④] 张志刚.高等教育区域优化研究[D](博士学位论文).山东师范大学,2009.
[⑤] 张力.区域教育协同发展的政策方案与理论研究——京津冀教育协同发展对策研究[M].广州:广东教育出版社,2017:236.
[⑥] 王鲜萍.关于高等教育区域合作绩效评价指标体系的探讨[J].江苏高教,2010(3):49—50.

二、研究进展和不足

已有研究从不同理论视角和主题内容对长三角区域高等教育协同发展进行了诸多探索,为后续研究奠定了基础,但仍然存在不足之处。随着长三角区域一体化高质量发展以及长三角高等教育发展变革的现实需求和政策诉求愈加强烈,目前区域高等教育协同发展已经进入了实质性推进的关键时期,亟须理论创新与实践推进。

(一)从研究内容上看,零散繁多且缺乏系统深入

国内外关于区域高等教育协同发展的相关理论与实践研究较为丰富,从经济学、制度经济学、社会学、教育学、经济地理学等学科视角展开了相关的理论研究,对高等教育与区域发展的关系、区域高等教育协同发展的趋势以及存在的问题等进行了分析,同时也分析了区域高等教育协同发展政策等内容。现有研究成果从理论、要素、模式等方面研究区域高等教育协同发展的相对较多,关于区域高等教育协同发展的政策制定、政策执行等研究相对较少,尤其是国内对区域高等教育协同发展政策实施的效果缺乏必要的评估,从政策层面对这一问题的探究还欠缺系统性和深入性。现有的相关政策难以回应长三角区域高等教育协同发展推进的各项政策诉求和现实需求,实质性支持政策缺位,需在政策建构层面进行全新的审视与梳理。

(二)从研究方法来看,思辨研究较多,实证研究缺乏

已有研究中哲学思辨式的研究较多,而实证研究相对缺乏。对于区域高等教育协同发展这一实践取向的研究问题而言,需要对具体实施情况进行深入调查研究,对政策利益相关者进行访谈以了解他们的态度、看法及建议。

(三)从视角来看,研究视角多元但有局限性

已有研究在对区域高等教育协同发展这一内容进行研究时分别采用了不同的视角,多数研究还局限于就教育论教育的视角,而跳出教育看教育进行讨论的视角较少,缺乏更系统和综合视角的运用。

三、本研究的突破

基于对已有研究进展与不足的分析,本书试图从以下三个方面入手:

第一,在研究方法上,本研究运用文献法、政策文本分析法、访谈法和比较法对长三角区域高等教育协同发展政策这一议题进行研究,旨在突破已有研究在方法应用方面的单调性。本研究在深入分析长三角区域高等教育协同发展存在的问题时,除了查阅相关研究文献、政策文本外,还采用非结构式访谈的方式,深入长三角区域高等教育协同发展现场进行深度访谈,以此掌握真实可靠的一手资料来支撑研究结论。

第二,在研究视角上,本书试图跳出就教育论教育的研究视角,力图通过系统科学、公共管理学、公共政策学等视角来分析这一研究议题。

第三,更加注重研究的深入性,避免就事论事。长三角区域高等教育协同发展是政府、高校、社会力量相互博弈的复杂系统工程。要清晰界定各方的权责定位,细分研究型高校与应用型高校多元分类协同,克服单一化的评价导向,并紧密结合长三角区域高等教育协同发展的实践,注重研究应用型价值的彰显。

第三节 研究设计与实施

一、研究思路与研究内容

(一)研究思路

从政策科学研究的类型来说,本研究属于教育政策分析。根据研究取向的不同,教育政策分析可以分为不同的类型,其中最具代表性的是美国教育政策专家弗朗西斯·C.福勒把教育政策分析分为监控、预测、评估、建议四种类型,并认为这四种分类在广泛的和适用的范围内告诉了人们政策分析家是怎样在政策分析分类框架下工作的。① 换言之,在对某一教育政策进行分析时,可以选择不同类型的分析框架,从不同的视角进行思考和研究。长三角高等教育合作已经开展了十多年,已有研究缺乏对过往长三角高等教育合作成效的检视,而长三角区域高等教育协同发展政策亟待实现由探索到发展、由经验到科学的转变,紧扣问题的政策调整和优化是促进这一转变的关键因素。本研究按照内涵把握、问题剖析、依据探寻、方向提出、实现路径的研究思路展开,主要围绕"是什么""为什么"与"怎么样"的问题搭建研究框架,即长三角区域高等教育协同发展的政策是什么,为什么要对长三角区域高等教育协同发展政策进行优化,该如何实现政策的改进与完善?围绕这些问题,研究首先对长三角区域高等教育协同发展政策的内涵、政策历程、必要性及可能性进行梳理和分析;其次,对长三角区域高等教育协同发展的现状与问题进行分析,并探寻长三角区域高等教育协同发展政策优化的基本依据,提出长三角区域高等教育协同发展政策的优化方向;最后,提出实现长三角区域高等教育协同发

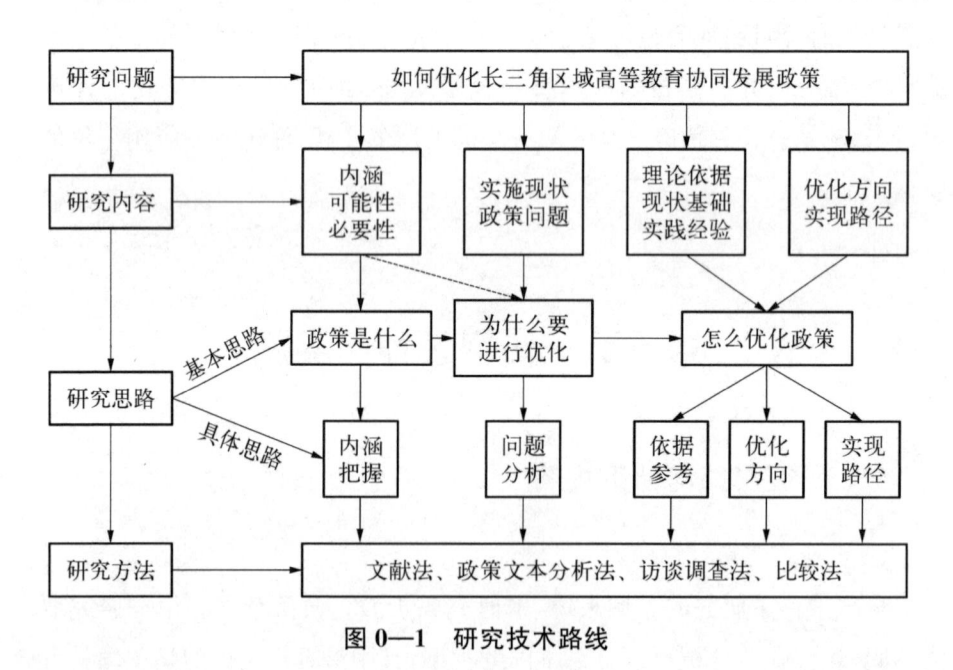

图0—1 研究技术路线

---

① [美]弗朗西斯·C.福勒.教育政策学导论[M].许庆豫译.南京:江苏教育出版社,2007:17—18.

展政策优化的路径,为长三角区域高等教育协同发展的政策制定与改进提供决策参考。

(二)研究内容

除了绪论和结语外,本书的主要研究分为六章。

绪论,概述本研究的研究背景和研究意义,进行了相关研究综述与评析,并对研究思路及研究内容、研究方法等作交代。

第一章,首先,界定了"长三角区域""区域高等教育协同发展""长三角区域高等教育协同发展政策"等核心概念;其次,介绍了区域高等教育协同发展所依据的协同理论与治理理论。

第二章,回顾了长三角区域教育协同发展的历史,将其分为教育协同发展萌芽期、教育协同制度化发展期、教育协同发展加速期、教育协同发展突破期四个阶段。在此基础上,对长三角区域高等教育协同发展政策进行了梳理,将其分为政策起步阶段和政策探索阶段,并从散见在国家、区域、地方层面的相关政策文件中,勾勒出长三角区域高等教育协同发展的政策脉络。随后,通过分析长三角区域高等教育协同发展的现实基础、国家发展战略的形势要求和高等教育发展的诉求,论证了长三角区域高等教育协同发展面临的形势和挑战。

第三章,分析了长三角区域高等教育协同发展的现状,归纳在区域高校联盟构建、学生交流交换、合作办学与学科协同、产学研协同创新等方面取得的成效,同时指出了长三角区域高等教育协同发展存在协同主体的错位与缺位、协同内容的局限与滞后、协同成效不显著等问题。究其原因,有协同发展制度机制不健全、传统管理体制掣肘、区域文化认同缺失等因素。

第四章,首先,梳理了长三角区域高等教育协同发展政策优化的现状基础,指出长三角区域高等教育协同发展的政策目标已在相关政策中提及,但尚未细化。决策主体主要由地方教育行政部门组成,领导权威尚待建构,责任主体不明确。其次,归纳长三角区域高等教育协同发展政策的主要内容,具体包括高校招生考试改革、人才培养合作与交流、合作办学与学科协同、优质资源共建共享以及高校毕业生就业等,同时归纳了区域高等教育协同发展政策的特点,呈现目的性、系统性、涉及利益主体的多样性。再次,对政策执行中的工具选择与运用进行了分析,发现工具运用进一步增强,但并不充分;最后,梳理了国内外区域高等教育协同发展在完备的政策法律保障体系、完善的组织机构、适切的政策目标与工具、协同发展领导权威的建构与确立等方面的有益经验,为后续研究提供实践经验。

第五章,首先,明确了区域高等教育协同发展应充分发挥制度优势,坚持融合发展新理念,遵循差异性、互补性、开放性原则;其次,厘清区域高等教育协同发展中政府、高校和社会力量各方的权责定位,理顺了长三角区域高等教育协同发展中政府间关系,提出应当增强中央与地方的协调性,理顺地方利益与区域利益关系,推动研究型高校与应用型高校分类定位参与协同发展;最后,提出应当制定区域高等教育协同发展的分阶段目标,在制定体现国家战略的总目标的基础上,制定中长期目标和当下的具体目标。

第六章,在前文研究的基础上,提出了长三角区域高等教育协同发展政策优化路径。首先,改进长三角区域高等教育协同发展政策,着眼于强化公平正义的价值导向,提升决策民主化和科学化水平,建立政策动态调整机制等;其次,强化长三角区域高等教育协同发展政策执行力,具体从提供政策执行保障,夯实政策执行能力,激发系统变革活力,创新激励约束机制等方面着力;最后,通过完善督导评价体系,加强信息舆论引导,动员多元主体参与,打造新型长三角高等教育治理格局。

结语,对本研究进行总结,反思研究的不足之处,并进行了研究展望。

二、研究方法

(一)文献法

文献法是本研究的基本方法,围绕主题基于对相关文献的搜集、梳理、分析借鉴而展开。在本研究中,文献法的作用主要体现在两个方面:一是梳理有关区域高等教育协同发展已有研究的主要内容,发现已有研究取得的进展和不足,以便在此基础上寻找研究的突破口;二是借助文献法探寻区域高等教育协同发展的理论基础,从而为相关研究的开展提供理论支撑。本研究所参阅的文献与数据资料获取途径主要有：

1. 有关区域高等教育协同发展的国内外相关研究、理论与实践。这部分内容主要通过查找相关专著、期刊等途径获得。图书方面主要通过查阅图书馆的相关书籍，以及超星数字图书馆、CADAL百万册电子书、Apabi电子图书获取。期刊主要通过知网、维普、万方、Web of Science、SAGE Social Science & Humanities Package等数据库获取。

2. 有关长三角高等教育事业发展情况的数据和资料。这部分主要通过参阅权威的统计年鉴、统计公报或工作年报。主要包括国家统计局《中国统计年鉴》和《中国科技统计年鉴》、教育部发展规划司《中国教育统计年鉴》《全国教育事业发展统计公报》和《教育统计数据》，教育部国际合作与交流司《来华留学生简明统计》和《来华留学统计》、上海市统计局《上海市国民经济和社会发展统计公报》、安徽省统计局《安徽省国民经济和社会发展统计公报》、浙江省统计局《浙江省国民经济和社会发展统计公报》、江苏省统计局《江苏省2018年国民经济和社会发展统计公报》、上海市教育委员会《上海市教育工作年报》、教育部、国家统计局、财政部《全国教育经费执行情况统计公告》等，以及国家教育科学决策服务系统、中国经济社会大数据研究平台中的相关数据。

3. 有关长三角高校学科建设发展的数据资料。此类数据资料主要通过在长三角高校官网、软科官网，以及国外的Quacquarelli Symonds（QS）官网等搜索获得。

4. 参加有关长三角教育一体化发展的会议，通过记录获得第一手会议资料。为了便于后续引用，笔者对资料进行了编码，具体如下：

表0—3是依托于长三角教育一体化发展研究院围绕"长三角教育更高质量一体化发展"主题开展的专家研讨会，笔者对会上专家的发言进行了记录，并将与本研究主题相关的资料编码成表。

表0—4是依托于长三角三省一市教育行政部门举办的"第十一届长三角教育一体化发展会议"，笔者参加会议，并收集了与研究主题相关的资料。

表0—3 "长三角教育更高质量一体化发展"会议资料

序号	编号	日期	时长/分	发言者身份	方式
1	201912101EA	2019-12-10	14	上海市教育委员会领导	会议记录
2	201912102EA	2019-12-10	24	安徽省教育厅领导	会议记录
3	201912101UL	2019-12-10	7	安徽省省属高校领导	会议记录
4	201912102UL	2019-12-10	22	上海教育部直属高校领导	会议记录
5	201912101ES	2019-12-10	20	Z高校学者	会议记录

说明：EA代表教育行政人员(Education administrator)；ES代表从事区域发展研究，尤其是区域教育合作发展研究的专家学者(Expert and Scholar)；UL代表高校领导(University Leader)。例如，201912101EA所包含的信息为：2019年12月10日会议中，记录的第一位教育行政人员的发言资料。

表0—4 "第十一届长三角教育一体化发展会议"会议资料

序号	编号	日期	时长/分	发言者身份	方式
1	201912181GA	2019-12-18	14	安徽省副省长	会议记录
2	201912182GA	2019-12-18	14	上海市副市长	会议记录
3	201912183GA	2019-12-18	17	江苏省副省长	会议记录
4	201912184GA	2019-12-18	20	浙江省副省长	会议记录
5	201912181EA	2019-12-18	10	教育部发展规划司司长	会议记录

说明：GA代表政府行政人员(Government administrator)；EA代表教育行政人员(Education administrator)。例如，201912181EA所包含的信息为：2019年12月18日会议中，记录的第一位教育行政人员的发言资料。

（二）政策文本分析法

政策文件以及与政策相关的文本是政府政策行为的反映，记录政策的文本则是分析政策信息的基本出发点和真实凭证。① 政策文本分析法是开展教育政策研究的常用研究方法。在本研究中,政策文本分析的主要目的有两个:一是通过对区域高等教育协同发展的相关政策文本的梳理,勾勒长三角区域高等教育协同发展相关政策的脉络;二是通过对相关政策文本的分析,深入了解长三角区域高等教育协同发展的主要内容和走向。本研究涉及的政策文本主要通过教育部、发改委网站、沪苏浙皖三省一市人民政府及直属教育行政部门网站搜集。在对政策进行梳理的过程中,首先对上述网站进行了首轮搜索,其后在北大法律信息网中进行了第二轮排查。从2003年至2019年12月,研究共梳理了39项与长三角区域高等教育协同发展直接相关的专项政策或涉及的综合政策。

(三)访谈法

访谈是一种研究性交谈,是研究者通过口头谈话的方式从被研究者那里收集(或者说"建构")第一手资料的一种研究方法。② 对区域高等教育协同发展政策的分析,必须重视政策相关方的看法、意愿和期待。根据张金马的定义,政策相关方(Stakeholsers,亦称政策相关者)包括三类人,一是参与政策制定或执行的人,二是其利益与被评估的政策有直接或间接关系的人,三是对政策表示强烈关注的人。③ 区域高等教育协同发展政策的相关方则包括中央、地方政府,各级教育行政部门、高校、学生、教师以及关注相关问题的学术机构和研究人员。为了确保本研究所表述的论点有客观、充足的立论依据,本研究于2019年4月19日—2020年1月5日,深度访谈了23位政府行政人员、教育行政人员、高校领导、二级学院领导、教育联盟负责人与专家学者(见表0—5)。选取了地方政府领导1人,来自上海市发展和改革委员会(1人);选取了长三角沪苏浙皖三省一市的6位教育行政部门人员,分别来自教育部发展研究中心(2人)、上海市教育委员会(1人)、江苏省教育厅(1人)、浙江省教

---

① 李钢,蓝石等.公共政策内容分析方法:理论与应用[M].重庆:重庆大学出版社,2007:4.
② 陈向明.质的研究方法与社会科学研究[M].北京:教育科学出版社,2000:165.
③ 张金马.公共政策分析:概念·过程·方法[M].北京:人民出版社,2004:457.

育厅(1人)、长三角教育一体化领导小组总秘书处工作人员(1人);选取了6位高校领导,包括高校校级领导(5人)、二级学院领导(1人);选取了3位高等教育联盟秘书处负责人,分别来自长三角高等工程教育联盟(1人)、长三角医学教育联盟(1人)、某慕课联盟(1人);选取了7位有从事区域发展研究尤其是区域教育合作发展研究经历的专家学者,包括高校学者(5人)、科研院所(1人)以及省(市)教育行政部门直属事业单位研究所(1人)。

表0—5 访谈目录1

序号	编号	日期	时长/分	受访者身份	方式
1	GA120191207	2019-12-07	7	上海市发展和改革委员会副主任	实地
2	EA120190419	2019-04-19	10	教育部教育发展研究中心副主任	实地
3	EA420191126	2019-11-26	22	教育部教育发展研究中心原主任	实地
4	EA220190426	2019-04-26	70	长三角教育一体化领导小组总秘书处工作人员	实地
5	EA320190626	2019-06-26	28	上海市教育委员会领导	实地
6	EA520191218	2019-12-18	8	浙江省教育厅领导	实地
7	EA620191218	2019-12-18	7	江苏省教育厅领导	实地
8	EU120190627	2019-06-27	69	长三角高等工程教育联盟秘书处负责人	实地
9	EU220191224	2019-12-24	50	长三角医学教育联盟秘书处负责人	实地
10	EU320191228	2019-12-28	20	长三角某高校发起的慕课联盟工作人员	电话
11	UL120191013	2019-10-13	58	上海市市属高校领导	实地
12	UL220191021	2019-10-21	100	上海市市属高校领导	实地

绪 论 | 37

续 表

序号	编 号	日 期	时长/分	受访者身份	方式
13	UL320191129	2019-11-29	28	江苏省省属高校领导	电话
14	UL420191218	2019-12-18	8	安徽省省属高校领导	实地
15	UL520191218	2019-12-18	7	浙江省省属高校领导	实地
16	UL120191117	2019-11-17	27	上海市市属高校二级学院领导	实地
17	ES520191018	2019-10-18	10	经济地理学家、长三角地区一体化发展决策咨询专家	实地
18	ES120190630	2019-06-30	12	长三角城市经济协调会专家委员会委员	实地
19	ES220190630	2019-06-30	15	A高校学者	实地
20	ES420190926	2019-09-26	56	E高校学者	实地
21	ES620191121	2019-11-21	30	E高校学者	实地
22	ES720200105	2020-01-05	68	F高校学者	实地
23	ES320190909	2019-09-09	62	长三角教育协作发展某项目负责人、海市教委直属事业单位研究人员	实地

说明：EA代表教育行政人员(Education administrator)；ES有代表从事区域发展研究,尤其是区域教育合作发展研究经验的专家学者(Expert and Scholar)；EU代表教育联盟(Education Union)；UL代表高校领导(University Leader)。例如,EA220190426所包含的信息为：第二位受访的教育行政人员,即长三角教育一体化领导小组总秘书处工作人员,于2019年4月26日接受访谈。时长以分钟为单位,正式访谈前的准备(介绍个人信息、访谈目的、保密工作说明以及对受访者疑问的解答等)不计入访谈时长。研究分专门的预约访谈和会议间隙访谈,下文未提及的即专门的预约访谈。对GA1是利用"长三角国际论坛——世界级城市群建设与长三角一体化发展"分论坛会议间隙进行；对EA1是利用E高校举办的中国教育发展论坛2019"人口变动与教育资源配置"会议间隙进行访谈；对EA5、EA6、UL4、UL5是利用长三角三省一市举办的"第十一届长三角教育一体化发展"会议间隙进行访谈；对ES1和ES2是利用E高校举办的"长三角区域一体化与城市发展高端论坛"会议间隙进行访谈；对ES5是利用E高校举办的"上海智慧城市高端讲坛"会议间隙进行访谈。

笔者根据研究主题以及访谈对象的背景信息设计了不同的访谈提纲。对政府行政人员的访谈内容主要涉及一体化推进的新环境赋予长三角高等教育新使命的特点和要求。对教育行政人员的访谈内容主要涉及区域高等教育协同发展的现状、政策执行情况、取得的成效、遇到的障碍和政策建议；教育联盟的访谈内容包括联盟成立的背景和愿景，政策执行情况、进展及存在的问题，对政策配套的诉求。对高校校级领导的访谈内容主要包括政策执行情况以及取得的成效、遇到的障碍，机制设计和政策保障建议。对二级学院领导的访谈则具体到学院、学科层面的合作情况以及实验室资源的共享情况。对专家学者的访谈内容主要收集专家们从教育学、经济学、地理学等不同视角对区域高等教育协同发展的看法和政策建议。

此外，还对高校教师和学生开展了访谈，围绕"长三角地区跨省高校教师交流与访问"选取5位高校教师进行了访谈；对2位已经参加过"长三角高校交换生计划"的学生进行了访谈，选取20位没有参加过"长三角高校交换生计划"的本科生调查了参加意愿和理由（见表0—6）。另外，对U大学跨省研究院和Z大学跨省研究院进行了调研，初步了解了研究院成立与定位、成效以及存在的问题和政策支持方面的情况。

表0—6 访谈目录2

序号	编号	日期	时长/分	受访者身份	方式
1	UT120190620	2019-06-20	12	长三角高校教师	实地
2	UT220190625	2019-06-25	10	长三角高校教师	实地
3	UT320190710	2019-07-10	10	长三角高校教师	电话
4	UT420190712	2019-07-12	8	长三角高校教师	电话
5	UT520190712	2019-07-12	11	长三角高校教师	电话
6	US120190906	2019-09-06	10	长三角高校本科生	实地
7	US220190906	2019-09-06	10	长三角高校本科生	实地

续　表

序号	编　号	日　期	时长/分	受访者身份	方式
8	US320190908	2019-09-08	8	长三角高校本科生	电话
9	US420190908	2019-09-08	9	长三角高校本科生	电话
10	US520190911	2019-09-11	12	长三角高校本科生	电话
11	US620190911	2019-09-11	15	长三角高校本科生	电话
12	US720190911	2019-09-11	10	长三角高校本科生	电话
13	US820190918	2019-09-18	10	长三角高校本科生	电话
14	US920190918	2019-09-18	8	长三角高校本科生	电话
15	US1020191008	2019-10-08	8	长三角高校本科生	电话
16	US1120191008	2019-10-08	11	长三角高校本科生	电话
17	US1220191029	2019-10-29	9	长三角高校本科生	实地
18	US1320191029	2019-10-29	10	长三角高校本科生	实地
19	US1420191029	2019-10-29	10	长三角高校本科生	实地
20	US1520191106	2019-11-06	8	长三角高校本科生	电话
21	US1620191106	2019-11-06	12	长三角高校本科生	电话
22	US1720191113	2019-11-13	11	长三角高校本科生	电话
23	US1820191113	2019-11-13	10	长三角高校本科生	电话
24	US1920191116	2019-11-16	10	长三角高校本科生	电话
25	US2020191116	2019-11-16	11	长三角高校本科生	电话
26	US2120191118	2019-11-18	10	长三角高校本科生	电话
27	US2220191118	2019-11-18	8	长三角高校本科生	电话

说明：UT 代表高校教师(University teachers)；U 代表本科生(undergraduate student)。例如，UT220190625 所包含的信息为：第二位受访的高校教师，于 2019 年 6 月 25 日接受访谈。

(四) 比较法

本研究采用比较法,从时间和空间两个维度,对区域高等教育协同发展进行比较研究。

1. 时间维度上,主要从政策的角度,将长三角区域教育协同发展政策进行分阶段研究,进行纵向比较,以厘清长三角区域教育协同发展政策的发展脉络与研究轨迹,从而把握长三角区域教育协同发展的特点。

2. 空间维度上,广泛考察国内京津冀地区、粤港澳大湾区以及各国际组织、国家和地区在推进区域高等教育合作与发展方面的理论与实践研究,包括联合国教科文组织(UNESCO)、经济合作与发展组织(OECD)、世界银行(World Bank)、美国、法国、英国、澳大利亚、日本、欧盟、东盟、非洲等国家和地区的发展战略与政策措施等,并与我国长三角地区进行横向对比,分析其可借鉴的经验。

第一章
概念界定与理论依据

第一节 概念界定

一、长三角区域高等教育

(一) 长三角区域

根据《现代汉语词典》,区域是指地区范围,[①]它是地理学中的一个基本概念;在《现代地理学词典》中,区域是指具有一定地理位置和可度量的实体,各要素有内在本质的联系,外部形态特征相似。[②] 其他学科对区域有着不同的内涵界定,如政治学把区域看作国家实施行政管理的行政单元;社会学把区域作为具有人类某种相同社会特征(语言、宗教、文化、民族)的聚落。换言之,不同的学科根据不同的指标和方法对区域进行划分,如地理学根据自然地理特征来划分区域,政治学根据国家管理的行政单元按照行政权力覆盖范围来划分,社会学根据人类社会聚落在语言、宗教、文化和民族特征等方面存在的共同特点来划分。不论按照哪种方式划分的区域都具有两点共性:一是区域内地理空间的连续性,二是区域内某种事物的共同性,区域内的同类性总是高于

[①] 中国社会科学院语言研究所词典编辑室. 现代汉语词典(第5版)[M]. 北京:商务印书馆,2005:1124.

[②] 左大康. 现代地理学词典[M]. 北京:商务印书馆,1990.

区域外的同类性。① 胡佛认为,就区域分类的有用性来说,是遵循行政管理范围的边界划分而成的区域,但根本上,根据区域内部结构中两种完全不同的特点,可以将区域分成不同的两类:一种是具有地理相似性和空间邻接性的同质区域;另一种是依据人类社会和经济活动特征与交互依赖性的不同来划分界限而形成的功能区域。②

本书所指的区域高等教育中的区域,既属于空间同质区域,也属于功能区域。它是在空间相邻的若干行政区组成的区域的基础上,基于发挥高等教育功能的需要而提出的。在本书中,"长三角"是高等教育"区域"概念的主体内容,根据中共中央、国务院《长江三角洲区域一体化发展规划纲要》,长江三角洲区域范围包括上海市、江苏省、浙江省、安徽省三省一市全域。据此,本书中所指的长三角区域包括上海市、江苏省、浙江省、安徽省三省一市。

(二)高等教育

我国《高等教育法》指出,高等教育"是在完成高级中等教育基础上实施的教育,是培养具有社会责任感、创新精神和实践能力的高级专门人才,发展科学技术文化,服务社会主义现代化建设、促进社会发展的教育活动"。③ 对于何为高等教育,潘懋元在《新编高等教育学》中这样定义:"高等教育是建立在普通教育(或基础教育)之上的专业性教育。"④参照法国教育学者米亚拉雷关于教育概念的分析框架,高等教育应包含四种含义:⑤ ① 作为一种机构,高等教育是指一种以大学为主的组织制度系统,其中每一个组织机构都遵循着一定的规则体系和理念提供高等教育;② 作为活动的高等教育,强调在相关组

---

① 崔玉平. 区域高等教育的经济学分析[M]. 哈尔滨:黑龙江人民出版社,2011:1.
② [美]埃德加·M. 胡佛. 区域经济学导论[M]. 王翼龙译. 北京:商务印书馆,1990:172—173.
③ 全国人民代表大会. 中华人民共和国高等教育法[EB/OL]. (2019 - 01 - 07) [2019 - 07 - 01]. http://www.npc.gov.cn/npc/c30834/201901/9df07167324c4a34bf6c44700fafa753.shtml.
④ 潘懋元. 新编高等教育学[M]. 北京:北京师范大学出版社,2009:5.
⑤ 法国教育学者米亚拉雷认为"教育"这一概念具有四种含义:(1) 作为一种机构的教育;(2) 作为活动的教育;(3) 作为内容的教育;(4) 作为一种结果的教育。转引自王建华. 什么是高等教育[J]. 高等教育研究,2012(9):1—6.

织机构中学生进行高等学习的重要性;③ 作为内容的高等教育,意味着学生赖以进行高等学习的"材料"主要是高深学问;④ 作为一种结果,高等教育则强调其目的性,即高等教育最终培养了什么样的人。[①]

从内涵视角看,综合上述对"高等教育"概念的不同界定可以推导出高等教育包括四个方面的内涵:① 高等教育是教育系统的一部分,且是教育系统中最高级的部分;② 高等教育是多种组织机构的总称;③ 高等教育是关于高深学问的教育;④ 高等教育是培养专门人才的教育。从职能视角看,高等教育具有人才培养、科学研究、社会服务、文化传承与创新四大职能。

概言之,首先,高等教育的实施不仅需要具体的高等教育机构,还包含学生、教育资源(专业教师、教学知识、学科知识等)、教学实施等活动以及配套的管理、服务等内部系统要素。其次,高等教育除了研究高深学问和培养专业人才外,还需承担科学研究、社会服务、文化传承与创新等职能。

长三角区域高等教育是一个相对的概念,是相对于整体性的高等教育而言的。如一个区域的高等教育相对于一个国家整体的高等教育而言就可以说是全国范围内的区域高等教育。本书中的"区域高等教育"与某个行政区划内的区域高等教育有所区别,是跨行政区划的区域高等教育。

二、区域高等教育协同发展

(一) 协同与协同发展

在词源学上,协同(synerg)一词源自希腊语 synergos,最早提出协同理论的是德国物理学家赫尔曼·哈肯(Hermann Haken),在他看来,协同即"系统中诸多子系统的相互协调的、合作的或同步的联合作用、集体行为"。简言之,协同就是指基于某种联系而有机协调在一起的两个或多个事物,联合发展的效益优于分散状态的各自发展。哈肯教授称其理论为"协同学"(synergetics),即"协调合作之学"。他提出"各子系统之间如果呈现混沌状态,说明系统内各要素之间相互耦合的不够密切;如果各要素之间呈现良性有序的状态,说明各子

[①] 王建华.什么是高等教育[J].高等教育研究,2012(9): 1—6.

系统之间充分发挥了协同效应"。① 20世纪80年代,国内学者以郭治安等为代表将哈肯的协同理论引入中国,郭治安系统介绍了协同学的基本概念、方法和应用,揭示了"协同"的两层含义:"一是指子系统之间的协同合作产生宏观的有序结构;二是指系统的宏观结构由几个序参量共同来决定,序参量之间的协同合作决定着系统的有序结构。"②在《现代汉语词典》中,协同是指各方相互配合或甲方协助乙方做某件事,③发展有两层含义:一是指事物由小到大、由简单到复杂、由低级到高级的变化;二是指扩大(组织、规模等)。④ 薛二勇等提出协同不是简单的协作配合,而是系统间的良好关联,发展是系统本身的演化过程。协同发展是协调与发展的交集,是系统或系统内要素之间在和谐一致、配合得当、良性循环的基础上由无序到有序的演化过程。⑤ 需要说明的是,学界已经有一些关于长三角区域高等教育一体化的研究,一体化是指"使各自独立运作的个体组成一个紧密衔接、相互配合的整体"⑥,一体化程度更深、更紧密,已经形成一个"整体",协同发展是一体化的必经过程,一体化是协同发展的最终方向。结合长三角高等教育联动发展的实际情况以及《长江三角洲区域一体化发展规划纲要》中有关教育领域的表述围绕"推动教育合作发展,协同扩大优质教育供给"展开,本研究采用"协同发展"这个提法。

(二) 区域高等教育协同发展

1. 区域高等教育协同发展的内涵

从行政层次范围来看,区域教育协同发展根据不同行政层次范围分类,主要有县区教育协同发展、城市群教育协同发展、省域教育协同发展以及国家之

---

① [德] 赫尔曼·哈肯. 协同学:大自然构成的奥秘[M]. 凌复华译. 上海:上海译文出版社,2005:2,33.
② 郭治安等. 协同学入门[M]. 四川:四川人民出版社,1988:24.
③ 中国社会科学院语言研究所词典编辑室. 现代汉语词典(第5版)[M]. 北京:商务印书馆,2005:1506.
④ 中国社会科学院语言研究所词典编辑室. 现代汉语词典(第5版)[M]. 北京:商务印书馆,2005:369.
⑤ 薛二勇,刘爱玲. 京津冀教育协同发展政策的构建[J]. 教育研究,2016(11):33—38.
⑥ 中国社会科学院语言研究所词典编辑室. 现代汉语词典(第5版)[M]. 北京:商务印书馆,2005:1599.

间的教育协同发展;从区域教育合作类型看,孙善学认为合作类型主要有下列几种:基础教育协同发展、职业教育协同发展、高等教育协同发展、终身教育与全民学习协同发展、产学研协同创新;① 从我国行政区域之间不同教育类型的协同发展来看,有长三角区域高等教育协同发展、京津冀区域基础教育协同发展等。

杨振军以京津冀为例,提出区域高等教育协同发展有两层含义:一是指高等教育与社会经济的协同发展,二是指高等教育自身的协同发展。② 按照佩里·希克斯(Perri S.)的说法,"政府之间的协作和整合必要性绝不是一个新的东西,尽管具体的形式、偏好的工具和特殊的问题已经时过境迁,不管是被称作'协同的''整体的',还是'协调的''整合的',所有的这些都是政府组织永恒的追求目标"。因此区域高等教育协调发展的内涵对协同发展也有一定的借鉴意义。崔玉平等把区域高等教育协调发展的内涵概括为区域高等教育系统内部各子系统之间,各区域高等教育之间,高等教育与区域经济、区域人口与产业结构等外部因素之间三个方面的协调发展。③ 张亚等指出"协同发展"强调的是个体不平衡基础上的整体再平衡,是一场深刻的改革创新实践。④

高新发和胡赤弟认为在高等教育与社会经济的协同发展层面,协同发展指的是高等教育发展与经济社会发展之间的一种和谐状态。一方面,高等教育的发展更好地满足了经济社会发展对人才、科技、咨询等的需要,从而有力地支撑和促进社会经济的发展;另一方面,社会经济的发展又为高等教育发展提供更多的资源,创造更好的条件,使高等教育更健康、更有活力地发展。

---

① 孙善学,吴霜,杨蕊竹.京津冀教育协同发展战略探究[M].北京:首都经济贸易大学出版社,2016:126—127.
② 杨振军.推动形成京津冀高等教育协同发展新格局[J].中国高等教育,2017(8):52—54.
③ 崔玉平,夏焰.区域高等教育联动改革与协调发展的经济意义——基于长三角地区的分析[J].清华大学教育研究,2012(1):40—45.
④ 张亚,王世龙.高校服务京津冀协同发展的路径研究——以新发展理念为分析视角[J].国家教育行政学院学报,2020(1):51—56.

同时还指出协同发展包含一种高校、政府、企业之间新型的、更为和谐的关系。①

综合协同发展的相关概念,本书将区域高等教育协同发展界定为通过高校空间、学科专业布局、招生就业、人才培养、科技成果转化和资源要素的重新整合等方面的统筹协调,区域高等教育系统由无序到内部协调、外部适应的良性有序的演化过程。这一定义主要包含两层含义:一是指高等教育与经济社会的协同发展;二是指高等教育自身的协同发展。换言之,区域高等教育协同发展要处理好两对关系:一是高等教育与区域经济社会发展的关系,体现外部适应性;二是高等教育自身的协同发展,体现内部协调性。在高等教育与经济社会的协同发展层面,服务区域一体化高质量发展是主要目标,推动区域高等教育协同发展是引领和支撑力量,通过与经济社会协同发展,提升高等教育对区域经济社会发展的贡献力;在高等教育自身的协同发展层面,长三角区域高等教育优势互补、特色发展、整体提升是主要目标,要求通过资源的共建共享,高等教育结构的优化,发挥出 $1+1+1+1>4$ 的协同效应,提升整个区域的高等教育发展水平。从长期来看,无论是作为长三角区域一体化的引领和支撑力量还是作为一体化的结果,长三角区域高等教育协同发展的最终目标必然是高等教育整体水平的提升。具体而言,长三角区域高等教育协同发展有三大目标,一是资源共享畅通,二是优化整体布局,三是提升整体水平。高等教育自身的协同发展和高等教育与经济社会的协同发展密不可分,高等教育自身的协同发展是高等教育与经济社会协同发展的前提,高等教育与经济社会的协同发展体现在高等教育自身的协同发展之中。通过高校空间布局、层次布局、学科专业布局、招生就业和科技成果转化等方面的统筹协调,促使高等教育适应区域经济社会发展的需要。同时也通过资源要素的重新整合发挥协同效应提升区域高等教育整体发展水平,更好地满足区域人民日益增长的优质高等教育的需要,并引领国家高等教育发展和区域社会经济发展。

---

① 高新发,胡赤弟.高教园区应促进高等教育与社会经济的协同发展[J].扬州大学学报(高教研究版),2002(1):21—23.

2. 高等教育与区域经济社会协同发展的作用机理

高等教育作为社会系统的重要组成部分,实现与经济社会协同发展,是经济社会和高等教育自身发展的需要。正如潘懋元先生在其著作《高等教育学讲座》中所提出的:"教育必须与社会发展相适应。一方面,教育要受一定社会的政治、经济、文化科学所制约;另一方面,教育必须为一定社会的政治、经济、文化科学服务。"① 高等教育与区域经济社会的关系是双向的,一方面表现为区域经济社会为高等教育的发展提供支撑,另一方面表现为高等教育对区域经济社会发展的推动作用。具体地,比如促进一个区域内不同文化之间的和谐与相互了解;通过提高区域内的科技水平,在全球范围内增强经济竞争力;发展人力资源,以促进经济增长并缩小该区域内的经济差距;促进学术机构之间更紧密的合作,以解决只能通过合作解决的区域和全球问题;进一步增进区域之间的认同感和信任感,以促进更强大的区域联盟等。

(1) 区域经济社会为高等教育的发展提供支撑

一定的经济发展水平为高等教育的发展提供人、财、物的支持,随着区域经济社会的发展,政府有能力提供更多的教育投入,增加教育发展资金,从而推动教育事业的发展。与此同时,区域社会经济发展提出了人力资源开发、知识贡献等客观要求,要求高等教育结构与经济社会结构相适应,高等教育空间布局、科类、层次结构分别与区域经济、产业、技术结构相适应。

(2) 高等教育对区域经济社会发展的推动作用

① 发展人力资源,有利于促进经济增长并缩小区域内经济差距。从历史的角度看,不平衡的发展模式源于各国家和地区在基础设施(交通、能源、电信和环境)和人力资本(劳动力所积累的知识和技能)水平上的不同,他们是有效生产的基本条件。人均收入的差距与基础设施条件的薄弱、劳动力素质的低下是紧密相关的。② 高等教育是人才培养的主体,一个地区的人力资源水平,很大程度上取决于该地区高等教育的发展水平。高等教育——不是作为一个

---

① 潘懋元. 高等教育学讲座[M]. 北京:人民教育出版社,1993:34.
② 王雅梅. 欧盟区域政策研究[D](博士学位论文). 四川大学,2005.

直接的目的,而是作为它的继续发展的一个后果——更加一般地影响经济上的公平。①

在区域高等教育协同发展进程中,长三角三省一市发挥各自高等教育比较优势的溢出效应带动区域高等教育发展水平的整体提高,推动高等教育现代化建设,提升区域高等教育供给水平,一定程度上提高各地区的劳动力素质,进而缩小各地区人均收入差距,促进区域经济协调发展,有利于实现社会的稳定发展。

② 有利于增强区域国际竞争力。长三角地区是长江经济带和"一带一路"的重要交汇点,2010年国家发改委《长江三角洲地区区域规划》将长三角地区战略定位为"亚太地区重要的国际门户",要求提高开放型经济水平,在我国参与全球合作与对外交流中发挥主体作用,在更大范围、更广领域、更高层次上参与国际合作与竞争。

教育服务贸易是长三角区域经济的重要组成部分,长三角地区高等教育打破壁垒,推进对内开放,实现区域内功能互补,打造区域高等教育品牌,成为对内开放的引领者,带动长江经济带甚至全国的对内开放,为进一步扩大开放做好铺垫,联合开拓教育市场,建立协调对外的合作机制和统一的对外开放的市场环境,有利于提升区域高等教育综合竞争力和国际影响力,把长三角区域打造成亚太地区教育高地,提升对国际人才的吸引力,引领辐射周边国家的教育发展,为世界教育发展提供中国经验和中国智慧。

③ 为区域产业结构优化和经济转型升级提供人才和智力支撑。为了推动经济转型升级,长三角地区经济发展面临加快错位发展、实现优势互补的现实选择,高等教育是区域人才培养的主体,加强区域人才开发合作、构建人才资源开放共享和联动机制,推动区域内人才信息共享,根据长三角地区经济社会发展对人才需求的不同类型,实现人才要素在区域内自由流动,使得区域之间人才比较优势实现互补,为长三角地区产业错位发展的优势互补格局提供

---

① [美]克拉克·克尔.高等教育不能回避历史——21世纪的问题[M].王承绪译.杭州:浙江教育出版社,2001:32.

有效支撑,从而进一步推动区域产业结构优化和经济转型升级。高等教育从区域全局角度进行统筹协调与布局,着眼于推进产业结构升级,调整优化高校学科专业设置,完善重点产业和领域学科体系,着力实现长三角学科专业结构的优化,提高学科结构与产业发展需求的适应性,增强长三角高等教育的整体竞争力和各自优势的溢出效应,形成区域内高校学科集群与产业集群的协同效应,将为长三角地区产业错位发展的优势互补格局提供有效的人才支撑和智力支持,从而满足人才需求的差异。

④ 满足区域创新体系的建设需要。高校是科学研究与知识生产的重要基地,可以发挥高等教育对科技协同创新的战略支撑作用,满足区域创新体系建设对创新型高素质人才、知识创新与技术创新的需要。高等教育突破内外部机制体制壁垒,打破学科逻辑的传统建制模式,充分发挥高校多学科、多功能的综合优势,联合各类创新力量,推动区域教育资源共享,释放人才、资源等创新要素活力,从而打造区域高等教育协同创新共同体,建立开放、协同、共享的科技协同创新支撑体系,开辟区域创新要素参与科技协同创新的新路径,有利于开展跨学科、跨校、跨区域联合攻关以及提升创新能力和服务能力,推动创新策源能力建设,从而解决创新驱动中的共同诉求。

⑤ 促进区域内文化的交流与融合,增强区域认同感。长三角地区有着丰富的文化资源。从共性来看,江南文化是长三角地区共同的文化资源,江南文化是长三角区域一体化发展的文化基础。长三角高质量一体化需要强有力的文化支撑,文化传承创新是高等教育的基本职能之一,高校具备参与做好江南文化研究的基础和条件,并且能够联合起来开展研究,从而充分挖掘和利用丰富的江南文化资源;帮助地方疏通文脉传统,努力成为长三角优秀文化和价值观的倡导者,推动新时期江南文化的创新发展,促进长三角共识的建立,增强区域凝聚力,为长三角区域一体化厚植文化根基。从个性来看,长三角地区的地方文化有吴越文化、海派文化、淮扬文化、楚汉文化、徽派文化等,既各具特色,又相互融通,各地文化都具有融合的开放性。长三角高校之间推进文化和改革交流的探索与实践,实现互补共享,具备成为文化融通先行先试者的有利条件。

三、长三角区域高等教育协同发展政策

(一) 教育政策

教育政策是国家管理和发展教育的主要手段和工具。学界关于教育政策有广义和狭义两种理解。广义的教育政策不仅包括由各级政府和教育行政部门制定的规章、制度、条例,也包括由立法部门制定的具有法律约束力、可作为司法裁判依据的教育法律法规;而狭义的教育政策不包括教育法律法规。本书采用广义,即教育政策是"负有教育的法律或行政责任的组织和团体为实现特定时期的教育目的,在管理教育事业过程中制定和执行的,用以确定和调整教育利益关系的行为准则"。[①] 从形式上来看,教育政策表现为立法部门及党政机关发布的有关教育的各种决定、纲要、规划、规定、意见、办法、细则、协议等政策文本。在此需要说明的是,长三角区域高等教育协同发展相关协议的缔结主体,是长三角区域的行政机关,即省、市人民政府或职能部门,在我国,这类协议既是一项法制创新也是一个新的行政法学范畴。[②] 所以这类协议也包括在本研究的教育政策之中。各类政策文本的具体内容包括政策主体与客体、政策目标、政策工具等。

(二) 长三角区域高等教育协同发展政策

薛二勇等认为区域教育协同发展的政策内涵主要包括三个方面,即政策目标、政策手段、政策结果。[③] 李孔珍等以京津冀为例,认为京津冀区域教育协同发展政策是一种为了配合京津冀协同发展而采取的教育政策,是一种多方位配套的教育政策,不仅指京津冀三地之间的教育协同发展,还指教育协同发展与人口流动、产业布局以及产业结构升级之间的协调发展。[④]

根据上述教育政策的概念界定,本书将长三角区域高等教育协同发展政

[①] 范国睿等.教育政策的理论与实践[M].上海:上海教育出版社,2011:4.
[②] 叶必丰等.行政协议——区域政府间合作机制研究[M].北京:法律出版社,2010:1—2,8.
[③] 薛二勇,刘爱玲.京津冀教育协同发展政策的构建[J].教育研究,2016(11):33—38.
[④] 李孔珍,李鑫.京津冀教育协同发展政策执行的综合模式分析[J].教育理论与实践,2017(25):22—26.

策定义为负有教育的法律或行政责任的组织和团体为实现服务国家区域发展战略的目的,在指导长三角区域高等教育协同发展过程中制定和执行的,用以确定和调整教育利益关系的行为准则。从政策内容上来说,长三角区域高等教育协同发展政策应该包括一系列具体的政策,这些具体的政策共同构成长三角区域高等教育协同发展的政策体系。目前出台的相关政策既有紧密相关的专项教育政策,也有内容涉及的综合性政策;既有国家层面制定的,也有区域层面三省一市共同制定以及地方层面各省市制定的文件,以保证区域高等教育协同发展能够顺畅、高质量地执行。政策内容包括高校招生考试改革、人才培养合作与交流、合作办学与学科协同、优质资源共建共享、高校毕业生就业等,是一个处在不断完善中的政策体系。

长三角区域高等教育协同发展作为一项教育政策具有其独特性。第一,该政策是一项跨区域的教育政策,跨越了长三角沪苏浙皖三省一市,而我国现行高等教育管理体制实行的是中央统一领导下的分级管理体制,教育供给和竞争机制等以行政区域为界,由于四地分属不同的行政区域,需要四地通过政策执行和机制创新来推动协同发展。第二,该政策是长三角区域一体化战略背景下宏观的教育政策,不仅要做好长三角三省一市之间高等教育的协同发展,还要做好高等教育与区域经济社会之间的协同发展。

按照2017年《教育部关于"十三五"时期高等学校设置工作的意见》的分类,以人才培养定位为基础,我国高等教育总体上可分为研究型、应用型和职业技能型三大类型。研究型高等学校主要以培养学术研究的创新型人才为主,开展理论研究与创新,学位授予层次覆盖学士、硕士和博士,且研究生培养占较大比重。应用型高等学校主要从事服务经济社会发展的本科以上层次应用型人才培养,并从事社会发展与科技应用等方面的研究。职业技能型高等学校主要从事生产管理服务一线的专科层次技能型人才培养,并积极开展或参与技术服务及技能应用型改革与创新。按照长三角三省一市签署的《长三角地区教育更高质量一体化发展战略协作框架协议》,将教育一体化协同发展分为高等教育、基础教育、职业教育、干部交流、师资培训等领域推进,职业教育作为一个专门领域。因此,在高校层面,本研究范围不包括高等职业教育,即不包括职业技能型高等学校,主要关注研究型和应用型高等学校。

第二节 理论依据

一、协同理论

(一) 协同理论

前文已指出协同理论由德国物理学家赫尔曼·哈肯(Hermann Haken)提出,协同即"系统中诸多子系统的相互协调的、合作的或同步的联合作用、集体行为"。哈肯称其理论为"协同学"(synergetics),即"协调合作之学",认为:"各子系统之间如果呈现混沌状态,说明系统内各要素之间相互耦合的不够密切;如果各要素之间呈现良性有序的状态,说明各子系统之间充分发挥了协同效应。"[1]20世纪80年代,国内学者以郭治安等为代表将哈肯的协同理论引入中国。[2] 综合国内外学者的阐释,协同理论的基本内涵主要体现在以下两个方面。

第一,协同理论运用的前提是将研究对象视作一个总系统,构成总系统的诸多要素视作不同的子系统。根据协同理论的基本观点,在没有开展协同之前,子系统是相对独立的系统,具有相对清晰的边界,但是,当不同的子系统围绕共同目标构成有机整体即总系统,各个子系统就成为总系统的构成要素。在总系统的框架下,子系统之间的边界应当是相互开放的,从而为资源交换、共享提供了可能。

第二,协同理论主要研究在序参量的支配下,系统从无序到有序的转变规律。在没有开展协同之前,系统之间的合作处于无序的状态,在这种协同理论意义上的无序状态中,各子系统都处于不断的协调之中,彼此间的联系日益紧

---

[1] [德]赫尔曼·哈肯.协同学:大自然构成的奥秘[M].凌复华译.上海:上海译文出版社,2005:2,33.

[2] 郭治安等.协同学入门[M].四川:四川人民出版社,1988:24.

密,在这种紧密联系的过程中,出现了推动系统由无序状态向有序状态转变的"序参量",促使系统发挥最优效能。

(二)协同理论的适切性

协同理论发端于自然科学领域,随着系统科学的发展,协同理论也越来越多地被引入社会科学领域的研究中,主要用来分析不同子系统围绕共同目标如何实现良好关联、配合得当、协调发展等理论与实践问题。在教育领域,协同理论的应用也逐渐广泛。长三角区域高等教育协同发展是一项涉及诸多子系统的复杂的系统工程,目前子系统之间的合作是低效无序的,符合协同理论中定义的暂时的无序状态。在这种协同理论意义上的无序状态中,各子系统都处于不断的协调之中,彼此间的联系日益紧密,在这种紧密联系的过程中,出现了区域高等教育的分工与合作等有效措施,在一定程度上也符合协同理论中序参量的特征。因而,利用协同理论对长三角区域高等教育协同发展进行分析具有一定的可行性。

(三)协同理论对长三角区域高等教育协同发展的指导价值

第一,在协同理论看来,长三角三省一市高等教育是不同的子系统,相对独立,具有相对清晰的边界,不同的子系统围绕共同目标形成有机整体,即长三角区域高等教育系统,各个子系统就成为总系统的构成要素。在总系统的框架下,子系统之间的边界应当是相互开放的,从而为资源交换共享提供可能。而长三角区域高等教育系统作为区域社会系统的一个子系统,又与区域社会系统中的经济子系统和科技子系统等发生相互作用。

第二,长三角区域高等教育协同发展应充分利用"序参量",促使系统实现从无序到有序状态的转变。长三角三省一市拥有的资源具有差异性,各自具有相对优势,通过区域高等教育的分工与合作形成优势互补的合力,改变高校的盲目竞争和重复建设的无序状态,通过高校空间布局、层次布局、学科专业布局、招生就业和科技成果转化等方面的统筹协调,促使高等教育适应区域经济社会发展的需要。同时也通过资源要素的重组发挥协同效应提升区域高等教育整体发展水平,更好地满足人民日益增长的对优质高等教育的需求,并引领国家高等教育发展和区域社会经济发展,使长三角区域高等教育在和谐一致、配合得当、良性循环的基础上实现由无序向有序状态的转变。

二、治理理论

(一) 治理理论

1. 治理理论的主要观点

20世纪70年代以来,一场质疑行政官僚体制的政府改革席卷全球;90年代以来,治理理论的兴起对全球化的挑战以及政府与市场失灵作出了回应。由于分析的角度不同,学者们对治理的界定也不尽相同。在关于治理的各种界定中,全球治理委员会的定义具有很大的权威性和代表性,在其1995年发表的《我们的全球伙伴关系》中给出了这样的定义:治理是各种公共的或私人的个人和机构管理其共同事物的诸多方式的总和;它是使相互冲突的或不同的利益得以调和并且采取联合行动的持续的过程;它不仅包括有权迫使人们服从的正式制度和规则,也包括人们同意或以为符合其利益的各种非正式制度安排。[①] 学者对治理理念的阐发各有侧重,但也存在以下基本共识。

第一,治理理论强调多元主体参与治理。治理的主体是多元的,政府不再是唯一的治理主体。政府在对社会公共事务的治理中要放权,赋予市场化组织、社会组织、第三方机构一定的权力,使它们成为不同层面的治理主体,形成共同治理的格局。治理理论主张政府、社会、公民的共同合作与参与,在协作过程中,政府与社会组织、公民之间是平等协商的关系,采取自上而下的管理和自下而上的参与相结合的方式。政府必须进行改革,要从传统的垄断式管理中解放出来,成为"有限政府",转变管理职能和管理方式,更好地发挥统筹协调功能。

第二,治理过程注重互动与协调。互动是治理的活力所在,是治理不断推进的动力。治理理论强调多主体、多方位的互动,在治理过程中将动员相关的所有主体参与治理,并将淡化治理中主客体边界,共同为治理着力,治理主体间的互动都是双向的,并非单方面的主导,互动的基础是各方主体都处于平等

---

① 俞可平.治理和善治[M].北京:科学文献出版社,2000:4.

地位,不存在高低。在治理过程中,政府、行业企业、社会组织等不同主体通过良性互动机制发挥不同作用,形成有效的互动网络。治理是一个持续的互动过程,参与其中的主客体相互协调、相互影响、相互信任、相互监督。协调是治理的基础,其保证了合理的治理结构,体现了治理的统一性与整体性。

2. 区域治理理论的主要观点

在全球化和区域一体化的进程中,政府治理环境日趋复杂,大量"区域公共问题"日益凸显,对囿于行政区划界刚性约束的行政区行政提出了严峻的挑战,成为区域公共管理的动因和出发点。区域公共管理是在区域公共行政基础上发展起来的,是对区域行政的一种突破和深化。金太军认为区域公共管理实质上是政府治理方式上的制度变迁,即打破行政区域的刚性壁垒,把日益凸显的"外溢性"公共问题,纳入到自身的管理范围之内,从而实现对区域公共事务的综合治理。[①] 而区域治理的概念发源于西方,我国经济社会环境中的"增量"变化正促使区域公共管理向区域治理的方向转变。事实上,区域治理就是治理理念在区域公共事务治理中的具体运用。陈瑞莲等扎根于中国本土区域公共事务治理的现实场景,对区域治理的概念进行了界定:区域治理是指政府、非政府组织、私人部门及其他利益相关者为最大化实现区域公共利益,通过协商、伙伴关系、谈判等方式对区域公共事务采取集体行动的过程。区域治理具有三个基本特点:多元主体形成组织间网络或网络化治理;强调非政府组织与公民参与的重要性;注重运用多元弹性的协调方式解决区域问题。[②]

(二)治理理论的适切性

治理理论是在对传统的行政管理理念和方式进行反思的基础上作出的创新,其最终目标仍然是最大程度地增进公共利益。治理理论强调政府不是唯一的治理主体,在对社会公共事务的治理中要放权,赋予市场化组织、社会组

---

① 金太军.从行政区行政到区域公共管理——政府治理形态嬗变的博弈分析[J].中国社会科学,2007(6):53—65.

② 陈瑞莲,杨爱平.从区域公共管理到区域治理研究:历史的转型[J].南开学报(哲学社会科学版),2012(2):48—57.

织、第三方机构一定的权力,使他们成为不同层面的治理主体,形成共同治理的格局。

区域高等教育协同发展本质上也是区域高等教育治理模式的一种探索,最终目标是提升公共服务水平,满足人民群众日益增长的美好生活需要,也即公共利益最大化。传统的高等教育管理体制掣肘了区域高等教育协同发展的实质推进,反思其原因,区域高等教育协同发展的逻辑与治理理论所反思的一样,主体角色和功能定位不清晰。由于区域高等教育协同发展契合了治理理论所提出的多元参与、互动协调的精神实质,利用治理理论对区域高等教育协同发展进行分析具有一定的可行性。

(三)治理理论对区域高等教育协同发展的指导价值

与治理理论的趋向一样,高等教育管理也呈现出治理化的趋势。区域高等教育协同发展本质上也是区域高等教育治理模式的一种探索,治理理论对区域高等教育协同发展的指导价值主要集中在多元主体共同参与、协同发展机制革新两个方面。

第一,多元主体参与区域高等教育协同发展是现代高等教育开放性的要求,也是高等教育与区域经济社会互动的现实需要。区域高等教育协同发展的主体包括政府、高校和社会。根据治理理论,区域高等教育协同发展应改变政府放权不够,而导致高校自主权不足以及社会力量缺席的局面。首先必须明确界定区域高等教育协同发展中政府、高校、社会力量的权责,在此基础上,政府应转变职能,加强宏观调控,下放权力和让渡职能,扩大高校办学自主权,动员市场和社会力量积极参与,建立各安其位的区域高等教育治理新格局。

第二,区域高等教育协同发展要突破行政区划的刚性约束,探索有效的区域高等教育协同发展机制。高等教育是具有"外溢性"的公共问题,且高等教育具有正外部性,并且其正向外溢性已经不再局限于同一地区,而是扩展到了地区之间,可以给其他相邻地区带来正向影响。换言之,区域高等教育协同发展能够增进区域公共利益。为了实现区域公共利益最大化,需要打破行政区域刚性壁垒,推动协同发展的机制革新。

第二章
长三角区域高等教育协同发展政策历程及其面临的形势

第一节 21世纪以来长三角区域高等教育协同发展政策历程

一、长三角区域教育协同政策的阶段性发展

长三角区域地理相近、人文相亲,有着区域一体化得天独厚的优势。自2008年国务院颁布《关于进一步推进长江三角洲地区改革和经济社会发展的指导意见》到2018年11月长三角区域一体化发展上升为国家战略,伴随着长三角区域一体化的发展历程,长三角区域教育协同发展也走过了十多年历程。梳理十多年来长三角教育协同发展的历程,本研究将其划分为四个阶段。

（一）萌芽期（2003—2008年）

中共十六届三中全会提出了"区域协调发展战略",长三角地区教育领域开始推进协同发展的探索,这个时期可以看作是长三角教育协同发展的萌芽期。

1. 脉络梳理

区域协调发展战略是中共十六届三中全会提出的"五个统筹"之一。按照统筹区域协调发展的要求,在教育领域,2003年10月,在上海举行的苏浙沪两省一市教育合作签字仪式上,两省一市教育行政部门签署了《关于加强沪浙

两地教育合作的意见《关于加强沪苏两地教育合作的意见》,标志着长三角地区教育合作的实质性启动。合作意向主要包括建立交流合作的组织和机制,共同探索中小学课程教材改革和中高考制度改革,推动学分互认与就业合作。同时,为促进人才的"无障碍"流动,三省一市教育部门还共同签署了《长三角地区毕业生就业工作组织合作协议书》。此后,合作主体和领域逐渐扩展,政府之间签署了若干合作协议:2004年,两省一市签署了《关于长三角职业教育与成人教育合作协议》,三地职业教育开始进入政府主导的合作阶段。2005年,长江流域各省市教育共同发展研讨会在上海举行,会议形成并签署了《长江流域各省市教育共同发展协议书》,达成了"建立交流信息机制"的共识。在高等教育领域,为加强研究生教育创新计划区域合作,2006年5月,教育部学位管理与研究生教育司发布《关于加强研究生教育创新计划区域合作的意见》,长三角区域也开展了探索与实践。2007年7月,上海印发《关于进一步加强国内合作交流工作的若干政策意见》,提出要加强在人才、科技、教育、文化等方面为长三角和全国服务。2008年签署了《关于长三角社区教育合作协议》,决定建立社区教育网络课程资源共享机制和合作组织。

此外,三省市教育行政部门下属的科研机构与评估机构也积极探索在科研与评估方面的合作。2004年1月,上海市教育评估院和江苏省教育评估院签订了《关于进一步加强苏沪两地教育评估合作的协议书》,2004年6月,两省一市三地教科院签署《长三角教育科学研究合作协议》。2006年,长三角17城市教科院共同签署《"长三角"城市教育资源共建共享意向书》,并组建了教育资源共建共享合作共同体——长三角教育科研论坛,为长三角的教育合作交流奠定了良好的基础。

2008年,国务院颁布《关于进一步推进长江三角洲地区改革和经济社会发展的指导意见》,"长三角区域一体化"在国家层面的文件中被提出,为长三角教育协同发展提供了良好的政策环境与体制土壤。

2. 历史阶段性特征

这一时期,长三角教育协同发展的主要特点是民间层面自下而上的探索实践较多,教育协同呈非常规状态,尚未形成制度化协同机制。

(二) 制度化发展期(2009—2013年)

以国务院颁布《关于进一步推进长江三角洲地区改革和经济社会发展的指导意见》为肇始，国家层面对长三角地区提出"率先探索"的要求，长三角地区教育领域作出了体制机制创新的积极探索。

1. 脉络梳理

国务院《关于进一步推进长江三角洲地区改革和经济社会发展的指导意见》要求长三角地区"继续在体制创新上先行先试，率先在重要领域和关键环节取得突破，为又好又快发展提供制度保障"。教育部提出要求希望长三角两省一市能够在教育领域率先作出突破，2009年3月，第一届"长三角教育联动发展研讨会"在南京举行，苏浙沪教育行政部门共同签订《关于建立长三角教育协作发展会商机制协议书》，制订定期交流制度，标志着长三角教育的区域交流与合作由自主化、非常规状态向制度化状态转变。此后，成立了长三角教育联动发展协调领导小组。

2010年6月，国家发展改革委印发《长江三角洲地区区域规划》，提出"加强教育合作，建立区域间优质教育资源共享机制"。2010年7月，《国家中长期教育改革和发展规划纲要(2010—2020年)》明确提出"统筹推进教育综合改革，促进教育区域协作，提高教育服务经济社会发展的水平"，"探索省际教育协作改革试点，建立跨地区教育协作机制"。

在后续的教育联动发展研讨会上，签署了有关数字教育资源合作建设、基础教研联动发展、中等职业教育实训基地共享、高等教育专家资源库建设及共享、高等学校大型仪器设施共享、高校图书馆联盟、研究生教育创新计划、高校优秀中青年干部挂职培养、高校学分互认等内容的一系列协议。2012年，安徽加入长三角教育联动发展会商机制，三省一市签署了有关建立新一轮长三角教育协作发展会商机制、中等职业学校校长、专业负责人交流挂职、德育教师培训合作等内容的协议。

2012年3月，教育部、财政部共同制定《关于实施高等学校创新能力提升计划的意见》(2011计划)，旨在突破高校内外部体制机制壁垒，推动协同创新。紧接着，教育部又发布《关于全面提高高等教育质量的若干意见》(质量

30条),提出"鼓励地方建立大学联盟,发挥部属高校优质资源辐射作用,实现区域内高校资源共享、优势互补。加强高校间开放合作,推进教师互聘、学生互换、课程互选、学分互认"。

2013年,第五届会议由"教育合作发展研讨会"更名为"教育协作会议",为了更好地推进长三角教育联动发展,加强教育研究领域的交流与合作,会议决定成立"长三角教育协作发展研究中心",这是区域协作、联动的一个标志性事件。

从这一时期开始,为推进长三角教育协同发展工作,三省一市出台了一系列推进区域协作发展的纲领性文件。在推进长三角区域教育协同发展方面,三省一市不同程度地将区域协作发展纳入各省市的中长期教育改革发展规划纲要和省教育事业"十二五""十三五"发展规划之中,例如,上海市的《中长期教育改革和发展规划纲要》《教育改革和发展"十二五"规划》《"十三五"教育事业发展规划》,江苏省的《教育中长期改革和发展规划纲要》《"十三五"教育事业发展规划》,安徽省的《"十三五"教育事业发展规划》《教育中长期改革和发展规划纲要》,浙江省的《教育中长期改革和发展规划纲要》。

2. 历史阶段性特征

这一时期,长三角教育协同发展从之前的非常规转向制度化状态,形成了协作发展会商机制,三省一市对区域教育协同发展的认识进一步深化,签署了一系列合作协议,进一步加强了长三角教育的交流与协作。

(三)加速期(2014—2018年)

以教育部出台《关于进一步推进长江三角洲地区教育改革与合作发展的指导意见》为起始,标志着长三角教育协同发展驶入了快车道。突破区域体制机制壁垒,释放人才、资源等创新要素活力,是适应区域社会经济发展的必然趋势。长三角三省一市对教育协同发展的认识不断提高,进行区域教育协同发展的愿望日益增强,三省一市教育协同发展的步伐也不断加快。

1. 脉络梳理

2014年6月,教育部出台了《关于进一步推进长江三角洲地区教育改革与合作发展的指导意见》,标志着长江三角洲教育联动发展上升为国家战略,进入新的发展阶段。同年,第六届长三角教育协作发展会议签署了《教育资源共建共享》《教育行政干部挂职交流合作》《联合发布"长三角区域教育发展报告"》《共建基础教育质量评估指标体系》等5份省际协议及2份校际协议,推动长三角教育协作进一步深化发展。2015年,第七届长三角教育协作发展会议在马鞍山召开,签署了《加强青少年学生法治教育合作》《联合推进现代学校制度建设》《扶持长三角地区社会力量跨省市办学》《教育协作项目联合监管》4份省际协议。

2016年5月,国家发展改革委、住房城乡建设部印发《长江三角洲城市群发展规划》,提出"推进多种形式的教育合作,提高教育发展质量和共享水平,率先实现教师现代化"的目标,针对高等教育,提出了"率先推行高等教育改革创新试点,提升大学创新人才培养能力,推进一流大学和一流学科建设"。同年12月,在第八届长三角教育协作会议上,签署达成了《"十三五"深化长三角地区教育战略合作框架协议》等5份协议,确定了长三角地区将在教育综合改革、基础教育、职业教育、高等教育、教育资源共建共享、国际国内合作6个领域深化合作交流。

2017年11月,第九届长三角教育协作发展会议上签署了《共建共享教育协作信息技术平台》《青少年校园足球培训竞赛区域合作框架》《"十三五"智慧教育合作》《重大教育项目综合督导协作》4份合作协议。

2. 阶段性特征

第一,在国家层面专项指导意见的引领下,各个层面都在积极推动长三角教育协同发展进程。四地的"十三五"教育发展规划对协同发展给予了足够的重视,推动长三角教育协同发展进程进入更具实质意义的阶段。

第二,虽然协作协议不断签署,协作内容不断拓展,协作资源库平台不断建立,协作机制也不断深化,但囿于顶层设计缺乏和地方利益固化的桎梏,面临很多实施和执行中的障碍,合作的深度和广度十分有限,更多地依然停留在协议文本上。

(四)突破期(2018年至今)

2018年11月,习近平总书记在进博会开幕式上提出"将支持长江三角洲区域一体化发展并上升为国家战略"。由此,长三角区域一体化进入一个全新的一体化、高质量发展阶段。长三角区域教育协同发展也开始加速推进。

1. 脉络梳理

在长三角区域一体化发展的大背景下,2018年10月,由三省一市民办教育行业组织共同发起的"长三角民办教育一体化发展联盟"在上海宣告成立,对共同实现区域民办教育信息相通、资源共享、要素重组和优势互补有着非常积极的意义。

2018年11月,中共中央、国务院发布《关于建立更加有效的区域协调发展新机制的意见》,强调要"破除地区之间利益藩篱和政策壁垒,加快形成统筹有力、竞争有序、绿色协调、共享共赢的区域协调发展新机制,促进区域协调发展"。同年12月,在第十届教育一体化发展会议上,三省一市共同签署《长三角地区教育更高质量一体化发展战略协作框架协议》和《长三角地区教育一体化发展三年行动计划》,标志着长三角教育发展进入一个全新的协同发展阶段,并明确了高等教育、基础教育、职业教育、干部交流与师资培训、实践研究等领域未来三年深化协作、重点发力的方向。此外,会上"长三角区域教育现代化监测中心""长三角地区联合职业教育集团""长三角教育人才服务联盟""长三角地区开放教育学分银行""长三角高校技术转移联盟"等多个重点协作项目揭牌,将从多个方面推动长三角教育协同发展。

2019年2月,中共中央、国务院发布《中国教育现代化2035》和《加快推进教育现代化实施方案(2018—2022)》,明确提出"构建长三角教育协作发展新格局,进一步加大区域内教育资源相互开放的力度,搭建各级各类教育协作发展与创新平台,实现资源优势互补和有序流动"。

2019年,李克强总理在"两会"上提出:"要将长三角区域一体化发展上升为国家战略,编制实施发展规划纲要。"同年5月,审议通过《长江三角洲区域一体化发展规划纲要》,进一步指明了"协同扩大优质教育供给,促进教育均衡发展,率先实现区域教育现代化"的合作发展方向。

在笔者参与的2019年12月第十一届长三角教育一体化会议上,江苏省副省长提及在《江苏教育现代化2035》中,专设推进区域教育协调发展的意见,对长三角教育协同发展江苏工作做出了具体的安排。在会议发言中,他谈道:"一个好不算好,大家好才是真的好,就各省市而言更多地应该考虑别人需要什么,面上需要什么,自己能够提供什么,对于教育领域,教育合作从来不是零和的博弈,提供方不但没有损失,另一方通过学习借鉴,或者共享利用成为受益者,江苏是长三角协同发展的坚定参与者、推动者和实践者,凡是需要江苏做的事,无论是哪个层级的,我们都一定尽心尽力的做好,力所能及、毫无保留地共享江苏各类教育资源,比如这次会上签署的《共享海外教师培训基地的协议》,我省在美国、英国、加拿大、澳大利亚建立的四个基地,就可以向大家开放,并可以提供同等服务。"[①]

2. 阶段性特征

这一时期,作为长三角区域一体化发展的重要历史转折期,教育领域的区域协同发展呈现的特点体现为:

第一,长三角区域一体化发展上升为国家战略,在国家层面的《中国教育现代化2035》等相关政策文件中得到了不同程度的强化,国家对长三角区域协同发展的重视程度空前。

第二,在政策的引导与推动下,沪苏浙皖四地教育在高等教育、基础教育、职业教育、干部交流与师资培训、实践研究等领域的跨区域协同合作陆续展开,推动着长三角教育协同发展开始向纵深发展。

上述教育协同发展的演进历程表明,长三角教育合作内容协作力度不断加深,内涵不断拓展,协作不断向纵深发展,各类协作机制逐渐明晰和完善。

总体来看,经过十多年的发展,长三角区域教育合作取得一定成效,主要表现在以下几个方面。

一是协作内容的拓展。长三角教育协作涉及基础教育合作、高等教育合作、职业教育与成人教育合作、社区教育合作、毕业生就业合作、干部交流与师

[①] 会议资料(201912183GA)。

资培养合作、科研与评估合作等方面,基本涵盖了教育的各个领域,促进了区域教育资源的共建共享。

二是协作机构的建立。2013年起,三省一市共同成立了长三角教育协作发展研究中心,为推进、深化长三角教育协作发展、合作联动发挥了一定的研究和服务作用。2018年又成立了长三角区域教育现代化监测中心、长三角教育一体化研究院。另外,在区域之间开展具体的合作,建立了相应的协调小组,例如,长三角教育联动发展协调领导小组(后升级为长三角教育一体化发展领导小组)、长三角高校毕业生就业工作合作组织等。

三是协作教育资源库平台的搭建。陆续构筑了教育协作信息技术平台、高等教育专家资源库、高校图书馆联盟、中等职业教育数字化资源等平台。

四是协作机制的深化。通过探索信息交流机制、协作发展会商机制、行政协议机制、教师队伍建设联动机制等一系列制度建设,进一步深化长三角教育协作机制。

经过各省市协作内容、协作机构、协作资源库平台和机制上的发展,一系列合作协议的签署在一定程度上促进了长三角区域教育的合作与发展,也积累了许多宝贵经验,丰富了区域教育协同发展的理论与实践。

二、长三角区域高等教育协同发展政策变迁

通过对长三角区域教育协同发展政策历程的回顾,在大致了解长三角区域教育协同发展政策全貌的基础上,本研究进一步分析了长三角区域高等教育协同发展政策演进脉络及其特征,以深入了解长三角区域高等教育协同发展的主要内容和走向。

(一)区域高等教育协同发展政策发展演进历程

21世纪以来,长三角区域高等教育协同发展政策经历了起步阶段和探索阶段。

1. 区域高等教育协同发展政策的起步阶段(2008—2013年)

自区域协调发展战略提出以来,2008年9月国务院出台《关于进一步推

进长江三角洲地区改革开放和经济社会发展的指导意见》,首次明确提出"区域一体化发展",并将教育联动发展作为长三角区域一体化发展的重要组成部分,基于高等教育的重要支撑引领作用,明确要求"调整完善高等教育的学科布局和专业设置"。其后,国家层面出台的《长江三角洲地区区域规划》《长江三角洲城市群发展规划》等都涉及了高等教育领域协同发展的相关内容和要求。2012年3月,教育部出台《关于全面提高高等教育质量的若干意见》(质量30条)提出"建设优质教育资源共享体系。建立高校与相关部门、科研院所、行业企业的共建平台,促进合作办学、合作育人、合作发展;鼓励地方建立大学联盟,发挥部属高校优质资源辐射作用,实现区域内高校资源共享、优势互补;加强高校间开放合作,推进教师互聘、学生互换、课程互选、学分互认"。

区域层面三省一市共同签署了《关于建立长三角教育协作发展会商机制协议书》,地方层面各省市也都将"长三角区域高等教育协同发展"纳入了本省市的中长期教育改革和发展规划纲要和"十二五""十三五"教育事业发展规划等文件中。

在这个阶段,长三角区域教育协同发展没有独立的政策文件,仅在其他政策文本中有所表述,但由于其在公开政策文本中出现了区域高等教育协同发展的内容,因此我们认为这是长三角区域高等教育协同发展政策起步的标志。

2. 区域高等教育协同发展政策的探索阶段(2014年至今)

2014年,教育部出台《关于进一步推进长江三角洲地区教育改革与合作发展的指导意见》,是教育部印发的首个区域教育发展政策文件,明确要求推进区域高等教育管理体制改革,促进高等教育学习资源开放共享。在访谈中,相关负责人也表达了政策制定的初衷:"教育部对人力资源开发这块负起牵头作用,理所当然。有的边界比较清楚,有的边界不是很清楚,改革创新,有些棋是要一起来下的,有些曲子是要一起来演奏的,这要形成一个交响乐的格局。……它的上下前后左右是这么复杂,需要一体地统筹协调安排……高等教育统筹协调发展,研究型高地、应用型高地、技术型高地、特色高地各安其位。这好像我们现在建立微信群一样,各有各的群,各有各的共同的可以共享的资源和可以互补的资源,可以产生合作共赢的效应。"①此外,《教育部2019年工作要点》提出"推进教育现代化区域创新试验,探索新时代区域教育改革发展的新模式",并将长三角作为形成区域教育发展新格局的战略重点之一。

区域层面三省一市共同签署了《"十三五"深化长三角地区教育战略合作框架协议》《长三角地区教育一体化发展三年行动计划》《长三角地区教育更高质量一体化发展战略协作框架协议》等一系列协同合作协议。

此外,在2018年11月首届进博会上习近平总书记提出支持长三角区域一体化发展并将其上升为国家战略后,沪苏浙皖三省一市分别发布了《关于支持和保障长三角地区更高质量一体化发展的决定》,为长三角高等教育协同发展提供了良好的政策保障。2019年12月,中共中央、国务院印发《长江三角洲区域一体化发展规划纲要》,对高等教育提出了"推动高校联合发展,加强与国际知名高校合作办学"的要求,例如,在"科创产业融合发展"方面,包含了高等教育发展空间;在"促进人才流动和创新资源共享"方面,高等教育也可以发挥作用;在"加快公共服务便利共享"方面,对协同扩大高质量教育资源、文化资源供给与共享提出了新要求,为高等教育带来了机遇与挑战。

教育部目前正在研究制订以四点一线一面为布局的区域教育创新试点意见,以创新区域教育协作为支撑,为长江三角洲教育协同发展提供更加精准、更加灵活的政策空间。在调研中,教育部发展规划司领导表示:"我们已经起草了关于长江教育创新带的,目前正在按照程序报批,长江三角洲要在长江教育创新带的建设中发挥龙头作用,辐射带动上游、中游等中西部地区教育的发展,推动不同区域协同开展教育现代化建设。"②同时,也支持高校主动融入国家重大科技工作,支持高校牵头主动参与重大科学计划和科学工程。

这一时期,2014年,我国首个区域教育发展政策——《关于进一步推进长江三角洲地区教育改革与合作发展的指导意见》出台,明确提出推进区域高等教育管理体制改革,促进高等教育学习资源开放共享。在政策引领下,三省一

---

① 访谈资料(EA420191126)。
② 会议资料(201912181EA)。

市联合制定了框架协议、行动计划,在政策保障方面开展了积极的实践探索。据此,笔者把这个阶段视为长三角区域高等教育协同发展政策的探索阶段。

规范性文件明确规定了高等教育协同发展是长三角区域一体化的重要组成部分,国家、区域、地方三个层面都表现出了推进长三角区域高等教育协同发展进程的积极态度。国家、区域、地方三个层面政策文本中关于长三角区域高等教育协同发展的表述,构成了当前长三角区域高等教育协同发展政策的主体框架,其主要内容如表2—3所示。

(二)区域高等教育协同发展政策变迁的特征

通过对2008—2013年国家、区域、地方各层面涉及长三角区域高等教育协同发展的相关政策(见表2—3)进行文本词频统计分析,相关关键词及词频统计结果如表2—1所示。该阶段高频词体现了四个方面的明显特征:一是强调区域内的交流、协作与合作;二是强调各类新机制的建立与探索;三是强调资源的整合与共享;四是参与主体有高校、科研机构和教育行政部门。

通过对2014年至今的长三角区域高等教育协同发展相关政策(见表2—3)进行文本词频统计分析,相关关键词及词频统计结果如表2—1所示。这一阶段高频词揭示了政策的演化特征:一是在强调区域内合作与协作的基础上进一步深化,强调不同主体间的协同、一体化;二是从资源共享走向互补、开放、共建、共管;三是在政府引导不同主体自发协作的基础上,更加注重发挥政府平台搭建的作用;四是在各类机制建设和探索的基础上,强调全面深化体制机制改革创新。

表2—1 各时期长三角区域高等教育协同发展政策的关键词及词频

时 期	关键词及词频	新词变化
2008—2013年	教育(17)、合作(10)、服务(9)、发展(8)、上海(8)、高等院校(7)、区域(6)、创新(6)、长三角(6)、高等教育(6)、机制(5)、交流(4)、专业(4)、科研机构(4)、加强(4)、完善(4)、协作(4)、模式(3)、新机制(3)、办学(3)、优势(3)、高校(3)、学分(3)、科技(3)、联动(3)、探索(3)、推动(3)、建设(3)、互认(3)、联合攻关(2)、共同(2)	

续 表

时 期	关键词及词频	新词变化
2014年至今	教育(19)、发展(14)、高校(13)、长三角(12)、区域(11)、合作(9)、协作(9)、机制(7)、探索(7)、推进(6)、共建(6)、建设(6)、高等教育(6)、学分(5)、办学(4)、国际(4)、提升(4)、联合(4)、创新(4)、管理(4)、深化(4)、率先(4)、领域(3)、政府(3)、地方(3)、师资(3)、共管(3)、协同(3)、学校(3)、部属(3)、布局(3)、质量(3)、资源(3)、打造(3)、开放(3)、学习(3)、推动(3)、改革(3)、现代化(3)、评估(3)、学科专业(3)、一流大学(3)、省级(3)、大学(2)、地区(2)、经济带(2)、特色(2)、项目(2)、优质(2)、新机制(2)、结构(2)、基地(2)、一流(2)、平台(2)、促进(2)、支持(2)、共享(2)、鼓励(2)、加快(2)、统筹(2)、招生(2)、优化(2)、设置(2)、监测(2)、联盟(2)、一体化(2)、体制改革(2)、互认(2)、互补(1)	共建、国际、联合、深化、率先、政府、地方、师资、共管、协同、资源、开放、评估、一流大学、经济带、优质、招生、统筹、优化、一体化、监测、联盟

笔者进一步比较了2008—2013年和2014年至今的长三角区域高等教育协同发展相关政策文本涉及的主题，并将其归纳为制度建设、人才培养、学科建设与科学研究、国内合作办学、国际交流五个方面（见表2—2），分析发现长三角区域高等教育协同发展政策涉及的主题及内容不断丰富和深化，演化发展呈现以下明显特征：一是在制度建设方面，从区域会商机制走向区域高等教育管理体制改革、招生考试制度改革等，从会商到改革，制度层面不断深化；二是在人才培养方面，从单一的跨区域学分互认、课程互选走向学习资源开放共享、建设发展各类本科教育联盟等，区域协同培养人才的广度和深度不断拓宽；三是在学科建设与科学研究方面，从完善学科布局和专业设置，进一步提升至协同创新、联手打造具有国际影响的一流大学和一流学科，学科专业发展共建共享，举措也进一步明晰，如建立长三角跨区域联合实验室；四是在国内合作办学方面，进一步探索本区域内的合作办学；五是在国际交流方面，从中外合作办学进一步提升至与国际知名高校合作办学，打造区域教育对外开放特色，不仅层次有所提升，国际交流合作也

从单向变为双向。

可见,长三角区域高等教育协同发展政策蓝图已经绘就,但政策文本与现实的差距以及政策内部的协调性等问题突出。

表2—2　各时期长三角区域高等教育协同发展政策涉及的主题

主题＼时间	2008—2013年	2014年至今
制度建设	建立长三角教育协作发展会商机制;举办长三角教育协作发展论坛与研讨会;长江都市圈教育联动发展	推进区域高等教育管理体制改革;共建区域教育协作发展平台;长三角教育协作项目的跟踪、过程推进及监测评估机制;招生考试制度改革合作
人才培养	跨区域学分互认、课程互选、教师互聘;高校区域合作育人机制;发展科技创新人才国际化培养模式	高等教育学习资源开放共享;健全在线学习质量保障体系;高校合作育人;建设和发展应用型本科联盟和高等工程教育联盟;师资建设共建共享;区域内教师互聘、课程互选、学分互认
学科建设与科学研究	调整完善学科布局和专业设置;重点学科建设;高水平特色学科群建设;院校合作,联合攻关;建设跨地区产业共性技术科研机构	优化地方高校布局和学科专业结构;大学大院大所全面合作、协同创新,联手打造具有国际影响的一流大学和一流学科;建立长三角跨区域联合实验室;学科专业发展共建共享;共建实验实训基地
国内合作办学	鼓励企业依托院校、科研机构建立区域人才培养基地	共建高校在本区域内探索合作办学;鼓励沪苏浙一流大学、科研院所到安徽设立分支机构
国际交流	中外合作办学	与国际知名高校合作办学;打造区域教育对外开放特色

表 2—3　国家、区域、地方各层面涉及长三角区域高等教育协同发展相关政策及主要内容

层级	发文单位	年度	文件名称	政策类型	政 策 内 容
国家层面	国务院	2008	《关于进一步推进长江三角洲地区改革开放和经济社会发展的指导意见》	意见	调整完善高等教育的学科布局和专业设置。鼓励企业依托高等院校、职业院校和科研机构，建立区域高新技术和高层次应用型人才、高技能人才培养基地。加强国际合作交流，发展和完善多种形式的科技创新人才国际化培养模式。全面提高高等教育质量，显著提升高校科技创新与服务能力
	国家发改委	2010	《长江三角洲地区区域规划》	规划	建设长三角地区重要的高等教育基地，提升高等教育发展水平。大力支持重点学科建设，建成一批高水平、有特色的学科群，推动若干高校进入国内一流大学行列。推进中外合作办学，拓展国际交流，引进优质教育资源。发挥现有高等院校集中、高等教育发达的优势，显著提升高等院校科技创新与服务能力。以高等院校和科研机构为主体，加强基础研究，开展联合攻关，全面提高原始创新能力。加大资源整合力度，形成一批优势学科领域、研究基地和跨地区产业共性技术科研机构。加强科研机构与高等院校合作，促进创新资源共享

续　表

层级	发文单位	年度	文件名称	政策类型	政　策　内　容
国家层面	教育部	2014	《关于进一步推进长江三角洲地区教育改革与合作发展的指导意见》	意见	推进区域高等教育管理体制改革。支持长三角地区各省市深化省级政府教育统筹综合改革,充分利用长三角地区高等教育资源丰富、部属高校集中、地方高校较多、办学特色鲜明等优势,优化地方高校布局和学科专业结构,提升地方高校办学水平。丰富和发展部、省(市)"共建、共管"高校的新内涵,鼓励和支持"共建、共管"高校在本区域内探索合作办学。探索实施省级政府投入与绩效评估考核相结合的新机制。根据区域经济社会发展需要,在法律法规许可、条件相对成熟的情况下,率先探索部属高校的管理体制改革,在招生、专业设置等方面对部属高校实现省级政府统筹。共建区域教育协作发展平台。促进高等教育学习资源开放共享,探索建立学业资格认证框架,建立健全在线学习质量保障体系
	国务院	2016	《长江三角洲城市群发展规划》	规划	率先推行高等教育改革创新试点,提升大学创新人才培养能力,推进世界一流大学和一流学科建设

续 表

层级	发文单位	年度	文件名称	政策类型	政 策 内 容
国家层面	中共中央办公厅、国务院办公厅	2019	《加快推进教育现代化实施方案（2018—2022年）》	方案	构建长三角教育协作发展新格局,进一步加大区域内教育资源相互开放的力度,搭建各级各类教育协作发展与创新平台,实现资源优势互补和有序流动
	中共中央、国务院	2019	《长江三角洲区域一体化发展规划纲要》	规划纲要	推动教育合作发展。协同扩大优质教育供给,促进教育均衡发展,率先实现区域教育现代化。研究发布统一的教育现代化指标体系,协同开展监测评估,引导各级各类学校高质量发展。推动大学大院大所全面合作、协同创新,联手打造具有国际影响的一流大学和一流学科。鼓励沪苏浙一流大学、科研院所到安徽设立分支机构。推动高校联合发展,加强与国际知名高校合作办学,打造浙江大学国际联合学院、昆山杜克大学等一批国际合作教育样板区
区域层面	沪、苏、浙、皖四地教育行政部门	2009	《关于建立长三角教育协作发展会商机制协议书》	协议	建立长三角教育协作发展会商机制,商定于每年3月份,由上海、浙江、江苏三省市教育行政部门,轮流举办长三角教育协作发展论坛与研讨会,研究协商长三角地区教育改革与发展、交流与合作中的重大问题

续　表

层级	发文单位	年度	文件名称	政策类型	政　策　内　容
区域层面	沪、苏、浙、皖四地教育行政部门	2016	《"十三五"深化长三角地区教育战略合作框架协议》	协议	在高等教育领域，加快长三角应用型本科联盟、高等工程教育联盟等的建设和发展，完善高校合作育人机制，推进区域内教师互聘、课程互选、学分互认
区域层面	沪、苏、浙、皖四省市教育行政部门	2018	《长三角地区教育一体化发展三年行动计划》	计划	在未来3年，长三角教育率先在高教、职教、师资等若干领域深化协作、重点发力
区域层面	沪、苏、浙、皖四省市政府	2018	《长三角地区教育更高质量一体化发展战略协作框架协议》	协议	高等教育领域：探索建立长三角跨区域联合实验室，形成需求导向的联合共管机制
地方层面	上海市政府	2010	《上海市中长期教育改革和发展规划纲要》	规划	探索区域教育协作新机制试验。充分发挥上海对外开放优势，探索区域教育合作新形式、新模式、新途径。推动长江三角洲共同建立都市圈教育联动发展新机制，完善上海教育服务长江流域、服务支援中西部地区、服务全国的可持续机制，促进上海与港澳台地区教育交流和合作
地方层面	上海市政府	2012	《上海市教育改革和发展"十二五"规划》	规划	服务国家战略，推动长三角共同建立教育合作与联动发展的新机制，探索教育合作的新模式，完善上海教育服务长江流域、服务中西部地区、服务全国的长效机制，提高上海教育在全国的影响力

续　表

层级	发文单位	年度	文件名称	政策类型	政　策　内　容
地方层面	上海市政府	2016	《上海市教育改革和发展"十三五"规划》	规划	健全长三角区域教育协作发展机制。建立分重点推进各级各类教育协作机制,在师资与管理干部建设、学科专业发展、实训基地共建共享等方面探索深化合作、提升协作质量的有效机制。探索高校之间学分、培训学分与学分银行建设有效衔接的机制和实现路径。健全长三角教育协作项目的跟踪、过程推进及监测评估机制,提升长三角教育协作项目的质量与效益
	江苏省政府	2010	《江苏省中长期教育改革和发展规划纲要（2010—2020年)》	规划纲要	创新人才培养机制,全面推行学分制和弹性学制,推行跨校、跨区域、跨类型的学分互认,推行主辅修制、双专业制、多项技能等级证书制,推行本科学生导师制。建立高校区域合作育人机制,深化合作办学试点,推进教学联合体建设,实行资源共享、教师互聘、课程互选、学分互认。建立区域高等教育协作改革和联动发展机制
		2016	《江苏省"十三五"教育发展规划》	规划	优化区域布局结构。顺应国家"一带一路",江苏沿海开发、苏南现代化建设示范区、长三角一体化发展的战略需要,科学合理调整高等学校布局设置

续　表

层级	发文单位	年度	文件名称	政策类型	政策内容
地方层面	浙江省政府	2003	《关于主动接轨上海、积极参与长江三角洲地区合作与交流的若干意见》	意见	大力支持和鼓励上海、江苏高等院校和科研院所来我省建立分校分所，开展多种形式的联合办学和重大技术联合攻关。鼓励有条件的企业与上海、江苏高等院校和科研院所联合建立研发中心、中试基地、博士后工作站和毕业实习基地
	浙江省发改委员会、教育厅	2011	《浙江省教育事业发展"十二五"规划》	规划	加强研究生教育，继续实施研究生教育创新计划；推进深化长三角教育合作与交流
	安徽省教育厅	2017	《安徽省"十三五"教育事业发展规划》	规划	积极探索和推进区域合作发展的新机制，打造区域教育对外开放特色。不断深化长江经济带、长三角城市群等区域间的交流合作，共建一批高端合作项目，加快与长三角教育一体化进程，服务长江经济带发展，以开放促发展。在优质教育资源共享、师资与学校管理干部队伍建设、学科专业建设、各类学校(机构)学习成果积累与转换、同质同类高校学分互认、共建实验实训基地、招生考试制度改革等方面加强合作

续 表

层级	发文单位	年度	文件名称	政策类型	政 策 内 容
地方层面	安徽省政府	2010	《安徽省教育中长期改革和发展规划纲要》	规划纲要	全面推行学分制等弹性学制,建立跨校、跨区域、跨类型的学分互认和主辅修、双学位或双专业、技能等级证书等制度,加大学生自由选择课程、选择专业的灵活性。积极开展区域性的双边或多边教育科研合作和学术交流

第二节 长三角区域高等教育协同发展政策面临的形势

一、长三角区域高等教育协同发展的现实基础

（一）长三角高等教育发展的外部条件

长三角地区包括上海、江苏、浙江、安徽三省一市,总面积35.8万平方千米,占国土面积的3.7%。2018年,长三角地区常住人口2.2亿,占全国的15.8%;区域GDP 21.25万亿元,占全国GDP的23.3%;长三角人均收入水平远超全国平均水平。简言之,长三角地区在全国1/26的国土面积上集聚1/6的人口,产出近1/4的全国GDP,三产比重超过50%,区域一体化具有厚实的基础。

地区经济总量稳步攀升,但省际差距拉大。2018年,长三角三省一市GDP 21.25万亿元,其中,江苏、浙江、上海和安徽2018年GDP分别为9.26万亿元、5.62万亿元、3.37万亿元和3万亿元。与往年相比,地区内部经济规

模差距呈扩大趋势。人均经济水平省际差异也较为明显,2018年,上海市人均GDP为13.5万元,已达到发达经济体标准,居长三角各省市首位,江苏、浙江两省分别为11.52万元和9.86万元,两省一市人均生产总值均显著高于全国平均水平,而安徽省人均GDP仅4.77万元,尚低于全国平均水平。[①] 城乡居民人均可支配收入上海最高,上海、浙江和江苏均高于全国平均水平,安徽低于全国平均水平。

(二)长三角高等教育内部要素基础

人力、财力、物力资源是直接影响高等教育发展最重要的基础资源,各省市高等教育发展水平的差异状况也直接影响着区域高等教育协同发展的进程。因此有必要对长三角三省一市高等教育人力、财力、物力投入及高等教育发展水平进行比较分析,从而对长三角区域高等教育内部资源条件及发展水平有一个更清晰的认识。

1. 长三角区域高等教育投入情况比较

(1)长三角区域三省一市高等教育人力投入比较。在高等教育人力投入方面,三省一市差异明显(见表2—4)。上海高校专任教师总量虽然位居末位,但其具有博士学位和副高以上职称的教师比例最高;安徽全省高校专任教师数量虽然略多于上海,但具有博士学位和副高以上职称的比例远远低于江浙沪。安徽全省的高校专任教师数量仅为江苏的52.5%,但生师比要明显高于江浙沪。江苏高校专任教师总量在三省一市中居首位,副高以上教师比例接近上海,但生师比低于安徽2.53个百分点,低于上海0.66个百分点。

(2)长三角区域高等教育财力投入比较。在高等教育财力投入方面(见表2—5),上海市普通高校生均一般公共预算教育事业费最高,分别是安徽省的2.3倍,江苏和浙江省的1.8倍,也是三省一市中唯一高于全国水平的地区,其余三省均低于全国水平。

[①] 中华人民共和国国家统计局编. 中国统计年鉴2019[M]. 北京:中国统计出版社, 2019:34,69—70.

表 2—4 "十三五"中期三省一市高等教育人力投入比较

类别 省份	专任教师 数量（万人）	专任教师 增幅（%）	博士学位教师 比例（%）	博士学位教师 增幅（%）	副高级职称以上教师 比例（%）	副高级职称以上教师 增幅（%）	研究与试验发展人员 数量（万人）	研究与试验发展人员 增幅（%）	生师比 数值	生师比 降幅（%）
上海	4.46	2.53	54.69	6.32	51.28	2.66	4.62	4.83	16.34	2.85
江苏	11.64	3.07	35.16	8.83	48.76	4.02	6.73	6.42	15.68	−0.19
浙江	6.34	1.73	34.46	9.18	45.44	2.10	5.44	9.97	15.29	−1.12
安徽	6.11	1.09	18.82	11.23	37.32	4.09	2.72	2.75	18.21	1.67

数据来源：教育部发展规划司 2017—2018 年教育统计数据，增幅、比值数据为计算数据；国家统计局社会科技和文化产业统计司，科学技术部创新发展司编.中国科技统计年鉴 2018 [M].北京：中国统计出版社，2018：110—111。

表 2—5 长三角区域高等教育经费投入比较

项目 地区	普通高校生均一般公共预算教育事业费 单位（万元）	普通高校生均一般公共预算教育事业费 增幅（%）	高等学校研究与试验发展经费外部支出 单位（万元）	高等学校研究与试验发展经费外部支出 增幅（%）	高等学校研究与试验发展课题投入经费 单位（万元）	高等学校研究与试验发展课题投入经费 增幅（%）
上海	3.64	7.99	82 172	4.05	691 569	7.16
江苏	2.05	0.92	69 616	22.94	779 310	10.22
浙江	2.08	3.31	39 253	30.11	429 407	7.37
安徽	1.55	7.48	8 924	−4.93	201 032	18.62
全国	2.10	3.33	929 133	14.72	8 769 921	12.87

数据来源：中华人民共和国教育部.关于 2018 年全国教育经费执行情况统计公告[EB/OL].(2019-09-26)[2019-12-23].http://www.moe.gov.cn/srcsite/A05/s3040/201910/t20191016_403859.html；国家统计局社会科技和文化产业统计司，科学技术部创新发展司编.中国科技统计年鉴 2018[M].北京：中国统计出版社，2018：110，122，125。

在高校研究与试验发展经费外部支出上,全国2017年的支出为929 133万元,其中,上海和江苏两地的支出之和就达到151 788万元,占全国的16.3%,是浙江和安徽支出总和的3.15倍。在高校研究与试验发展课题投入经费上,上海和江苏两地经费占全国经费总额的16.8%,是浙江和安徽总和的2.3倍。数据表明,浙江和安徽研发经费、课题投入经费不足,与上海和江苏相比差距较大。

(3) 长三角三省一市高等教育物力投入比较。在高等教育物力投入方面(见表2—6),浙江省普通高校生均校舍建筑面积和生均图书册数两项生均资产值在三省一市中位居首位,分别是安徽省的1.19倍和1.31倍。上海在普通高校生均教学仪器设备值方面遥遥领先于其他三省,分别是安徽省、江苏省和浙江省的2.7倍、1.7倍和1.6倍。

表2—6　2017年长三角高校固定资产比较

地区 \ 类别	普通高校生均校舍建筑面积 单位(平方米)	普通高校生均图书册数 单位(册)	普通高校生均教学仪器设备值 单位(元)
上海	27.92	84.25	33 244.84
江苏	30.61	82.90	19 191.17
浙江	33.01	95.50	20 644.15
安徽	27.60	73.17	12 112.31

数据来源:国家教育科学决策服务系统。

2. 长三角区域三省一市高等教育发展水平比较

"十三五"中期,2018年三省一市高等教育发展基本情况如表2—7所示。截至2018年末,长三角区域共有普通本科高等院校221所,占全国普通本科高校总数的17.8%。其中,双一流大学建设高校8所,占全国19%;一流学科建设高校27所,占全国的28.4%。博士研究生规模约占全国的1/4,硕士研究生规模约占全国的1/5,本科生规模约占全国的1/6。长三角区域高等教育发展整体水平位居全国前列,但区域内差异明显。

表 2—7　"十三五"中期三省一市高等教育发展水平比较(2018 年)

项　　目	上海	江苏	浙江	安徽	全国	长三角占全国比重(%)
普通本科高校数(所)	39	77	60	45	1 245	17.8
双一流高校数(所)	4	2	1	1	42	19
一流学科建设高校数(所)	10	13	2	2	95	28.4
高等教育毛入学率(%)	—	58.3	60.1	52.2	48.1	—
普通本科招生数(万人)	9.58	27.18	15.09	16.39	422.16	16.2
研究生招生(万人)	5.27	6.91	2.98	2.39	85.80	20.5
研究生在校生(万人)	15.85	19.46	8.25	6.35	273.13	18.3
国家重点实验室数	19	13	10	1	152	28.3

数据来源:教育部发展规划司 2018 年教育统计数据,比值数据为计算数据。

在不同层次学生规模方面,江苏省研究生教育层次体量最大,上海紧随其后,而浙江和安徽分别不到江苏的 1/2 和 1/3。江苏省普通本科招生数最多,分别是上海的 2.83 倍、浙江的 1.8 倍、安徽的 1.65 倍。

在"双一流"建设高校数量方面,上海和江苏优势明显,上海一流大学建设高校数量最多,有 4 所,江苏和上海的一流学科建设高校数量分别有 13 所和 10 所,而浙江和安徽的一流高校和一流学科建设高校数量均分别只有 1 所和 2 所。与安徽全省仅有 1 所国家重点实验室相比,江浙沪分别有 13 所、10 所和 19 所。

在地方高校发展方面,根据软科排名,江苏入选前 100 名的地方高校数量最多,有 7 所,浙江有 3 所,上海和安徽分别只有 1 所。[1]

---

[1]　最好大学网.软科中国最好大学排名 2018[EB/OL]. http://www.zuihaodaxue.com/zuihaodaxuepaiming2018.html.

可见,长三角三省一市无论是在经济水平、高等教育投入,还是高等教育发展水平,都各有优势与劣势,存在着较明显的差异,这直接影响着四地高等教育协同进程。尤其就安徽来说,与上海、浙江、江苏高等教育发展水平存在较大差距,而且受历史和政策因素影响,2012年之前有关长三角教育协同发展的政策并没有将安徽纳入其中,致使安徽未能充分享受到相关的政策红利。高等教育外部条件与内部要素基础的明显差异使得深度合作存在客观障碍。在调研中,安徽教育行政部门人员也结合实际表明了意愿:"安徽如何融入长三角,如何参与长三角,用省委书记的话说我们是甘当配角,我们的方针是扬长补短。说实话我们的长极其地少,关键是补什么短,如果我们什么短都补,最后我们是永远地补下去,永远难以融入长三角,所以我们认为人才和教育制度是安徽应该亟补、重补的。人才培养依然是根本问题,安徽认为能够融入、加入长三角是我们幸运,按照省委的要求,我们当好配角,并且积极当好配角。凡是安徽能够做到的,我们尽全力做好,促进长三角协同发展。"[①]

(三) 长三角区域高等教育协同发展的政策基础

各省市高等教育发展目标的一致性是高等教育协同发展的前提。长三角地区三省一市教育发展"十三五"规划是分析三省一市未来教育发展的重要"窗口"。在高等教育方面,上海和浙江分别制定了《上海市高等教育改革和发展"十三五"规划》和《浙江省高等教育"十三五"发展规划》,针对一流大学和一流学科建设,三省一市分别制定了《上海高等学校学科发展与优化布局规划(2014—2020年)》《江苏高水平大学建设方案》《浙江省一流学科建设实施办法》《安徽省一流学科专业与高水平大学建设五年行动计划》对大学和学科建设进行规划。从人才培养定位来看,上海市要在2010年率先实现教育现代化,率先基本建成学习型社会,人力资源开发水平迈入世界先进行列,建成与社会主义现代化国际大都市相匹配的一流教育。[②] 江苏省到2020年教育主

---

① 会议资料(201912102EA)。
② 上海市人民政府.上海市教育改革和发展"十三五"规划[EB/OL].(2016-08-15)[2019-12-23]. http://www.shanghai.gov.cn/nw2/nw2314/nw39309/nw39385/nw40603/u26aw49535.html.

要发展指标要达到教育现代化水平,确保在教育现代化进程中继续走在全国前列。① 浙江省到 2020 年要率先实现教育现代化,建成教育强省,教育主要发展指标达到发达国家平均水平。② 安徽省规划在 2020 年力争基本实现教育现代化,教育总体实力和社会影响力显著增强,推动建成真正意义上的教育大省,力争实现向教育强省的跨越,推动实现向人力资源强省跨越。③ 由此可见,上海、江苏、浙江和安徽在"十三五"教育规划的目标上存在高度的一致性,这为三省一市人才培养的协同构建了良好的政策基础。

高等教育协同发展的基础和前提是各省市高等教育发展目标和发展水平的一致性和均衡性。通过分析可知,长三角区域高等教育协同发展具备丰富的高等教育资源和良好的政策基础,已经初步具备了现实发展基础。但各省市高等教育发展水平均衡性这一高等教育协同发展基础还没有夯实,高等教育外部条件与内部要素基础的明显差异使得深度合作存在客观障碍。

二、长三角区域一体化对高等教育发展的新要求

20 世纪 80 年代以来,全球化日益成为时代的基本特征,而全球化的进程是依托区域组织实现的。目前,我国已经形成京津冀协同发展、长江经济带发展、长江三角洲区域一体化、粤港澳大湾区建设四大跨区域协调发展的区域发展总体格局。长三角区域一体化的推进是长三角区域高等教育协同发展的重要背景。为此,这里主要对长三角区域一体化发展历程、长三角区域高质量一体化发展的新趋势以及区域一体化对高等教育发展的新要求开展分析。

(一)长三角区域一体化发展历程

研究长三角区域高等教育协同发展必须在深入了解长三角区域一体化的

---

① 盐城市大丰区人民政府. 江苏省"十三五"教育发展规划[EB/OL]. (2016 - 08 - 23) [2019 - 12 - 23]. http://dafeng. yancheng. gov. cn/art/2017/11/17/art_12291_1901154. html.
② 浙江政务服务网. 浙江省教育事业发展"十三五"规划[EB/OL]. (2016 - 08 - 16) [2019 - 12 - 23]. http://jyt. zj. gov. cn/art/2017/10/10/art_1532994_27483887. html.
③ 安徽省人民政府. 安徽省"十三五"教育事业发展规划[EB/OL]. (2017 - 01 - 06) [2019 - 12 - 23]. http://www. ah. gov. cn/UserData/DocHtml/1/2017/2/16/4462171271996. html.

基础上开展。为此,这里首先对长三角区域一体化的发展历程、合作体制及合作内容等方面作简单梳理。

长三角区域合作由来已久,学术界大多以 1982 年 12 月国务院决定成立"上海经济区"为节点将长三角一体化分为四个阶段。比较有代表性的如樊福卓等[1]将长三角一体化划分为规划协调(1982—1991 年)、要素合作(1992—2000 年)、制度合作(2001—2013 年)、深化发展(2014 年至今)四个阶段。

在长三角区域合作历程中,逐步形成了三个层次、四个座谈会的政府间合作协调机制(见图 2—1)。"三个层次"指决策层、协调层和执行层;"四个座谈会"主要指两省一市领导人座谈会、副省(市)长级别的沪苏浙经济合作与发展座谈会、长三角城市经济协调会市场联席会议、长三角各城市政府职能部门之间的不定期协调会。

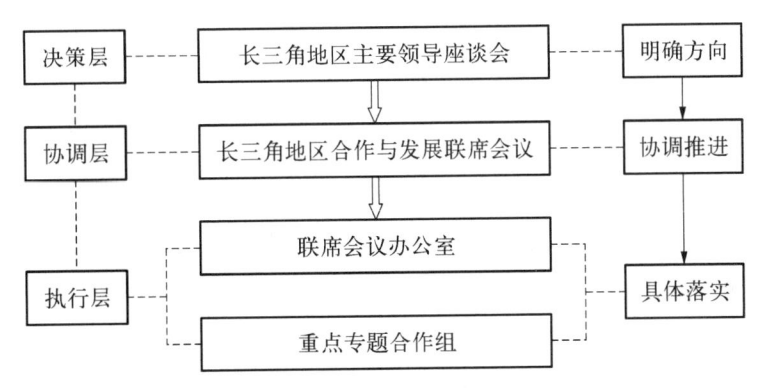

图 2—1 长三角地方政府"三级运作"的区域合作机制[2]

长三角区域一体化的合作领域不断拓展,从最初的单纯以经济合作为重心,向多领域的全方位协同推进,拓展到交通、能源、信息、科技、环保、信用、人社、金融、涉外、产业、食品安全、城市经济、教育等众多领域的专题合作。

(二)长三角区域高质量一体化发展的新趋势

改革开放以来,长三角区域经济持续增长,经济结构与产业结构不断调整

---

[1] 樊福卓,张彦,于秋阳.长三角分工、协同与一体化:上海探索与实践[M].上海:上海人民出版社,2019:37—38.
[2] 王振等著.长三角协同发展战略研究[M].上海:上海社会科学院出版社,2018:37.

和优化,对外贸易取得了长足发展。长三角三省一市省际及城际间经济社会联系比较紧密,区域协同发展的基础较好。在长三角一体化上升为国家战略和高质量发展的要求下,产业结构等矛盾比较突出,区域协同发展的外部推动力进一步增强。

近年来,长三角地区产业结构升级较快,各地区均呈现第一产业和第二产业比重下降,第三产业比重上升的态势。但是,长三角地区间产业结构存在明显的梯度差异。从2018年三次产业结构数据来看,其中,上海市第三产业比重较第二产业高出40多个百分点,服务经济主导的"三二一"型产业结构特征明显;江苏省和浙江省第三产业比重均略高于第二产业,呈现服务业和工业基本并重的结构,工业依然是拉动经济增长的主导力量(见表2—8)。可见,长三角三省一市产业发展具有较好的梯度差异性和时序衔接性,有利于产业一体化发展。

表2—8 2018年长三角地区三次产业增加值总量结构概况及全国比较

地区	GDP(亿元)	第一产业增加值(亿元)	第二产业增加值(亿元)	第三产业增加值(亿元)	第一产业占比(%)	第二产业占比(%)	第三产业占比(%)
上海	32 679.87	104.37	9 732.54	22 842.96	0.3	29.8	69.9
江苏	92 595.40	4 141.72	41 248.52	47 205.16	4.5	44.5	51.0
浙江	56 197.15	1 967.01	23 505.88	30 724.26	3.5	41.8	54.7
安徽	30 006.82	2 638.01	13 842.09	13 526.72	8.8	46.1	45.1
长三角	211 479.24	8 851.11	88 329.03	114 299.1	4.19	41.77	54.05
全国	900 309.5	64 734.0	366 000.9	469 574.7	7.2	40.7	52.2

资料来源:根据国家统计局《中国统计年鉴2019》整理、计算所得。

但另一方面长三角优势产业重合度依然较高,尚未充分发挥整体联动效应,同构现象较为严重,地区间低水平同质化竞争较为激烈(见表2—9)。对长三角地区三省一市进行两两对比后发现,江苏和浙江重叠的优势产业最多(9个),其次是浙江和安徽(7个)、上海和浙江(6个)、江苏和安徽(5个)、上海和江苏(5个),最少的上海和安徽也有4个共同优势产业。[1] 可见,长三角地区尚未充分发挥整体联动效应,生产力布局出现盲目的重复,产业结构趋同化现象依然比较突出。长三角区域一体化发展质量和协调水平亟待提高。

表2—9 2017年长三角地区产业结构相似性系数

	上 海	江 苏	浙 江	安 徽
上海	—	0.930 6	0.940 5	0.883 7
江苏	0.930 6	—	0.997 1	0.990 2
浙江	0.940 5	0.997 1	—	0.981 2
安徽	0.883 7	0.990 2	0.981 2	—

资料来源:孔令池,刘志彪.长三角地区高质量一体化发展水平研究报告(2018年)[EB/OL].(2019-04-03)[2019-06-01].http://www.yangtze-idei.cn/index.php?m=content&c=index&a=show&catid=19&id=782。

(三)区域一体化对高等教育发展的新要求

伴随着国家区域协调发展总体战略的深入推进,长三角一体化也进入一个全新阶段。作为长三角地区社会经济一体化发展的重要支撑力量,长三角区域高等教育发展面临着战略发展的新机遇,也同样面临着新的挑战。长三角区域一体化对区域高等教育改革发展提出了更高质量协同发展的要求。

1. 长三角区域产业协同与结构升级对长三角高等教育统筹协调与布局提出了新的更高要求

随着长三角区域一体化发展上升为国家战略,长三角区域从高速增长阶段迈向高质量发展阶段的诉求更为迫切。为了推动经济转型升级,长三角地

---

[1] 许涛、刘乃全、张学良主编.2018—2019中国区域经济发展报告—长三角高质量一体化发展[M].北京:人民出版社,2019:125.

区经济发展面临加快错位发展、实现优势互补的现实选择,不仅对区域整体人力资源和智力资源水平提出了更高的要求,而且亟须从区域全局角度对高等教育进行统筹协调与布局,形成区域内高校学科集群与产业集群的协同效应,实现人才要素在区域内自由流动,以实现为长三角地区产业错位发展的优势互补格局提供有效支撑。

目前长三角高等教育缺乏整体统筹,自成体系,致使区域整体教育优势得不到发挥,学科结构发展定位不明确,造成学科专业、教育设施重复建设现象严重,学科结构与经济、产业结构、社会需求的适应性不良,不仅影响长三角地区高校整体实力的提升,同时也造成高等教育服务社会经济发展的能力低下。从人才供给的角度来说,高等教育需要与长三角三省一市产业错位发展相适应,优化长三角学科专业结构,增强长三角高等教育的整体竞争力和各自优势的溢出效应,满足人才需求的差异。

2. 长三角统一劳动力市场和区域协同创新对创新人才培养模式,释放人才、资源等创新要素活力提出了新的更高要求

长三角区域一体化需要形成统一开放的劳动力市场,倒逼人才培养标准的变革,对开放的人才培养方式提出了诉求,要求破除行政壁垒,实现区域教育资源共享,营造学生交换交流的良好环境,以开阔视野,培养适应一体化发展环境的人才。

党的十九大报告中指出:"创新是引领发展的第一动力,是建设现代化经济体系的战略支撑。"[1]国家高度重视创新发展理念,在创新的模式上,国家强调要全面贯彻"协同创新"的理念,协同创新作为一种新的高校办学理念,指高校基于集成、合作、融合与共享的价值准则,谋求创新,以更好地适应时代需要,提高功能活动效率、水平与质量的思想观念。[2] 在知识经济日益深入发展的今天,高等教育在协同创新中的作用日益凸显。规模报酬递增,是现代经济增长唯一动力。只有创新,才能实现规模报酬递增。换言之,要实现经济增

---

[1] 习近平.决胜全面建成小康社会,夺取新时代中国特色社会主义伟大胜利——在中国共产党第十九次全国代表大会上的报告[R].北京:人民出版社,2017:31.

[2] 别敦荣,胡颖.论大学协同创新理念[J].中国高教研究,2012(10):4—8.

长,必须依靠创新,而创新源于研发,研发能力又相当大程度上取决于高等教育系统①。从创新水平视角来看,根据全球竞争力报告 2016—2017 年数据(见表 2—10),和世界五大城市群所在国,如美国等的创新水平相比,无论是高等教育和培训、创新成熟度还是其他方面,以长三角城市群为代表的我国都有很大的增长空间。

表 2—10 长三角城市群和世界五大城市群比较——创新水平视角

世界排名 分项	美国(五大湖城市群和东北部大西洋城市群)	英国(伦敦城市群)	欧洲西北部城市群 法国(巴黎城市群)	欧洲西北部城市群 德国(莱茵—鲁尔城市群)	欧洲西北部城市群 荷兰(兰斯塔德城市群)	日本(东京城市群)	中国(长三角城市群)
知识产权保护	22	6	23	17	7	12	51
基础设施	11	9	7	8	3	5	42
高等教育和培训	8	20	21	16	3	23	54
创新成熟度	2	9	15	3	6	4	29
全球竞争力排名	3	7	21	5	4	8	28

资料来源:Klaus Schwab,World Economic Forum. The global competitiveness report 2016—2017[EB/OL].(2016 - 09 - 28)[2019 - 12 - 23]. https://www.weforum.org/reports/the-global-competitiveness-report-2016 - 2017 - 1。

教育是区域一体化战略的重要支撑,高校是科学研究与知识生产的重要基地,长三角区域协同创新对高等教育发挥支撑作用提出了更高的要求。而区域教育资源共享是支撑协同创新的必然要求。进入知识经济时代后,科学研究作为一项庞大且复杂的系统工程,尤其是重大科研项目,不是某个高校能够独立承担的,需要跨学科、跨校、跨区域联合攻关,协同创新才能完成。因此,亟须促进省际、校际封闭、孤立、分散的状态向开放、协同、共享的方向转

---

① 陈学飞,沈文钦. 建设高等教育强国的背景与条件分析[J]. 中国高教研究,2011(11):8—12.

变,提高资源的利用率,对高等教育突破内外部机制体制壁垒,释放人才、资源等创新要素的活力对长三角区域高等教育协同发展提出了更高的要求。

3. 长三角外向型经济发展模式对提升区域高等教育综合竞争力和国际影响力提出了新的更高要求

2010年,国家发改委《长江三角洲地区区域规划》将长三角地区的战略定位为"亚太地区重要的国际门户",要求提高开放型经济水平,在我国参与全球合作与对外交流中发挥主体作用,在更大范围、更广领域、更高层次上参与国际合作与竞争。2011年,商务部等部门印发《服务贸易发展"十二五"规划纲要》,将教育服务列为服务贸易之一。教育服务贸易是长三角区域经济的重要组成部分。

目前,长三角三省一市在对外教育贸易中分头对外,在教育市场开拓中相互竞争,还未建立协调对外的合作机制及统一的对外开放的市场环境,长三角区域高等教育的国际竞争力呈现核心城市实力不突出、省际和校际发展水平差异较大、高等教育与社会经济发展融合度不够等问题。[①] 根据《服务贸易总协定》(GATS)界定的四种服务提供方式,即境外消费、自然人流动、跨境交付和商业存在,教育服务贸易主要表现为留学生的境外消费、远程教育、合作办学及教师跨境访学与交流等,其中最主要的是留学生的境外消费。[②] 从数量来看,2009年上海有来华留学生38 465人,江苏有12 607人,浙江有8 179人,安徽有785人;[③]2018年,上海有来华留学生61 400人,江苏有45 778人,浙江有38 190人,安徽不满10 000人[④],十年间来华留学生数量有了较大的增长。但从国际上看,根据《2019年度门户开放报告》,纽约大学(19 605人)和哥伦

[①] 民盟上海市委.关于对标世界级城市,提升长三角高等教育全球竞争力的建议[EB/OL].(2019-02-19)[2019-12-23].http://www.shszx.gov.cn/node2/node5368/node5376/node5388/u1ai103170.html.

[②] 李航敏,陈文敬.全球高等教育服务贸易发展态势及对我国的启示[J].国际贸易,2014(3):63—66.

[③] 教育部国际合作与交流司编.2009年来华留学生简明统计[M].北京:教育部国际合作与交流司,2010.

[④] 中华人民共和国教育部.2018年来华留学统计[EB/OL].(2019-04-12)[2019-07-01].http://www.moe.gov.cn/jyb_xwfb/gzdt_gzdt/s5987/201904/t20190412_377692.html.

比亚大学(15 897人)分别位列全美国际学生数第一和第四,两所学校的国际学生数之和就占到2018年上海留学生总数的57.8%。而长三角三省一市中国际化程度最高的上海,高校留学生总数占比仅为8.7%。[1] 在QS公布的"2019年度全球最佳留学城市"排名中,长三角区域仅上海(第33位)和南京(第99位)上榜,[2]可见,长三角地区对国际学生的整体吸引力偏弱。

面对竞争加剧的形势,为了进一步提升长三角区域高等教育的整体竞争力,增强长三角区域高等教育的国际竞争力,必须打破壁垒,对内开放,协同发展成为必然选择。推进对内开放,实现区域内功能互补,增强三省一市高等教育的整体竞争力,打造区域高等教育品牌,为进一步扩大开放做好铺垫,提升对国际人才的吸引力,联合开拓教育市场,以长三角国际高等教育合作区的形式吸引海外名校合作办学、国际学生前来留学,都对加快区域高等教育协同发展提出了新要求。

4. 长三角区域一体化亟须高等教育厚植文化根基,促进共识建立

经济的发展离不开文化的发展,长三角高质量一体化需要强有力的文化支撑。从本质上讲,高校属于文化领域,其基本功能是文化的传承与创新。换言之,高校是一个功能独特的文化组织或机构。[3] 从历史维度看,江南文化是长三角区域一体化发展的文化基础。因此,高校首先必须联合做好江南文化研究,充分挖掘区域的精神文化和独特的价值观;高校还肩负着帮助地方疏通文脉传统,成为长三角优秀文化和价值观的倡导者,促进长三角共识的建立,增强区域凝聚力,为长三角区域一体化厚植文化根基。此外,长三角高校之间也应推进文化和改革交流的探索与实践,实现互补共享。

在访谈中,有高校领导指出:"要促使长三角有更多的文化交流,相互借鉴和推进各个地方发展,因为不同地区一定会有它的优点、它的弱势。上海尽管

---

[1] 上海教育网.2018年上海市教育工作年报[EB/OL].(2019-04-05)[2019-12-23]. http://edu.sh.gov.cn/html/xxgk/201904/9042019001.html.

[2] QS Top Universities. Best Student Cities 2019[EB/OL]. https://www.qschina.cn/city-rankings/2019.

[3] 蔡劲松.大学文化理论构建与系统设计[M].北京:文化艺术出版社,2009:24.

在长三角高校当中排名是可以的,但是和长三角其他高校比起来,可能还有许多劣势,高校文化和改革的交流也能促进高校的发展。"①"比如,上海的文化相对规范,但是不如别的地方开放,我们去接受一些相互之间的交流,对我们的发展有利,对人才培养也有利,对促进学校之间相互的支持和发展非常有利。"②

从外在来看,国家发展战略的形势要求形成了长三角区域高等教育协同发展的"外生推动力"。区域高等教育协同发展政策是长三角一体化战略背景下宏观的教育政策,推动和深化长三角区域一体化是长三角区域高等教育协同发展政策的工具性价值目标。长三角区域高等教育协同发展政策首先立足区域发展功能定位需要,改善人才规模、层次和结构不够协调等问题,使长三角区域高等教育体系能够适应并服务于长三角一体化发展国家重大战略需要,为区域内经济社会、产业发展及科技创新提供有效的支撑,其主要体现了教育政策对教育外部关系的协调,着重于解决教育与经济、产业、科技、人口等之间的矛盾,体现了教育政策的工具性目标。

三、长三角区域高等教育发展的内在诉求

(一)遵循教育规律,实现高等教育内涵式发展

"高等教育强国的最终判定标准要取决于高等教育对社会发展和人的发展的'贡献率'上,"③也即高等教育的结构与功能,在高等教育领域,以规模扩张和空间扩展为特征的外延式发展问题突出,而转变发展方式,推动以优化结构和提高质量为核心的内涵式发展则成为遵循教育规律,发展高等教育的必然要求。④

就长三角来说,目前高等教育学科布局尚未形成统一的规划,行政分割下

---

① 访谈资料(ES620191121)。
② 访谈资料(ES720200105)。
③ 邬大光,赵婷婷,李枭鹰,梁燕玲,李国强.高等教育强国的内涵、本质与基本特征[J].中国高教研究,2010(1):4—10.
④ 钟秉林.遵循教育规律,建设高等教育强国[J].中国高等教育,2019(2):1.

的高等教育发展模式自成一体。在各地都试图建立独立完整的高等教育体系的诉求下,盲目追求"高层次""综合化""大而全"办学,既导致了四地高等教育定位不明、重复建设、特色淡化,又导致区域高等教育发展同质化严重,学科专业设置趋同。虽然各个省市乃至各个高校都有自己的优势学科,但未能充分发挥各自的学科优势,不利于促进区域学科竞争力的提升。与此同时,在追求排名的驱使下,竞争日趋白热化。

长三角区域高等教育协同发展旨在优化长三角高等教育结构布局,引导长三角三省一市基于比较优势和发展潜能,通过协同发展推动结构布局的优化,借此强化各自的功能特色,释放比较优势的溢出效应,形成区域高等教育发展的整体优势,是遵循区域高等教育发展规律和内在逻辑,推动高等教育内涵式发展的应然途径。

(二)率先实现高等教育现代化

2018年9月中央召开的全国教育大会和2019年2月中共中央、国务院印发的《中国教育现代化2035》均就加快新时代教育现代化建设的进程做出了具体的战略部署,明确指出区域教育现代化是国家教育现代化的基础,实现高等教育的现代化是实现教育现代化的关键一环;提高质量、优化结构以及深化改革是高等教育现代化的重中之重。[1]

中共中央、国务院在2019年发布的《长江三角洲区域一体化发展规划纲要》明确提出了"推动大学大院大所全面合作、协同创新,联手打造具有国际影响的一流大学和一流学科"(简称双一流)的目标。"双一流"建设是国家推进高等教育现代化的重大战略举措,国务院《统筹推进世界一流大学和一流学科建设总体方案》提出:"一流学科建设高校应具有居于国内前列或国际前沿的高水平学科,学科水平在有影响力的第三方评价中进入前列,或者国家急需、具有重大的行业或区域影响、学科优势突出、具有不可替代性。"目前长三角地区入选的学科专业(见表2—11)理工科类最多,三省一市的理工类一流学科

---

[1] 人民网.徐青森:高等教育现代化重在提高质量优化结构深化改革[EB/OL].(2019-12-12)[2020-01-06]. http://edu.people.com.cn/n1/2019/1212/c431016-31503675.html.

多有重合;而在长三角区域经济发展过程中发挥重要作用的应用经济学、理论经济学学科,长三角诸多高校虽实力雄厚,竟没有一所高校入选。相比江浙沪均有农学类学科入选一流学科,农业大省安徽却没有一所高校有农学类专业入选。

表2—11 长三角三省一市入选一流学科建设专业分布

	一流学科建设覆盖专业
上海	理学(数学、物理学、化学、城乡规划、生物学、生态学、统计学)、工学(机械及机械工程、材料科学与工程、信息与通信、计算机、土木工程、建筑学、测绘类、化学工程、纺织、环境科学与工程、风景园林、控制科学与工程、船舶海洋、电子电气)、哲学、医学(基础医学、临床医学、中西医结合、药学、口腔医学、中医学、中药学)、法学类(政治学)、文学类(中国语言文学、现代语言学、外国语言文学)、教育学(教育学、体育学)、历史学(中国史)、农学(水产类)、管理学(商业与管理)、艺术学(艺术与设计、音乐学)
江苏	理学(物理学、化学、天文学、大气科学、地质学、生物学、地理学)、工学(材料、电子科学、通信、控制、计算机、建筑学、土木工程、交通运输、生物医学工程、风景园林、化学工程、矿业工程、环境工程、力学、兵器、安全工程、水利、轻工、食品、林业工程)、艺术学(艺术)、哲学、文学(中国语言文学、外国语言文学)、管理学(图书馆)、农学(作物学、农业资源与环境)、医学(中药学)
浙江	理学(化学、生物学、生态学、光学工程)、工学(机械工程、材料、电气工程、控制、计算机、环境、软件工程、力学)、农学(农业、园艺、植物保护)、医学(基础医学、药学)、管理学(管理科学与工程、农林经济与管理)、艺术学(美术学)
安徽	理学(数学、物理、化学、天文学、地球物理学、生物学、科学技术史)、工学(材料、计算机、核科学与技术、安全科学与工程)、管理学(管理科学与工程)

资料来源:中华人民共和国教育部."双一流"建设学科名单[EB/OL].(2017-12-06)[2019-12-23]. http://www.moe.gov.cn/s78/A22/A22_ztzl/ztzl_tjsylpt/sylpt_jsxk/201712/t20171206_320669.html.

再看具有国际影响力的QS世界大学学科排名。在长三角区域入选前50

名的学科中(见表2—12),上海覆盖的学科面较广,三省一市上榜的学科有不同程度的重合,江苏和浙江的"农业与林学",上海和江苏的"图书馆与信息管理",上海、浙江和安徽的"化学、材料科学"都位列前50。这些情况均说明,长三角有着学科建设区域协同合作的内在需求与实力基础。

表2—12 长三角三省一市QS世界大学学科排名前50的学科

	一流学科建设覆盖专业
上海	会计与金融、建筑/居住环境、艺术与设计、商业与管理研究、化学、计算机科学与信息系统、土木与工程结构、电子与电气工程、机械与航空制造业工程、图书馆与信息管理、材料科学、政治与国际研究、统计与运筹研究
江苏	农业与林学、矿产与采矿工程、图书馆与信息管理
浙江	农业与林学、化学、化学工程、电子与电气工程、材料科学
安徽	化学、材料科学

资料来源：QS Top Universities. QS World University Rankings by Subject[EB/OL]. https://www.qschina.cn/en/subject-rankings-2019.

以长三角区域一流学科建设为例,目前尚未充分发挥各自的比较优势,区域内学科建设的协同合作不足。推动区域高等教育协同发展,发挥其对高等教育现代化的动力作用。推进长三角区域高等教育协同发展,才能优化结构、深化改革和提高质量,因此推进长三角区域高等教育协同发展是长三角率先实现高等教育现代化的必然要求。

从内在来看,高等教育发展的诉求形成了长三角区域高等教育协同发展的"内生牵引力"。区域高等教育协同发展政策同时也是落实《中国教育现代化2035》战略规划的适应性政策,提高人才培养质量,促进和实现人的现代化是长三角区域高等教育协同发展政策的目的性价值。长三角三省一市高等教育存在着区域学科低水平重复、学科结构布局不合理、区域内高等教育布局和质量不均衡等问题。在自身结构布局优化方面,长三角高等教育协同发展政策旨在通过长三角区域高等教育协同发展,促进区域内高等教育布局优化和质量均衡,加快推进区域高等教育现代化发展,提升区域高等教育整体发展水平和国际竞争力,提高人才培养质量和创新驱动能力。

总体而言,长三角高等教育协同发展具备丰富的高等教育资源和良好的政策基础,符合国家发展战略形势的新要求和高等教育发展的内在诉求。

第三章
长三角区域高等教育协同发展的现状与问题

第一节 长三角区域高等教育协同发展的现状

2014年教育部《关于进一步推进长江三角洲地区教育改革与合作发展的指导意见》（简称《指导意见》），是教育部首个独立的区域教育协同发展政策文件，其他有关区域教育协同发展的内容均散见于国家层面公开的政策文本中。在政策引领下，区域和地方也制定了相关的框架协议、行动计划等，基本政策目标和指导原则没有脱离教育部《指导意见》的内容范畴。高等教育是区域教育协同发展的重要领域，《指导意见》对高等教育领域协同发展的相关内容和要求作了具体阐述，指出长三角三省一市要积极推进区域高等教育管理体制、办学体制、人才培养模式、招生考试制度改革和区域性师资队伍建设合作及区域教育国际交流与合作。同时，根据《指导意见》确立的总体目标，在实施成效上，要提升区域高等教育的整体水平，努力构建具有区域特点、中国特色、世界水平的区域高等教育体系，努力赶超发达国家高等教育发展水平，打造亚太地区高等教育高地，为长三角地区经济社会发展和产业转型升级提供人才支撑和智力支持。

在长三角区域高等教育协同发展政策的引导下，三省一市在区域高校联盟构建、合作办学与学科协同、学生交流交换、产学研协同创新等方面开展了一系列实践探索，高校、学科、教学以及产业、高校、科研机构之间的协同取得了一定的成效。

一、区域高校联盟构建

区域高等教育联盟是区域高等教育协同的主要类型之一。为了实现资源共享、优势互补和共同发展,长三角学科类别相近的高校逐步探索形成了各类合作联盟。目前,长三角区域高校联盟主要有师范类、工科类、医药类、应用型及研究型等类型(见表3—1)。

表3—1 长三角区域部分高校联盟

成立时间	名 称	成 员 高 校	合作协议主要内容
2013年4月	长三角教师教育联盟	华东师范大学、上海师范大学、南京师范大学、浙江师范大学、安徽师范大学(2014年江苏师范大学加盟)	从六个方面确定了联盟合作内容:教师教育的模式创新、课程改革、队伍建设、资源优化、学生交流以及理论研究
2014年11月	长三角地区应用型本科高校联盟	合肥学院、上海理工大学、常熟理工学院、宁波工程学院等23所应用型本科高校	共同推动有关高校建立校校、校企、社会与学校互惠互赢机制,实现地域和空间优势互补,探索应用型本科培养模式,改革产学研合作机制
2015年9月	长三角高等工程教育联盟	上海理工大学、南京工业大学、浙江工业大学(2016年江苏大学、安徽工业大学加盟)	旨在探索和创建长三角工程教育领域高校协作机制体制
2016年12月	长三角地区医药类院校联盟	上海中医药大学、上海健康医学院、南京中医药大学、安徽中医药大学、浙江中医药大学、浙江医药高等专科学校	在师生交流访问、科研合作、实习实训基地开放共享、教育国际化推进、管理干部交流培养、图书情报文献共享、举行高峰论坛和就业招聘会等八大领域开展交流与合作

续　表

成立时间	名　称	成员高校	合作协议主要内容
2019年5月	长三角研究型大学联盟	浙江大学、复旦大学、上海交通大学、南京大学、中国科学技术大学等"华东五校"发起成立,该联盟还将包括长三角区域三省一市相关"双一流"建设高校	共建一流学科联合体,共享优质高等教育资源,共创重大科技创新载体,共引高层次创新人才,共织国际高校合作网络
2019年7月	长三角高校技术转移联盟	长三角地区高校、政府及高校从事技术转移工作的相关机构和有关单位	致力提升长三角高校技术转移能级,凝聚和培育技术经理人队伍,促进长三角高校科技成果转移转化,为高校推进一流大学和一流学科建设以及长三角一体化发展战略提供支撑
2019年9月	长三角高校智库联盟	浙江大学、复旦大学、上海交通大学、南京大学、中国科学技术大学五所联盟高校发起成立	通过联合研究、互鉴特色、人才培养等机制,逐渐形成一体化的引领性智库集群
2019年10月	长三角高等工程教育大学科技园联盟	上海理工大学、南京工业大学、浙江工业大学、江苏大学、安徽工业大学	推动创新资源集成、成果转化、创业孵化、创新人才培养等方面推进协同发展
2019年12月	长三角医学教育联盟	复旦大学上海医学院、上海交通大学医学院、上海中医药大学、南京医科大学、苏州大学、南京中医药大学、浙江大学、温州医科大学、中国科学技术大学、安徽医科大学	共同探索和推动新医科建设、医学教育模式转变,促进长三角区域医学创新人才同质化、一体化培养,实现联合创新研究

资料来源:南京师范大学.长三角教师教育联盟第二次工作会议在我校召开[EB/OL].(2014-11-03)[2019-12-23]. http://sun.njnu.edu.cn/news/2014-11/095741_256837.

html;长三角地区应用型本科高校联盟."长三角地区应用型本科高校联盟"成立大会在合肥学院召开[EB/OL].(2014-11-13)[2019-12-23]. http://csjlm. hfuu. edu. cn/c5/21/c4428a50465/page. htm;上海理工大学."长三角高等工程教育联盟"签约仪式在我校举行[EB/OL].(2015-09-16)[2019-12-23]. http://www. usst. edu. cn/2015/0916/c34a9105/page. htm;浙江省药监局.浙医药学校正式加入"长三角地区医药类院校联盟"[EB/OL].(2016-12-21)[2019-12-23]. http://www. zj. gov. cn/art/2016/12/21/art_13128_2204841. html;中国科学技术大学.长三角研究型大学联盟成立[EB/OL].(2019-05-23)[2019-12-23]. http://news. ustc. edu. cn/2019/0523/c15884a381353/page. htm;人民网.长三角高校技术转移联盟成立[EB/OL].(2019-07-08)[2019-07-08]. http://sh. people. com. cn/n2/2019/0708/c134768-33118064. html;新华网.长三角高校智库联盟在沪成立[EB/OL].(2019-09-23)[2019-12-23]. http://www. xinhuanet. com/2019-09/23/c_1125027833. htm;光明网.长三角5所高校成立大学科技园联盟[EB/OL].(2019-10-25)[2019-12-23]. http://edu. gmw. cn/2019-10/25/content_33266262. htm;刘昕璐.长三角医学教育联盟成立[N].青年报,2019-12-16。

2019年区域高校联盟的成立进入活跃期。已成立的联盟探索在实践的基础上,进一步搭建智库联盟、大学科技园联盟等更广泛的协同平台。长三角各类高校联盟在创新人才培养、资源共建共享、科学创新研究、学科建设以及科技成果转化等多个领域进行了协同探索,如2019年5月,中国科学技术大学、浙江大学、复旦大学、上海交通大学、南京大学等"华东五校"在芜湖共同发起成立了长三角研究型大学联盟,并将吸纳长三角区域其他"双一流"建设高校的加入,共建一流学科联合体,共同组织国际高校合作网络;同年10月,在2015年成立的长三角高等工程教育联盟基础上,上海理工大学、南京工业大学、浙江工业大学、江苏大学、安徽工业大学5所高校又共同发起成立了长三角高等工程教育大学科技园联盟,旨在进一步探索和创建长三角工程教育领域高校协作机制体制等。

2019年起成立的区域高校联盟,其合作内容开始出现"一体化"的表述,如长三角高校智库联盟提出"形成一体化的引领性智库集群";长三角医学教育联盟则提出"促进长三角区域医学创新人才同质化、一体化培养"。

二、合作办学与学科协同

(一)合作办学

合作办学主要包括区域内合作办学和中外合作办学两种类型。

1. 区域内合作办学

长三角区域内的合作办学，主要有府校合作办分校和府校合作办新校两种形式。府校合作办学是指在政府主导下，重新规划教育科研用地，吸引众多知名高校办分校或新校，通过科教结合、校企结合，促进产学研一体化，是一种综合性、复合型、开放式的区域高等教育合作模式。①

府校合作办分校是长三角区域内合作办学的主要形式。具体案例有：同济大学和上海财经大学分别在浙江嘉兴和金华举办了同济大学浙江学院和上海财经大学浙江学院；河海大学在安徽马鞍山举办了河海大学文天学院（已于2018年11月转设为皖江工学院）。这些学院一方面依托母体院校在学科领域的深厚积淀和在人才培养方面的丰富经验，共享母体学校优质办学资源，实现了教师资源、文献资源、实验平台、管理资源等各类优质资源的共享；另一方面紧密结合当地社会经济发展的实际需要，利用自身专业优势，开设与当地产业结构相对接的专业，为当地产业培养了大量人才（见表3—2）。

府校合作办新校，在长三角区域内主要涉及浙江音乐学院的筹建工作。2014年，浙江省文化厅牵头与上海音乐学院签订了战略框架协议，借助上海音乐学院的人才与学科专业优势对浙江音乐学院的筹建给予指导和帮助；②浙江音乐学院于2016年正式成立后，为促进深入合作，双方签署了合作办学备忘录。③

府校合作办学在一定程度上促进了长三角优质高等资源的流动，扩大了上海、江苏等地优质高等资源的外部溢出效应。但长三角区域内府校合作办学的数量、层次等与京津冀、粤港澳大湾区相比，仍有较大差距。

2. 中外合作办学

在中外合作办学方面，长三角三省一市加强与国际高校合作办学，推动高

---

① 田汉族,王超.京津冀高等教育合作困境的制度分析[J].首都师范大学学报(社会科学版),2016(5):122—132.

② 人民网.从"活动型"走向"机制型"打造亚太教育高地[EB/OL].(2014-07-09)[2019-12-23]. http://edu.people.com.cn/n/2014/0709/c1053-25260694.html.

③ 上海音乐学院.上音浙音签署合作办学备忘录[EB/OL].(2016-11-07)[2019-12-23]. http://www.shcmusic.edu.cn/view_0.aspx?cid=2&id=1325&navindex=0.

表3—2 部分高校异地办学情况

学 院	创建时间	性质	主 要 专 业	在校学生	所在地
同济大学浙江学院	2008年5月	独立学院	土木工程、交通工程、建筑学、建筑环境与能源应用工程、环境工程、给排水科学与工程、材料科学与工程、汽车、电气工程及其自动化、机械设计制造及其自动化、计算机科学与技术、自动化、电子信息工程、通信工程、医学影像技术、道路交通信号与控制、审计学、国际经济与贸易、金融学、市场营销、德语、建筑电气与智能化、汽车服务工程、宝石及材料工艺学、工艺美术、文化产业管理等32个专业（方向）	9 500余人	浙江省嘉兴市
上海财经大学浙江学院	2008年5月	独立学院	经济统计学、应用统计学（金融统计）、统计学、金融学（银行与国际金融）、保险学、投资学、会计学（注册会计）、会计学（国际会计ACCA）、财务管理、工商管理（创业管理）、会计学与经济学、国际经济与贸易（国际商务）、物流管理、人力资源管理、会展经营管理、体育经济与管理、电子商务、经济学、软件工程、健康经济与管理、英语（经贸英语）、商务英语、大学英语教学部等27个专业	6 000余人	浙江省金华市
皖江工学院（原河海大学文天学院）	2008年5月	独立学院	水利水电工程、水文与水资源工程、港口航道与海岸工程、水务工程、农业水土工程、土木工程、测绘工程、给排水科学与工程、交通工程、地质工程、安全工程、环境、应用化学、机械工程、车辆工程、新能源科学与工程、能源与动力工程、汽车服务工程、计算机科学与技术、电气工程及其自动化、自动化、通信工程、国际经济与贸易、工程管理、人力资源管理、会计学、信息管理与信息系统、财务管理、酒店管理、工程造价、环境设计、数字媒体艺术、公共艺术等32个专业	近13 000人	安徽省马鞍山市

资料来源：同济大学浙江学院. 学校介绍[EB/OL]. [2019-12-23]. https://www.tjzj.edu.cn/about.php?pid=743&cid=752；上海财经大学浙江学院[EB/OL]. [2019-12-23]. http://www.shufe-zj.edu.cn/xqzl/xygk.htm；皖江工学院网[EB/OL]. [2019-12-23]. http://www.hhuwtian.edu.cn/about/xueyuanjianjie/。

校联合发展。截至 2018 年底，上海共有中外合作办学机构和项目 188 个，其中机构 29 个，项目 159 个；①江苏有中外合作办学机构 12 个，中外合作办学项目 102 个；浙江有中外合作办学机构 10 个，中外合作办学项目 57 个；安徽目前还没有中外合作办学机构，有 17 个中外合作办学项目。② 上海纽约大学、昆山杜克大学、浙江大学国际联合学院已经成为高等教育国际合作的样板。

(二) 学科协同

学科协同是区域高等教育协同发展的重要类型。长三角高校在学科协同发展方面一直在探索与实践。例如，为促进长三角高校管理科学与工程学科的发展，早在 2006 年就成立了"长三角高校管理科学与工程学科发展协作网"，2015 年又成立了长三角协同管理研究会。在传统学科方面，2012 年 12 月，"首届长三角都市圈地方重点高校传统学科协作会议"在上海大学召开，初步形成了《长三角都市圈地方重点高校传统学科协作方案》，表明长三角教育联动发展已在文史哲等传统学科层面找到了切入点和突破口。③

在长三角学科协同合作中，一些成效已经显现。例如，上海市支持上海戏剧学院与浙江横店集团合作，共同引进国外影视类高校开展合作办学，解决了浙江省内缺乏同类合作高校的紧迫问题。④ 长三角高校优势学科专业之间的协同合作在人才培养、专业建设等方面也产出了一系列成果。以中国美院设计艺术学院和中国科学技术大学信息科学技术学院的跨学科协同合作为例，两院在 2017 年 6 月就合作培养创新人才、联合举办学术活动等一系列重要问题达成了战略合作协议，两院共同开设"跨界联合设计"等创新实践课程，组成

---

① 上海教育网. 2018 年上海市教育工作年报[EB/OL]. (2019-04-05)[2019-12-23]. http://edu.sh.gov.cn/html/xxgk/201904/9042019001.html.

② 中华人民共和国教育部中外合作办学监管工作信息平台. 中外合作办学机构与项目(含内地与港澳台地区合作办学机构与项目)名单(按地区)[EB/OL]. [2019-12-23]. http://www.crs.jsj.edu.cn/.

③ 中国高校人文社会科学信息网，"首届长三角都市圈地方重点高校传统学科协作会议"在上海大学举行[EB/OL]. [2012-12-18] https://www.sinoss.net/2012/1218/44143.html.

④ 会议资料(201912184GA)。

联合项目组,培养了一批创新实践人才。①

三、学生交流交换

学生交流交换是区域高等教育协同发展过程中较早出现的类型。长三角地区的高校学生交流交换最初是依托高校申报项目的形式开始探索的。浙江大学早在2004年就发起了"长三角高等教育合作优秀人才培养模式的探索与实践"课题,并被浙江省教育厅立项为新世纪高等教育教学改革项目。2005年,浙江大学、复旦大学、上海交通大学、东南大学、浙江工业大学、浙江理工大学商定《"长三角高等教育合作"研究项目的实施协议》,并签署了《长三角地区六高校交换生计划备忘录》,通过互换学生模式,推进区域高教资源共享。2006年"交换生计划"正式启动。在民间层面自下而上的探索实践后,长三角将其上升为政府部门组织的"高校学生互换交流"。2009年第一届长三角教育联动发展研讨会上苏浙沪两省一市教育行政部门关于"高校学生互换交流"达成共识,2011年两省一市签署《长三角地区高校学分互认协议》,并组织实施"长三角地区高校交换生计划",2012年春季学期开始,试点范围为上海松江大学园区、江苏仙林大学城和浙江下沙高教园区3个高教园区的24所本科院校,目前计划仍在持续进行中。此外,长三角地区的高校还在积极探索跨校选修、学分互认的共享机制。②

总体来说,上述交换生计划的保障措施较为完善,例如,学生如果只选择一学期的交换,在费用方面,只需交纳一学期的学籍所在学校的学费和交换学校的住宿费;在学分转换方面,两校间相近的课程可以转换学分,甚至在部分高校,交换生可以修读所在学院大一至大四的所有课程,选择范围比较广泛。③机制也相对灵活,如若交换学校没有本校上学期开设的必修课,可以选择等第

---

① 中国科学技术大学. 我校与中国美术学院合作开展跨界协同创新人才培养[EB/OL]. (2015-06-03)[2019-12-23]. http://news.ustc.edu.cn/2015/0623/c15884a300948/page.htm.
② 国家教育宏观政策研究院《中国教育政策文献库》等系列教育宏观决策数据库。
③ 访谈资料(US120190906)。

二年与本校下一届学生一起修读；部分高校的公开选修课对本校学生存在人数限制，但对交换生没有这一限制等。①

截至 2019 学年，长三角地区高校交换生计划累计近 1 800 名学生参与交流②，受益人数不断增加。从参加过长三角高校交换生计划学生的反馈来看，他们在不同城市、不同学校和不同文化的体验中受益良多。"体验不同的城市文化，体验不同的校风和教学风格，去向往的高水平大学接受更前沿的学术思想、了解更多专业知识，接触更精细的实验设备，有助于明确研究生院校或研究方向的选择，遇到更多优秀的人才，结识更多有共同专业志趣的朋友"等都是他们提及最多的受益方面。学生在申请时，对名校趋之若鹜，而一般高校则遇冷。

在调研中，一位曾经通过"长三角地区高校交换生计划"去南京大学交流一学期的上海外国语大学学生，谈及了她参加交流计划的目的："南京大学一直是我梦寐以求的高校，高考未能如愿，所以有这个机会就好好把握住了。"③与此同时，我们还调研了长三角部分高校在读本科生的交流交换意愿。访谈中，同学们列举了愿意参加的理由："这样的高校交换并不会影响正常的本校学业，可以通过学分转换或是交换完成之后继续修读专业课，并不存在影响毕业的情况。"④"长三角地区气温、口味以及风土人情比较接近，不会有很强烈的不适感，比较容易适应环境。"⑤"如果能协调好住宿费、学费、报销等事宜，解决后顾之忧，我会选择出去走一走，看看外校的教学教风。"⑥

四、产学研协同创新

长三角高等教育产学研协同创新是指以多元主体协同互动为基础，强调打破地域、领域、行业的壁垒，组织国内外高校、科研院所、行业企业等多种创

---

① 访谈资料（US520190911）。
② 国家教育宏观政策研究院《中国教育政策文献库》等系列教育宏观决策数据库。
③ 访谈资料（US120190906）。
④ 访谈资料（US520190911）。
⑤ 访谈资料（US1120191008）。
⑥ 访谈资料（US1720191113）。

新力量,开展多团队合作、多学科融合、多技术集成的"网络式""立体式"的全新合作。①

(一)高校、科研院所、企业加强产学研协同的政策保障日益强化

2004年,长三角地区省级政府间签署的首个共建区域创新体系的协议《沪苏浙共同推进长三角区域创新体系建设协议书》中就明确提出:"鼓励和支持两省一市高等学校、科研院所及企业深化产学研合作。"在2008年由上海、江苏和浙江两省一市科技部门共同编制的《长三角科技合作三年行动计划》(2008—2010年)中,强调要整合政府、高校、科研院所、企业、中介机构等各类优质创新资源,开展关键技术联合攻关。2016年,国家发改委和住建部发布的《长江三角洲城市群发展规划》中,再次提出要推动高校、科研院所和企业加强产学研合作,打通高校、科研院所和企业间科技成果转移转化的通道;同年,三省一市共同签署了《关于共同推进长三角地区协同创新网络建设合作框架协议》,向构建区域协同创新共同体迈出了重要一步。这些政策的制定为高校、科研院所、企业等参与产学研协同创新提供了政策保障,明确了长三角拥有优质科教资源的高校和科研院所应该充分释放人才、资源等创新要素的活力,充当好区域协同创新共同体中的重要一翼。在具体实践中,2004年,上海、江苏和浙江两省一市启动了联合攻关计划;2010年安徽加入,区域内高校、科研院所及企业积极关注和响应了这一计划。

(二)产学研协同创新平台建设卓有成效

在产学研协同创新的平台建设方面,长三角地区已经分别通过府际合作、府校企合作、校研企合作陆续成立了与产业相关的研究院、科技成果转化研究院以及协同创新的战略联盟等。

第一,府际合作开办与产业相关的研究院。如中国科学技术大学在苏州成立苏州研究院,全面打造高水平的科学研究基地和高层次的人才培养中心;浙江大学在苏州成立了工业技术研究院,深化府校双方科技合作,积极培育电

---

① 蒋庆哲.服务国家重大战略需求,有效推进产学研协同创新[J].中国高等教育,2013(Z1):27—29.

子信息、节能减排、生物医学等产业;上海交通大学、江苏中关村科技产业园在溧阳共同建立了上海交大江苏中关村研究院,着力于汽车空调和新能源汽车电池领域的技术研究与服务。

表3—3 部分高校在异地成立的研究院

成立时间	研究院名称	主要功能	所在地
2003年	中国科学技术大学苏州研究院①	科学研究、人才培养、推动产学研合作	江苏省
2011年2月	浙江大学苏州工业技术研究院②	科学研究、人才培养、推动产学研合作	江苏省
2013年5月	上海交大江苏中关村研究院③	科学研究、推动产学研合作	江苏省

第二,府校企合作建设科技成果转化研究院。如2017年8月,安徽省淮北市人民政府、上海交通大学、上海均瑶(集团)有限公司、安徽相邦复合材料有限公司共同签署了合作框架,合作成立了上海交通大学安徽陶铝新材料研究院,并在此基础上联合成立了研究院公司,加快推动了陶铝新材料研究成果的落地转化。④

第三,校研企合作建立协同创新的战略联盟。在教育部、财政部共同实施"高等学校创新能力提升计划"(2011计划)政策项目的引导下,由浙江工业大学牵头,以浙江大学、上海医药工业研究院、药物制剂国家工程研究中心、浙江

---

① 中国科学技术大学苏州研究院.校园概况[EB/OL].[2019-12-23]. https://sz.ustc.edu.cn/content/show-5.html.
② 浙江大学苏州工业技术研究院.研究院简介[EB/OL].[2019-12-23]. http://www.zjuszgyy.com/about.asp?ID=2.
③ 溧阳市人民政府.上海交大江苏中关村研究院:为溧阳创新创业注入"活性因子"[EB/OL].[2019-12-23]. http://www.liyang.gov.cn/?mod=article&do=detail&tid=125496363.
④ 上海市人民政府.上海交通大学安徽陶铝新材料研究院揭牌[EB/OL].(2017-08-09)[2019-12-23]. http://www.shanghai.gov.cn/nw2/nw2314/nw2315/nw31406/u21aw1249282.html.

省食品药品检验研究院、浙江省医学科学院为核心协同伙伴的长三角绿色制药协同创新中心主动对接区域制药产业发展重大需求,入选国家首批"2011计划"协同创新中心,建立了协同创新的战略联盟,促进资源共享,联合开展科研项目攻关。①

这些产学研创新联盟在加速高校科研成果的转化、地方企业解决技术问题、进行人才培养合作等方面发挥了重要作用。例如,浙江大学苏州工业技术研究院,根据江苏省重点产业发展需要,组织浙江大学优秀团队通过5年努力就建成了十多个研究中心,打造了500人的创新与管理服务队伍,培育了一批高成长科技型企业。

第二节 长三角区域高等教育协同发展存在的问题

客观而言,尽管长三角区域高等教育协同发展取得了一定的成效,但并不十分显著,交通、产业、信用、环保等方面全方位、深层次、宽领域的合作仍明显滞后,合作的内容和范围不够深入和扩展,缺乏连续性、整体性、协调性等,长三角区域高等教育协同发展主要存在以下几个问题。

一、协同主体的错位与缺位

长三角区域高等教育协同发展,作为长三角区域一体化发展国家战略的有机组成部分,不仅需要自上而下地推动,同时也需要三省一市政府及相关部门、高校、科研院所、企业、社会各界的共同参与,通过体制机制创新开展自下而上的探索实践。简而言之,长三角区域高等教育协同发展是自下而上和自上而下相结合的推进过程。

---

① 长三角绿色制药协同创新中心. 中心简介[EB/OL]. [2019-12-23]. http://www.2011jh.zjut.edu.cn/ReadClassDetail.jsp? bigclassid=1&sid=16.

目前来看,参与的主体是三省一市政府及教育行政部门、高校、科研院所以及部分参与科研成果转化的企业。其中,大多数高校仍在观望,实质性参与不足;社会力量尚未有效参与其中。不同协同主体的参与存在错位与缺位的问题。从地方政府层面来讲,长三角三省一市教育协同发展的总方针是在国家的整体规划框架之下,发挥上海的龙头带动作用,苏浙皖各省各扬所长。安徽省对区域高等教育协同发展表现出了更大的积极性,在 2019 年 12 月第十一届长三角教育一体化会议中,安徽省副省长表明了安徽的实际情况和努力方向,并提出了殷切希望:"安徽可能任务更重,因为存在差距,要等高对接,要加大努力……希望长三角沪苏浙一流大学来安徽设立分支机构,支持沪苏浙一流大学、科研院所来安徽办研究院或特色学院。"[1]其他两省一市,仅江苏省在《江苏教育现代化 2035》中,专设了推进区域教育协调发展意见,对推进工作做出了具体的安排。[2] 在参与的相关部门中,三省一市的教育行政部门扮演主角,由于跨部门协调机制尚未建立,教育部门同发改委、人力资源和社会保障部门、科技部门、财政部门等的跨部门协同也未形成。从高校层面来看,不同层次的高校参与协同的积极性存在差异。对于长三角区域高水平大学而言,面临兼顾"国际化"与"区域化"的问题,似乎"国际化"比"区域化"显得更为迫切。迫切进入国家世界一流大学建设高校行列,推进世界一流大学建设,更注重与国际知名大学的交流合作以及在国际上的排名。访谈中,某高校校长谈到:"还不是简单的考核,因为现在各种各样的排名都在,对我来说,尤其是QS,这个影响比较大。"[3]在已经开展的长三角高校交换生中出现的交换不平衡、协作关系不对称等问题也削减了高水平大学参与协同的积极性。但调研也发现,亟须发展的省份具有较强的合作动力和较大的内在需求,在访谈中,安徽省教育厅领导谈到:"学科建设是基础,特别在学科建设这一块,希望沪苏浙三省,特别是我们有关高校提出请求,希望我们高水平大学、双一流高校、包括地方高校能为安徽的省属高校提供对口支援,我们的学科建设、省属高校的

---

[1] 会议资料(201912181GA)。
[2] 会议资料(201912183GA)。
[3] 访谈资料(UL220191021)。

学科建设水平难以适应现在省委省政府创新驱动战略,在这方面希望得到兄弟省市高校的支持。"①薄弱方虽有强烈的积极性,但也需要有积极的回应。此外,社会力量参与的积极性尚未充分调动,长三角区域高等教育协同发展形成一个全社会共同参与的机制依旧任重而道远。

二、协同内容的局限与滞后

区域高等教育协同发展是一项复杂的系统性工程,签署合作协议、举办协作发展会议、建立协作发展会商机制只是拉开了协同发展的序幕,实现目标还要历经制度创新、资源共享、优势互补、风险共担、成果分享等过程。

目前,长三角区域高等教育协同发展的实践探索主要体现在区域高校联盟构建、学生交流交换、合作办学与学科协同、产学研协同创新等方面。从内容上看,人才培养、科研攻关、科研成果转化、资源共建共享等方面都有涉及,但从高校联盟的反馈看,由于缺乏长三角高等教育协同发展的顶层设计,目前的合作内容仅在学生交换方面有较大的空间,在调研中,某高校校办主任说道:"政府财政投入在目前这个体制下,其用途和发挥受到很大的限制,很多事情很难做。在当时上层顶层框架没有突破之前,就只能先在人才培养方面做起。因为人才培养是高校第一职能,钱用在学生身上可以,用在教师、科研上有各种各样的限制,所以就做学生交换,学生交换比较简单。"②可见,由于受体制、编制等因素的影响,人才培养的区域协同很难有实质性的突破,某些优质教育资源的区域共享只停留在学生交流交换等相对较低的层次。长三角地区学生交流交换受益人数虽然在不断增加,但毕竟学生交流交换的数量是有限的。2014年教育部也在《关于进一步推进长江三角洲地区教育改革与合作发展的指导意见》中指出要"促进高等教育学习资源开放共享,建立健全在线学习质量保障体系",将优质课程在线共享作为资源共享的重要形式,但长三角在建立跨校选修、学分互认的共享机制等方面,还有很长的路要走。比

---

① 访谈资料(UL420191218)。
② 访谈资料(UL320191129)。

如,目前还没有专门的长三角慕课联盟平台,在由上海交通大学推出的中国高水平大学慕课联盟——"好大学在线"平台中,上海地区有上海交通大学、复旦大学、上海师范大学、上海中医药大学等20所高校加入该平台,江苏有南通大学、扬州大学、江苏大学、金陵科技学院加入,浙江有宁波大学、温州大学加入,安徽有中国科学技术大学、安徽建筑大学、安徽新华学院加入(见表3—4)。

表3—4　中国高水平大学慕课联盟中长三角三省一市成员高校情况

地区	高　　校	高校(所)
上海	上海交通大学、复旦大学、上海师范大学、上海中医药大学等20所高校	20
江苏	南通大学、金陵科技学院、扬州大学、江苏大学	4
浙江	宁波大学、温州大学	2
安徽	中国科学技术大学、安徽建筑大学、安徽新华学院	3

在这一优质课程在线共享平台中,2019年秋季学期上海交通大学共享了76门课程,中国科学技术大学共享了3门课程,复旦大学、南京大学和浙江大学都仅共享了1门课程。可见,除了主办方上海交通大学,长三角其他高水平大学参与的热情并不高,区域课程资源共享机制仍有待健全。

区域内高等教育资源共享度低也阻碍了协同发展的进程,重大科研基础设施和大型科研仪器设备使用率低,重复建设造成资源浪费,以大型仪器设备共享为例,在资源共建共享的政策倡导下,一些高校的大型仪器设备加盟了"长三角科技资源共享服务平台",确实在促进资源共享、降低大型仪器设备的闲置率方面发挥了一定的作用,但在整体上,资源共享的情况并不乐观,长三角高校大型设备利用率甚低。在调研中,一位分管相关工作的高校副校长说道:"就是在一个学校,实验室是一个教研室,另一个教研室要用就蛮难的。……因为现在买一样大型设备,往往一旦他有这个条件,就不让别人用。……我们大型设备利用率极低,长三角的大型设备能够一体化我觉得已经很了不起了。当然,我们上海也做不到,不光是上海做不到,一个学校也做不到。学校就是习惯思维,他不想别人来用,这个地方我自己用多好,我有科研,我有项目,你用了你出成果,所以这个就是要有一些真正强制性的措施,比如这个实验室对外面的开放度有多少?你就规定多少比例。我们常常是考核这个实验室出了多少成果,还应该考核实验室对外的开放度。……比方那个'高倍率显微镜',一台就要100多万元,老早的100多万元不得了,现在肯定是1 000万元朝上了,但是这个机器闲放着,放到最后,可能也没用过几趟结束了。所以呢,到后来学校的好多仪器可能就这样浪费了。……现在我们买设备都是拼命买,到了他那里就变成了他的。……长三角需一体规划,同样东西不要重复建。比方那个环保学院要建一个风洞,同济大学有风洞,但是没法去用。风洞什么概念?当时我记得投了200多万元,它开一天就要6万元的电费,所以也不可能经常去开。但这个东西长期不用就锈掉了,好多东西就这样浪费掉了。现在随便到哪个学区调查大型设备利用率有多高?非常低。他呢,自己要留着自己用,自己又没有精力去用。"①

可见,长三角区域高等教育资源共享仍存在较大阻力,应当探索相应的共享机制。在长三角高质量一体化发展的进程中,起支撑与引领作用的长三角高等教育协同发展应该是广泛的、深层次的。除了上述协同内容外,教师交流、就业、文化交流等方面也可以深入探索。

三、协同成效不显著

长三角三省一市在学生互换交流、合作办学与学科协同、优质资源共建共享、产学研协同创新等方面开展了一系列实践探索,取得了一定的成效,但效果不显著,深层目标并没有实现,长三角高等教育人才供给与产业需求的良性互动格局尚未确立、产学研协同创新合力尚未形成。

---

① 访谈资料(UL220191021)。

(一) 人才供给与产业需求的良性互动格局尚未确立

早在 2008 年国务院发布的《关于进一步推进长江三角洲地区改革开放和经济社会发展的指导意见》中就提及"调整完善高等教育的学科布局和专业设置","全面提高高等教育质量,显著提升高校科技创新与服务能力"等目标。但调研中发现,长三角区域高等教育尚未实现优势互补,差异化、特色化发展。如表 3—5 所示,2016 年长三角三省一市普通高等教育分科招生数,从侧面反映了长三角区域高校专业设置的特点。从所有专业整体招生情况来看,长三角区域面向制造业的工学、理学门类专业招生数占总招生数的 44.7%,其中工学占 38.1%、理学占 6.6%;面向服务业的管理学、经济学、法学门类专业招生数占总招生数的 27.8%,其中管理学占 17.9%、经济学占 6.9%、法学占 3%;与创意设计相关的文学、艺术学、历史学、哲学门类专业招生数占总招生数的 17.3%,其中文学占 9.3%、艺术学占 7.7%、历史学占 0.2%、哲学占 0.1%。

表 3—5　长三角三省一市普通高等教育分科招生数情况(2016 年)

学科门类	长三角地区总招生数 招生数	占比(%)	上海 招生数	占比(%)	江苏 招生数	占比(%)	浙江 招生数	占比(%)	安徽 招生数	占比(%)
哲学	485	0.1	271	55.9	137	28.2	28	5.8	49	10.1
经济学	45 850	6.9	9 376	20.4	14 995	32.7	10 956	23.9	10 523	23.0
法学	20 053	3	5 270	26.3	7 160	35.7	4 361	21.7	3 262	16.3
教育学	19 753	3	2 230	11.3	7 747	39.2	4 713	23.9	5 063	25.6
文学	62 352	9.3	9 395	15.1	22 010	35.3	17 905	28.7	13 042	20.9
历史学	1 345	0.2	218	16.2	589	43.8	214	15.9	324	24.1
理学	43 767	6.6	6 043	13.8	17 067	39.0	8 336	19.0	12 321	28.2

续表

学科门类	长三角地区总招生数 招生数	长三角地区总招生数 占比(%)	上海 招生数	上海 占比(%)	江苏 招生数	江苏 占比(%)	浙江 招生数	浙江 占比(%)	安徽 招生数	安徽 占比(%)
工学	254 667	38.1	31 832	12.5	114 873	45.1	45 497	17.9	62 465	24.5
农学	8 527	1.3	502	5.9	3 406	39.9	1 412	15.6	3 207	37.6
医学	40 010	6.0	3 625	9.1	14 410	36.0	10 329	25.8	11 646	29.1
管理学	119 342	17.9	17 127	14.4	46 694	39.1	28 163	23.6	27 358	22.9
艺术学	51 654	7.7	7 257	14.0	19 734	38.2	13 454	26.0	11 209	21.7
总数	667 805	—	93 146	—	268 822	—	145 368	—	160 469	—

数据来源：国家教育科学决策服务系统，比值数据为计算数据。

分地区来看，上海市经济学门类专业占长三角区域经济学门类招生总数的20.4%、法学占26.3%、管理学占14.4%，工学仅占12.5%，这和上海市大力发展现代服务业的定位基本一致；江苏省的工学门类专业占长三角区域工学招生总数的45.1%、理学占39.0%，这和江苏省发展先进制造业的定位基本一致；浙江省文学和艺术学招生数占比较高，相比工学和理学招生数，占比仅为17.9%和19.0%，与浙江重点发展先进制造业的需求有较大差距。农业大省安徽的农学占长三角区域农学招生总数的37.6%，低于江苏的招生数。

结合长三角区域三省一市人才需求与供给情况，也能发现长三角区域高校学科设置与产业发展需求存在适应性不强的问题。从人才需求角度来说，长三角三省一市均大力开发培养经济社会发展重点领域及战略性新兴产业领域的人才，但是上海、江苏、浙江、安徽各自都有一些特点，每个省市的人力资源开发需求不同，紧缺人才需求也存在差异(见表3—6)。

表 3—6　长三角三省一市紧缺人才需求重点领域

地区	紧缺人才需求重点领域
上海	金融、航运、国际贸易、文化、教育、卫生；大飞机、航空发动机、燃气轮机、集成电路、高端医疗装备等
江苏	软件和服务外包、生物技术和新医药、新材料最为紧缺，其后依次是新能源、电子信息、物联网、节能环保、光电、工程机械、船舶、新能源汽车、轨道交通
浙江	海洋经济人才、高素质现代产业人才、装备制造人才、先进临港产业人才、新兴服务业人才、战略性新兴产业人才、农业科技人才以及现代农业创业人才、教育、政法、宣传思想文化、人文社会科学、公共卫生、社区建设、防灾减灾等社会发展领域的专门人才
安徽	经济重点领域：能源资源。社会发展重点领域：教育、政法、宣传思想文化、医药卫生、防灾减灾等。战略性新兴产业：高端装备制造和新材料产业、信息技术产业，生物和大健康、绿色低碳行业和信息技术产业

资料来源：中共上海市委办公厅、上海市人民政府办公厅. 印发《上海市人才发展"十三五"规划》的通知[EB/OL]. (2017-06-05)[2019-05-03]. http://fgw.sh.gov.cn/fzgggz/sswgg/ggwbhwgwj/27740.htm；中共江苏省委、江苏省人民政府. 关于印发《江苏省中长期人才发展规划纲要(2010—2020年)》的通知[EB/OL]. (2010-11-23)[2019-05-03]. http://www.js.gov.cn/art/2010/11/23/art_46836_2680936.html；浙江省人民政府办公厅. 关于印发浙江省人才发展"十三五"规划的通知[EB/OL]. (2016-09-10)[2019-05-03]. http://www.zj.gov.cn/art/2016/9/12/art_12461_285248.html；中华人民共和国中央人民政府滚动新闻. 安徽：2020年前战略性新兴产业人力资源缺口约2.6万人次(2017-09-03)[2019-05-03]. http://www.gov.cn/xinwen/2017-09/03/content_5222409.htm。

从表3—6可以看出，上海亟须金融、国际贸易、航运等领域人才；江苏亟须软件和服务外包、生物技术和新医药、新材料等领域人才；浙江亟须海洋经济等领域人才；安徽省能源、新材料、高端装备制造、信息技术产业等领域人才的供需矛盾最为突出。

1. 长三角区域金融学类、国际贸易类、航运类专业布点情况

对应上海非常紧缺的金融、国际贸易、航运人才，考察长三角区域金融学类、航运类、国际贸易类专业分布，表3—7、表3—8和表3—9分别显示了2017年长三角区域金融学类、国际贸易类、航运类专业分布情况。

表3—7　长三角区域金融学类专业分布情况(2017年)

专业名称	专业代码	长三角总布点数 布点数	长三角总布点数 占比(%)	上海 布点数	浙江 布点数	江苏 布点数	安徽 布点数
金融学	020301K	83	35.3	20	20	31	12
金融工程	020302	60	25.5	6	15	20	19
保险学	020303	25	10.6	6	4	7	8
投资学	020304	18	7.7	3	4	6	5
金融数学	020305T	17	7.2	2	2	8	5
信用管理	020306T	7	3.0	4	1	2	0
经济与金融	020307T	13	5.5	2	0	5	6
金融学类专业	0203	10	4.3	3	3	2	2
精算学	020308T	1	0.4	0	0	1	0
互联网金融	020309T	1	0.4	0	0	0	1
总计	—	235	—	46	49	82	58

资料来源：国家教育科学决策服务系统，比值数据为计算数据。

由表3—7可见，长三角区域金融学类专业布点总数为235个，其中：上海46个，仅占19.6%；浙江49个，占20.9%；江苏82个，占34.9%；安徽58个，占24.7%。上海的布点数量最少，江苏是其1.78倍，安徽是其1.26倍。具体专业中金融学专业83个，金融工程60个，分别占金融学类专业布点总数的35.3%和25.5%；保险学25个，占10.6%；投资学18个，占7.7%。上海金融学类专业数量明显少于其他三省，上海国际金融中心的建设需要大量高端金融人才，人才需求还存在缺口，金融学类专业建设亟待加强。另一方面，虽然其他三省专业布点多，但专业水平低、重复设置、人才培养质量参差不齐等问题也阻碍了人才的区域流动。

表 3—8　长三角区域国际贸易类专业分布情况(2017 年)

专业名称	专业代码	长三角总布点数 布点数	长三角总布点数 占比(%)	上海 布点数	浙江 布点数	江苏 布点数	安徽 布点数
国际经济与贸易	020401	156	87.2	23	41	62	30
贸易经济	020402	9	5.0	0	1	6	2
经济与贸易类专业	0204	14	7.8	1	7	4	2
总计	—	179	—	24	49	72	34

资料来源:国家教育科学决策服务系统,比值数据为计算数据。

表 3—9　长三角区域航运类专业分布情况(2017 年)

专业名称	专业代码	长三角总布点数 布点数	长三角总布点数 占比(%)	上海 布点数	浙江 布点数	江苏 布点数	安徽 布点数
航海技术	081803K	4	11.4	1	3	0	0
轮机工程	081804K	7	20.0	2	3	2	0
船舶电子电气工程	081808TK	2	5.7	1	1	0	0
港口航道与海岸工程	081103	12	34.3	2	4	5	1
船舶与海洋工程	081901	10	28.6	2	3	5	0
总计	—	35	—	8	14	12	1

资料来源:国家教育科学决策服务系统,比值数据为计算数据。

长三角区域国际贸易类专业布点总数为 179 个,其中:上海市 24 个,占 13.4%;浙江省 49 个,占 27.4%;江苏省 72 个,占 40.2%;安徽省 34 个,占 19.0%。其中国际经济与贸易专业 156 个,占国际贸易类专业布点总数的

87.2%;经济与贸易类专业14个,贸易经济专业仅9个,在上海尚未布点。

数据表明,上海国际贸易类专业数量明显少于其他三省,布点数只有江苏的1/3,浙江的1/2,甚至少于安徽省的布点数。上海国际贸易中心的建设需要大量高端贸易人才,目前人才供给与人才需求不匹配,还很大缺口,国际贸易类专业建设亟待加强。另一方面专业设置集中在传统的国际经济与贸易专业,适应新需求的相关专业布点较少。

长三角区域航运类专业布点总数为35个,其中:上海市8个,占22.8%;浙江省14个,占40%;江苏省12个,占34.3%;安徽省1个,占3.4%。其中港口航道与海岸工程专业12个,船舶与海洋工程专业10个,其他专业布点均在7个以下。数据表明,长三角区域航运类专业总布点数较少,上海的航运类专业布点数量更是少于浙江和江苏,这与上海国际航运中心地位的建设和航运人才的需求有很大的差距。上海国际航运中心的建设需要大量高端航运人才,目前还有较大的缺口,上海航运类专业建设亟待加强。

2. 长三角区域海洋类专业布点情况

对应浙江省海洋经济人才紧缺,考察长三角区域的海洋类专业分布情况,表3—10显示2017年长三角区域海洋类专业布点总数为41个,其中:上海市12个,占29.2%;浙江省11个,占26.8%;江苏省17个,占41.5%;安徽省1个,占2.4%。数据表明,长三角区域海洋类专业总布点数较少,浙江省海洋类专业数量更是少于上海和江苏,这与浙江省海洋经济大省的定位需求存在一定的差距。浙江需要大力发展与海洋经济相关的专业建设。

表3—10 长三角区域海洋类专业分布情况(2017年)

专业名称	专业代码	长三角总布点数 布点数	长三角总布点数 占比(%)	上海 布点数	浙江 布点数	江苏 布点数	安徽 布点数
海洋科学	070701	9	22.0	1	3	5	0
海洋技术	070702	9	22.0	1	2	5	1
海洋科学类专业	0707	6	14.6	2	2	2	0

续 表

专业名称	专业代码	长三角总布点数 布点数	长三角总布点数 占比（%）	上海 布点数	浙江 布点数	江苏 布点数	安徽 布点数
海洋资源与环境	070703T	10	24.4	6	2	2	0
海洋资源开发技术	081903T	5	12.2	1	1	3	0
海洋渔业科学与技术	090602	2	4.9	1	1	0	0
总计	—	35	—	12	11	17	1

资料来源：国家教育科学决策服务系统，比值数据为计算数据。

3. 长三角区域软件和服务外包类专业布点情况

对应江苏省软件和服务外包类人才紧缺，考察长三角区域软件和服务外包类专业分布，表3—11列出了2017年长三角区域软件和服务外包类专业分布情况。

表3—11　长三角区域软件和服务外包类专业分布情况（2017年）

专业名称	专业代码	长三角总布点数 布点数	长三角总布点数 占比（%）	上海 布点数	浙江 布点数	江苏 布点数	安徽 布点数
计算机科学与技术	080901	179	36.6	25	48	72	34
软件工程	080902	106	21.7	13	18	51	24
网络工程	080903	70	14.3	8	14	25	23
信息安全	080904K	20	4.1	5	3	7	5
物联网工程	080905	77	15.7	3	14	36	24

续　表

专业名称	专业代码	长三角总布点数		上海	浙江	江苏	安徽
		布点数	占比（%）	布点数	布点数	布点数	布点数
数字媒体技术	080906	37	7.6	4	11	11	11
总计	—	489	—	58	108	202	121

资料来源：国家教育科学决策服务系统，比值数据为计算数据。

长三角区域区域软件和服务外包类专业布点总数为489个，其中：上海市58个，占11.9%；浙江省108个，占22.1%；江苏省202个，占41.3%；安徽省121个，占24.7%。其中计算机科学与技术专业179个，软件工程106个，分别占软件和服务外包类专业布点总数的36.6%和21.7%；物联网工程77个，仅占15.7%；网络工程70个，仅占14.3%；信息安全20个，仅占4.1%。

数据表明，江苏软件和服务外包类专业布点数量多于另外两省一市，这与江苏大力发展智力密集型的现代服务业的定位基本一致。但在数量保证的基础上，学科发展水平和人才培养质量还需进一步提高。此外，物联网等新兴专业占比不高，学科专业结构有待优化。

4. 长三角区域能源动力类专业布点情况

对于安徽省，经济领域重点需求能源资源类人才，重点考察长三角区域能源动力类专业分布情况（见表3—12），显示2017年该类专业布点总数为80个，其中，上海18个，占22.5%；浙江省9个，占11.3%；江苏省48个，占60%；安徽省5个，仅占6.25%。安徽省的能源动力类专业布点数远远少于其他三地，布点数仅有江苏的10%左右，人才需求缺口很大。尤其是新能源科学与工程专业，安徽全省仅有一个专业点，根本无法满足新能源、高端装备制造业等产业的发展需求。安徽省需要加强对新能源、新材料、装备制造等领域人才的培养。

结合长三角区域三省一市金融、国际贸易、航运、海洋经济、能源等领域人才需求与供给情况可知，长三角区域四地产业发展重点领域各有侧重点，专业

表 3—12 长三角区域能源动力类专业分布情况(2017 年)

专业名称	专业代码	长三角总布点数 布点数	长三角总布点数 占比(%)	上海 布点数	浙江 布点数	江苏 布点数	安徽 布点数
能源与动力工程	080501	40	50	9	3	24	4
能源与环境系统工程	080502T	8	10	2	4	2	0
新能源科学与工程	080503T	25	31.3	4	2	18	1
能源动力类专业	0805	7	8.8	3	0	4	0
总计	—	80	—	18	9	48	5

资料来源：国家教育科学决策服务系统，比值数据为计算数据。

布点与产业发展不够协调，目前长三角高校学科布局尚未形成统一的规划，自成体系，重复建设，导致区域高等教育发展同质化严重，学科专业设置趋同，学科建设没有很好地与区域发展相融合，高等教育未能有效满足长三角区域社会经济发展的人才需求。各个省市乃至各个高校都有自己的优势学科，同样也存在短板，未能充分发挥各自的学科优势，同时也由于高等教育发展同质化严重，造成区域高等教育结构不合理，阻滞了高校之间通过协同发展实现互补。此外，人才培养标准不同，不利于形成区域内劳动力资源互补的格局；人才培养的统筹协调不够，缺乏区域前瞻性布局。

(二) 产学研协同创新合力尚未形成

政府、高校、科研院所、企业在产学研协同创新联盟平台搭建确实取得了较大的进展，但仍缺乏区域优质科教资源的系统规划与优化，致使优质资源的高效利用无法实现，产学研协同创新合力尚未形成。

从 2018 年长三角高校科技产出来看(见表 3—13)，发表科技论文、专利申请数等指标绝对数量保持增长势头，科技著作出现负增长，可能与目前高校科研评价更看重论文权重有关。而 2018 年长三角高校专利所有权转让及许可数仅占有效发明专利数的 2.72%，比重相对不高，表明高校科研成果转化率

表 3—13　长三角高等学校科技产出统计（2018 年）

地区	发表科技论文（篇）	增速（%）	出版科技著作（种）	增速（%）	专利申请数（件）	增速（%）	有效发明专利（件）	增速（%）	专利所有权转让及许可数（件）	增速（%）	专利所有权转让及许可收入（万元）	增速（%）
上海	89 017	5.49	2 563	−3.21	12 613	19.93	24 159	12.19	332	−12.86	34 333	192
江苏	131 706	8	2 868	−1.21	47 383	15.04	49 509	14.9	1 697	4.75	15 435	−17.95
浙江	55 370	3.55	2 100	7.75	21 672	18.3	28 679	16.68	716	16.8	5 011	−48.61
安徽	38 611	0.4	1 058	2.32	13 444	6.39	7 794	27.96	246	32.26	1 374	−10.78
长三角	314 704	5.5	8 589	0.64	95 112	15.06	110 141	15.58	2 991	6.82	56 153	34.18
全国	1 389 912	6.25	44 794	−1.75	320 790	15.59	357 010	17.72	6 265	5.44	189 681	−3.41

数据来源：国家统计局社会科技和文化产业统计司，科学技术部创新发展司编．中国科技统计年鉴 2018[M]．北京：中国统计出版社，2018：110，130—131；国家统计局社会科技和文化产业统计司，科学技术部创新发展司编．中国科技统计年鉴 2019[M]．北京：中国统计出版社，2019：126—127。

低下,落地情况不佳。这与高校评价重成果发表而轻转化不无关联。2018年长三角高校专利所有权转让及许可收入除了上海市明显增加外,其他三个省份都有不同程度的下降,专利的市场转化及经济价值有待提升。

分省份来看三省一市高校的科技产出,浙江和安徽的科技创新能力明显弱于上海和江苏,尤其是安徽省的科技创新能力远远落后,严重制约长三角区域协同创新发展。可见,高等教育对科技协同创新的战略支撑作用亟须提升。

在协同创新方面,光建立协同创新联盟平台还远远不够,在开展重大核心技术和关键共性技术协同攻关等方面缺乏必要的制度安排和配套措施,导致服务国家重大战略需求和回应科技前沿领域问题的合力尚未形成。在访谈中,某教育厅领导谈到"国家遇到一些卡脖子的技术难题,我们可能就组成不了强大的供应链,再一个就是教育创新与教育旧有体制的画地为牢"[1],目前高等教育仍然存在内外部机制体制壁垒,依据学科逻辑的传统建制模式,尚未形成长三角区域高等教育集群从而发挥高校多学科、多功能的综合优势,联合各类创新力量,推动区域教育资源共享。由于地区间的行政壁垒,人才、资源等创新要素的跨地区流动受到抑制,区域高等教育协同创新共同体,开放、协同、共享的创新体系尚未建立,阻滞了区域创新要素参与科技协同创新新路径的开辟,不利于开展跨学科、跨高校、跨区域联合攻关以及提升创新能力和服务能力,推动创新策源能力建设,协同创新驱动中的共同诉求亟待解决。

第三节　阻碍区域高等教育协同发展的原因

一、制度机制不健全

（一）缺乏长效机制保障

在长三角区域高等教育协同发展的演进过程中,"战略—应对"是长三角

---

[1] 会议资料(201912102EA)。

区域高等教育协同发展的重要动力机制,往往某项重大战略的出台会推动长三角区域高等教育协同发展。例如,长三角某高校联盟,在成立后开展过2个学期的学生交换,但因种种原因之后就停止开展,这几年联盟也没有开展其他方面的合作活动;自"长三角区域一体化发展"上升为国家战略后,几所高校又开始重视这项工作,不仅召开了校长会议,还在原有联盟的基础上成立了新的联盟,这表现为一种"运动式"的区域高等教育协同,表明了长三角区域高等教育协同发展连续性弱,缺乏有效的长效机制。在调研中,某高校校长反映这与中国高校校长任期短相关,"现在都规定两届都换掉,最多两届,有的时候做个两三年就走掉了,所以你更要有一种机制来保证它,如果没有机制,换得很快的时候,当然换人换思路。连续性弱,缺少连续性,要建立一种激励它永远往下走的机制"。①

调研发现,不同层面都觉得长三角区域高等教育协同发展需要解决体制障碍,在访谈中,教育部教育发展研究中心某领导提出"以往各自封闭、各自为政,高等教育其实没有做好充分准备,协调发展、融合发展的机制有很长的路要走"。② 从高校的态度看,大多数高校表示自身参与长三角区域高等教育协同发展的动力外在强制和内在需求两者都有,要有一种体制机制,包括激励政策,有这样的政策他才会有动力,否则他就没有动力。访谈中,有高校领导说道:"高等学校能够利用长三角的合作优势提升自己的水平,当然是有积极性的。我相信校长肯定也有积极性的,关键问题还是国家政策,你的激励机制,你能关注到长三角的协同合作,我当然就很开心,我就劲头很足,否则我劲头就不太大了,我多了一件负担,为什么要去做呢?这个就是要更好地建立一些科学的、协同的、体制和机制,才有可能促进大家的发展。"③

此外,有受访者提出要建立统一的课程标准和学分互认机制。在调研中,一位某省属高校发展规划处负责人指出:"大学分好多圈子,985一个圈子,211一个圈子,更多的是圈子外面的、双非的、四非的学校。那么,这些圈子的

---

① 访谈资料(EU220191224)。
② 访谈资料(EA420191126)。
③ 访谈资料(UL120191013)。

存在对长三角地区高校的合作,你要说学分认证、学位互授,存在很多的障碍,你比方说我们大学的一个学分和 E 大学(作者注:"双一流"建设高校)的学分那肯定不是等值的,你叫 E 大学的学生在我们大学读一个学分,估计是不干的,含金量完全不一样,但是如果是统一认证、统一标准的话,那么学分认证、统一认证就有一个可比较的标准。也能够解决当前高校的一些歧视,这样我们高校的合作有一个较好的条件基础。"①

长三角建立的不同类型的高等教育联盟也都在"学生交流"方面做了积极的探索。在调研中,一位长三角某高等教育联盟秘书处负责人表达了交换内容单一和缺乏良好设计的看法:"互认学分、学生交换是最好做的,国内交换一个是省钱;另一个随着长三角一体化对这些长三角城市的了解;再一个是前面交换的学生有受益,其他后面学生会愿意来。另外,交换内容要更加丰富一点,如果是同样的课程 ST 大学怎么上? ZT 大学怎么上? 你要有不同的教育模式,你让他体验过程确实有收获,学生才愿意交换,如果只是换个老师,还是同样的教材,那何必要交换呢? 交换的教学内容和人才培养要有良好的设计,才会吸引学生交换。"②

就学生参加长三角交换生计划的意愿而言,也有一些同学表示了对不同高校课程考试难易程度不同而造成的成绩差异,是否会对自己参加本校奖学金的评选乃至评优保研产生影响存在顾虑,这也需要机制的完善。从教师的态度看,在长三角的高校教师交流方面,一方面希望高校教师交流形成一种机制,在这个区域里交流,免除一些烦琐的手续,使得流动比较自由、比较宽松,更便捷、更有效。

学生和教师普遍重视交流交换内容的设计。在交流交换方面,参加过交换的学生对体验不同的城市文化、不同的校风和教学风格等受益表示了认同,但也反馈了交换的教学内容和人才培养缺乏良好的设计等问题。在面临国外交流和长三角交流选项时,学生和教师一方面由于国外交流的预

---

① 会议资料(201912101UL)。
② 访谈资料(EU120190627)。

期受益更大,普遍倾向于国外交流;另一方面也表现了对长三角区域交流内容的关注,表明不希望交换的形式大于内容,仅仅为了交换而交换是缺乏吸引力的。

(二) 缺乏整体规划和协同统筹

同样,目前长三角在高校学科结构布局优化方面,也尚未形成整体的规划协调。围绕一流大学和一流学科建设与发展,长三角三省一市在建设周期规划上存在显著性差异。从表3—14来看,四地的建设周期不同步,上海是2014—2020年共6年的建设周期,浙江和安徽都是从2016—2020年5年的建设周期,而江苏则没有把"十三五"期间规划在内,设置2020—2050年的长周期。沪苏浙皖到2020年计划建设世界一流学科的数量表述分别为:20、一批、部分、若干,上海的目标明确,另外三地的表述则较为笼统。四地对国内一流大学的界定也不明,江苏省和浙江省的表述是全国前100,目标笼统、欠缺可实施性。此外,上海要建设国内一流学科数量为180个,江苏省要实现排名第一的学科不小于全国总数的1%,而浙江省则规定有若干学科进入全国前三,40个学科进入全国前10%,100个学科进入全国前30%。如果把四地的建设目标相加,数量占全国的比重更多,这显然违背客观现实,陷入了盲目地将更多高校、学科专业成为全国一流作为高等教育发展水平评判标准的误区。这也从侧面反映出三省一市各自独立规划,未从区域协调发展视角进行考量和研判,这为实施的有效性带来挑战。

表3—14 长三角三省一市一流大学和一流学科建设目标

建设周期（时间）	省份	建设目标（大学）（所）世界一流	建设目标（大学）（所）国内一流	建设目标（学科）（个）世界一流	建设目标（学科）（个）国内一流	ESI前1%
2014—2020	上海	—	—	20	180（学科排名前20%）	—
2020—2050	江苏	2(2 030)	15(前100)10(前50)	一批	排名第1≥全国总数10%	100

续 表

建设周期（时间）	省份	建设目标(大学)(所)		建设目标(学科)(个)		
		世界一流	国内一流	世界一流	国内一流	ESI前1%
2016—2020	浙江	2	10(前100)	部分	若干（全国前三）；40（全国前10%）100（全国前30%）	50
2016—2020	安徽	1	8(特色) 10(应用型)	若干	一批	—

资料来源：上海国际人才网. 上海市教育委员会关于印发《上海高等学校学科发展与优化布局规划(2014—2020年)》的通知[EB/OL]. (2014-11-21)[2019-11-23]. http://www.sh-italent.com/article/201603/201603150007.shtml；法律图书馆. 江苏省政府关于印发江苏高水平大学建设方案的通知[EB/OL]. (2016-06-15)[2019-11-23]. http://www.law-lib.com/law/law_view.asp?id=549985；杭州电子科技大学学科建设与发展规划处. 浙江省一流学科建设实施办法[EB/OL]. (2017-01-06). http://zdb.hdu.edu.cn/2017/0106/c3310a86910/page.htm；法律图书馆. 安徽省人民政府关于印发一流学科专业与高水平大学建设五年行动计划的通知[EB/OL]. (2016-12-28)[2019-11-23]. http://www.law-lib.com/law/law_view1.asp?id=572999。

二、传统管理体制掣肘

（一）传统体制的"路径依赖"

我国《高等教育法》明确规定了政府在高等教育办学、推进高等教育体制改革、优化高等教育结构和资源配置等方面的管理职能；同时明确了高等教育管理体制，《教育法》第15条规定："国务院教育行政部门主管全国教育工作，统筹规划、协调管理全国的教育事业。县级以上地方各级人民政府教育行政部门主管本行政区域内的教育工作。"可见在我国传统教育体制下，教育供给和政策制定主要以行政区划为依据。然而，既有的行政区划和管理体制引发各省市教育发展各自独立的局面；高等教育管理权限也呈碎片化，高校按所属部门的不同，分为部属、省属和市属高校，管理权限归属各个行政系统。虽然我国一直在推行高等教育改革,但就高等学校而言,高校的建立、经费来源、专业设置、招生计划、人员编制等均是计划型的。在调研过程中,某高校领导说道"在上层的顶层框架没有突破之前,(高校)很多事情很难做"。[①] 长三角区域高等教育协同发展是一个宏观的教育政策体系,不仅需要办学、管理、财政、土地等一系列配套政策的支撑,还需要其他相关部门政策、管理的配合、协调与认可。长三角区域高等教育协同发展进程涉及各种各样的利益相关者,大多在高等教育部门之内,而有些则代表其他部门和群体,都有着自己的目标和预期结果。而制度要真正实现其功能,完善的制度被大多数社会成员所认同与遵守以及制度不折不扣地被实施是充分条件和必要条件。[②] 与此同时,高等教育协同合作也需要花费信息交流、协商会商、执行监督成本及承担合作风险等成本。[③] 政策壁垒、部门壁垒、利益相关者的协调都会使得交易成本增加,由于打破原有管理格局和模式的代价太高昂,制度变迁中出现"路径依赖"(path dependence)现象,传统的管理体制制约了协同发展的方向选择和推进,政府和高校创新变革的动力不足。相应地,竞争机制以行政区划为界,阻碍了长三角地区高等教育协同发展的深入推进。

(二)地方利益与整体利益关系没有理顺

在长三角区域高等教育协同发展进程中,由于地方利益与长三角区域整体利益乃至国家整体利益的关系还没有理顺,因此地方政府往往更注重地方利益的实现。地方政府之间的竞争机制以行政区划为界,各自有一个利益机制。沪苏浙皖遵循既有的政绩观,地方官员对于本行政区教育发展的兴趣高于行政区外教育发展的兴趣,目前大家追求的是自己省市的学科排名、学校排名,力争自己所在省市的高等教育在排名中前进,呈现一种相互为壑又恶性竞争的关系。经济利益是地方利益的主要内容,而经济利益又与产业结构紧密

---

① 访谈资料(UL520191218)。
② 辛鸣.制度论——哲学视野中的制度与制度研究[D](博士学位论文).中共中央党校,2004.
③ 许长青,卢晓中.粤港澳大湾区高等教育融合发展:理念、现实与制度同构[J].高等教育研究,2019(1):28—36.

相关。因此,地方政府间围绕产业结构优化升级的矛盾冲突也渐趋激烈,产业同构问题突出。相应地,学科专业的设置基于产业结构布局,长三角三省一市高等教育发展自成体系,发展定位不明确,重复建设现象严重,缺乏整体统筹,致使区域整体教育优势得不到发挥,学科结构与经济、产业结构、社会需求的适应性不佳,不仅影响长三角地区高校整体实力的提升,造成服务社会经济发展能力低下。此外,人力资源是社会经济发展的重要资源,为了保护地方利益,地方政府制定限制区域间人才流动的政策,短期内可能维护了人力资源,培养政府的利益,但长远来看掣肘了区域内人才资源最佳配置的实现。

（三）国家与地方的协调性不够

国家与地方层面在政策供给和需求上的协调性不够,在授权还是给予更多的政策支持方面存在矛盾与分歧。在访谈中,教育部某领导认为:"发达地区可以带米下锅,不需要更多政策倾斜,只需要中央授权、允许,这样我们在改革先试先行方面就可以迈开新步。"同样,在访谈中,教育部有关负责人也谈到:"瞄准教育现代化,有条件地区可以先试先行,甚至可以突破现有的一些制度,甚至法规。但只不过事先要得到授权。"[1]可见,国家认为长三角作为有条件的发达地区不需要更多政策倾斜,只需要中央授权,甚至可以突破现有的一些制度及法规,而地方政府认为国家对长三角跨区域高等教育协同发展先行先试、率先探索的实质性政策支持缺位,也没有得到相应的授权,建议三省一市教育行政部门争取更多先行先试的政策支持。可见,国家与地方之间的协调性不够。

三、区域文化认同缺失

文化认同是区域高等教育协同发展的重要基础。区域文化是指地区间所拥有的相似文化特质,而"认同"一词是指同一性,区域文化认同可以加强彼此的同一感,最终凝聚成有着共同文化内涵的群体。[2]

---

[1] 访谈资料(EA120190419)。
[2] 刘勇,姚舒扬.文化认同与京津冀协同发展[J].北京联合大学学报(人文社会科学版),2014(3):35—40.

长三角区域地理相近、人文相亲,有着得天独厚的区域一体化优势。但事实上三省一市的社会经济发展水平、教育发展水平并不平衡,对推进一体化的认识和重视程度也存在差异,并未形成一种长三角区域社会所有成员共同接受和共享的共识文化,长三角三省一市有不同的地域文化和人文精神,上海体现了"海派文化",江苏秉承了"吴文化""淮扬文化"等传统,浙江继承了"越文化"的精髓,安徽则孕育了"徽文化"。高等院校都坐落在具体的城市或地区,因此地方高等教育发展的文化基因往往蕴藏在地域文化之中。一直以来,尤其是地方性高校,在学科专业设置和人才培养方面都以服务地方的经济社会发展为主要目标进行规划。在如今需要用区域整体视角来统筹规划高等教育时,地域文化思维亟待改进,立足区域文化的高等教育文化资本需要进一步构建,以促使不同主体在区域高等教育协同发展中坚持共同的价值取向。"在教育领域,无论苏浙沪三省市的政府官员,还是这一区域的大学校长,都还没有真正确立'长三角坐标'。"[1]而欧盟高等教育一体化取得显著成效的重要原因之一就在于提出了"在教育中注入欧洲坐标"。在调研过程中,某教委领导也认为:"模式不一样不是问题,长三角合作,关键是不重视,没有觉得很重要……上海算比较重视的了。[2]"可见,地方政府更注重如何满足省市域内群众对教育的普遍需求,尚未给予实现区域教育的差异化、特色化发展过多关注。区域文化认同缺失是导致长三角区域高等教育协同发展迟缓的重要原因。

---

[1] 龚放. 观念认同,政府主导,项目推动——再论打造"长三角高等教育发展极"[J]. 教育发展研究,2005(7):55—57.

[2] 访谈资料(ES320190909)。

第四章
长三角区域高等教育协同发展政策优化的基本依据

第一节 政策优化的基础

目前长三角区域高等教育协同发展政策已经初步形成了政策框架,主要包括以下几个方面。

一、政策目标与政策主体

（一）政策目标

所谓政策目标,是指决策者希望通过实施政策所达到的效果与目的。[①] 结合国家关于区域高等教育协同发展的相关政策以及协同发展的实际情况,可以认为,区域高等教育协同发展的政策目标是决策者通过实施区域高等教育协同发展政策所要达到的效果与目的。自区域协调发展战略提出以来,高等教育协同发展成为重要的议题,并被纳入国家、区域和地方政府的政策议程,政策目标也逐渐深化。

区域高等教育协同发展是一项长期的系统工程,已有的政策文本中提出了宏观政策目标,但缺乏阶段性分解。如《国家中长期教育改革和发展规划纲要（2010—2020年）》明确提出"促进教育区域协作,提高教育服务

---

① 陈振明.公共政策分析[M].北京：中国人民大学出版社,2003：167.

经济社会发展的水平";2014年教育部《关于进一步推进长江三角洲地区教育改革与合作发展的指导意见》中明确提出"提升区域教育的整体水平,努力构建具有区域特点、中国特色、世界水平的区域教育体系,努力赶超发达国家教育发展水平,打造亚太地区教育高地,为长三角地区经济社会发展和产业转型升级提供人才支撑和智力支持"……这些都是区域高等教育协同发展的宏观远景目标,但缺乏阶段性分解来更好地引导目标的分步实施。

根据国家层面关于推进教育协同发展的精神,长三角三省一市积极将教育协同发展纳入各自的"中长期教育改革和发展规划纲要"和"'十二五''十三五'教育事业发展规划"中,但仅拟定一些跟进配套阐释,并未制定具体的目标。

在具体政策目标上,没有明确各项举措的具体目标,如2008年国务院《关于进一步推进长江三角洲地区改革开放和经济社会发展的指导意见》提出"调整完善高等教育的学科布局和专业设置",《国家中长期教育改革和发展规划纲要(2010—2020年)》提出"统筹推进教育综合改革,探索省际教育协作改革试点,建立跨地区教育协作机制",2014年教育部《关于进一步推进长江三角洲地区教育改革与合作发展的指导意见》提出"着力深化教育领域综合改革,建立健全区域教育合作发展的体制和机制,在管理体制、办学体制、人才培养模式改革以及区域教育一体化建设等方面率先探索",2019年《长江三角洲区域一体化发展规划纲要》提出"推动大学大院大所全面合作、协同创新,联手打造具有国际影响的一流大学和一流学科,推动高校联合发展,加强与国际知名高校合作办学",等等,都没有阐明具体要达到的目标和效果。

总体而言,目前的政策目标表述过于笼统,缺乏层次性和阶段性,有待进一步细化。

(二)政策主体

政策主体是指直接或间接参与政策制定过程的个人、团体或组织。在政策主体的分类上,存在着官方决策者和非官方决策者、体制内和体制外的划分。[①] 政策主体不仅参与和影响政策的制定,而且在政策的执行、评估和监控环节都发挥着积极作用。长三角区域高等教育协同发展决策主体涉及多个层面,但更主要的是由三省一市教育行政部门组成。迄今为止,三省一市签署的与长三角区域高等教育协同发展直接相关的协议中,仅有2018年的《长三角地区教育更高质量一体化发展战略协作框架协议》是由三省一市人民政府协商制定,其余均由三省一市教育行政部门签署。决策位次停留在地方教育行政部门层面不利于跨部门协同的统筹。

长三角区域教育协作发展进程中签署了诸多合作协议,但没有明确政策执行主体,协议大多由三省一市教育行政部门签署,而三省一市教育行政部门扮演的是"促进"的角色,并不是执行的角色;协议内容比较简单,且未对协议的内容标明责任单位,没有明确规定各级政府和高校的责任;"社会力量"明确出现也仅有一次,即2014年教育部《关于进一步推进长江三角洲地区教育改革与合作发展的指导意见》提出"积极探索社会力量举办教育的新路径、新模式"。可见,社会力量参与的制度供给不足。政府层面的合作机制不完善、不畅通,缺乏约束机制,有关合作也未付诸实施。例如,围绕长三角高等教育资源共建共享签署了《关于长三角高等教育专家资源库建设及共享的协议》《长三角高等学校大型仪器设施共享协议》《关于建立长三角地区高校图书馆联盟的框架协议》等,但资源并没有被充分地开放、利用起来,尤其是高校大型仪器设备。

总体而言,长三角区域高等教育协同发展决策主体领导权威尚待建构与确立,执行主体不明确。

二、政策主要内容与特点

(一)长三角区域高等教育协同发展政策的主要内容

21世纪以来,长三角区域高等教育协同发展力度不断加深、内涵不断拓展、协同不断向纵深发展、各类协同机制逐渐明晰和完善。这些进展与长三角

[①] 陈庆云.公共政策分析[M].北京:北京大学出版社,2011:68.

积极推进高等教育协同发展的政策息息相关。21世纪以来长三角高等教育协同发展政策主要包括以下五个方面：一是高校招生考试改革，二是人才培养合作与交流，三是合作办学与学科协同，四是优质资源共建共享，五是高校毕业生就业。

1. 高校招生考试改革

2003年10月，苏浙沪两省一市教育行政部门签署《关于加强沪浙两地教育合作的意见》和《关于加强沪苏两地教育合作的意见》，就共同探索"招考制度改革"达成合作意向。在2009年第一届长三角教育联动发展研讨会上苏浙沪两省一市教育行政部门提出了"增加区域内高校跨省市招生指标"的建议。

2013年11月，中共中央《关于全面深化改革若干重大问题的决定》，启动考试招生制度改革。2014年上海、浙江启动新高考改革，是全国高考改革首批试点省市。2014年教育部《关于进一步推进长江三角洲地区教育改革与合作发展的指导意见》在"推进区域性招生考试制度改革"部分提出"在国家招生考试制度改革总体方案的框架下，充分运用长三角地区教育协作发展的成果优势，鼓励和支持探索区域性招生考试制度改革，创新学生综合评价机制，优化高校选拔学生机制，增强区域和学校考试招生的自主权，逐步建立综合评价、多元录取的招生考试制度"。

2016年3月教育部发布《关于进一步规范高等教育招生计划管理工作的意见》，提出"有序扩大省级政府招生计划统筹权和高校自主权，优化层次、类型和区域布局结构"，2016年12月三省一市教育行政部门共同签署了《长三角地区联合开展新高考改革方案试点与实施后跟踪研究的协议》，江苏省作为第三批高考综合改革试点省市，也于2018年开始实行高考改革方案。而安徽省暂缓改革，2018年暂不启动实施高考综合改革。

2. 人才培养合作与交流

（1）学生交流交换。2003年，苏浙沪两省一市教育行政部门签署《关于加强沪浙两地教育合作的意见》和《关于加强沪苏两地教育合作的意见》，就人才培养达成了"高校校际教学合作、学分互认"的合作意向。作为人才培养的一项内容，长三角高校学生交换从最初2004年申请"长三角高等教育合作优秀人才培养模式的探索与实践"项目计划;2006年春季学期开始实施六高校交换生计划;到2009年第一届长三角教育联动发展研讨会上苏浙沪两省一市教育行政部门关于"高校学生互换交流"达成共识;2011年两省一市教育行政部门签署《长三角地区高校学分互认协议》,并组织实施"长三角地区高校交换生计划"。为加强研究生教育创新计划区域合作,2006年5月,教育部学位管理与研究生教育司发布《关于加强研究生教育创新计划区域合作的意见》,长三角区域也开展了探索与实践;2009年第一届长三角教育联动发展研讨会上就"共建研究生联合培养基地"达成合作意向,《江苏省中长期教育改革和发展规划纲要(2010—2020年)》《浙江省教育事业发展"十二五"规划》《安徽省教育事业发展"十二五"规划》中均强调了"实施研究生教育创新计划";2011年4月,沪苏浙两省一市签署了《长三角研究生教育创新计划合作协议》;2012年安徽加入长三角教育联动发展会商机制,全面对接"长三角研究生教育创新计划"。

2012年,第四届长三角教育联动发展研讨会上提出"建立长三角区域高校战略联盟,探索东部沿海地区名校互动机制";2013年三省一市教育行政部门共同签署的《长三角高水平地方高校合作框架协议》提出要进一步扩大和深化省际地方高校之间的合作交流。同期签署的《建立长三角地区应用型本科高校教学联盟协议》则细化要求长三角地区高校在专业建设、学分互认、卓越应用型人才培养、合作论坛等方面,实施跨省合作。2014年,教育部《关于进一步推进长江三角洲地区教育改革与合作发展的指导意见》(简称《意见》)在"推进区域人才培养模式改革"部分提出:"根据长三角地区经济与社会发展对人力资源的需求,大力推进研究生和各类高层次应用型人才培养模式与机制的创新。建立健全区域性高校合作育人和合作办学机制,不断提高人才培养质量。"此外,《意见》提出了"创新区域教育合作体制机制"的探索举措,如"积极鼓励并推进多形式、多类别的校际合作,探索合作培养、交叉培养学生的路径和体制。鼓励和支持区域内相关高校间的学分互认、跨校选课,探索建立长三角地区高水平大学、应用技术型高校、师范院校的发展联盟"。2016年,第八届长三角教育协作会议提出"完善高校合作育人机制,推进区域内教师互聘、课程互选、学分互认";2018年,第十届长三角教育一体化发展会议上进一步达成"探索学生校际流动与培养互认机制,推进地区内课程互选和学分互认"的合作意向。

新形势下,2015年4月教育部出台了《关于加强高等学校在线开放课程建设应用与管理的意见》,要求推进在线开放课程学分认定和学分管理制度创新。2016年6月,教育部印发《关于中央部门所属高校深化教育教学改革的指导意见》,要求建立学分积累与转换制度。

(2) 师资队伍联合培养。2009年10月,教育部党组发布《关于进一步做好直属高校领导班子后备干部队伍建设工作的通知》,提出"要进一步加大后备干部跨校、跨部门的交流培养力度"。2011年,沪苏浙两省一市共同签署了《长三角高校优秀中青年干部挂职培养合作协议》;2012年8月,国务院颁布了《关于加强教师队伍建设的意见》;2013年,沪苏浙皖共同签署了《长三角地区高校教师培训合作协议》。

2014年,教育部《关于进一步推进长江三角洲地区教育改革与合作发展的指导意见》在"推进区域性师资队伍建设合作"部分提到"鼓励和支持探索区域内师资培训机构的合作与资源优化,加大互派教师交换任教、互派干部交流挂职的力度,探索和形成长三角地区师资合作培养、共同提高的新机制。鼓励和支持长三角地区在国家有关规定的基础上,探索建立相对统一的区域性教师任职标准与专职进修要求"。

3. 合作办学与学科协同

2009年第一届长三角教育联动发展研讨会上提出"推进高校跨省市合作办学培养区域内紧缺人才"的倡议,2010年第二届长三角教育联动发展研讨会提出"探索建立长三角名校联盟机制,集中力量打造一批世界一流大学和学科"。2012年3月,教育部印发《高等教育专题规划》,提出"优化学科专业、类型、层次结构和区域布局。整体部署教育改革试验,统筹区域协调发展"。2012年5月,第四届长三角教育联动发展研讨会上再次提出"希望合作建设优势学科专业,举长三角之力打造一批世界一流学科"的倡议。

针对一流大学和一流学科建设,三省一市分别制定了《上海高等学校学科发展与优化布局规划(2014—2020年)》《江苏高水平大学建设方案》《浙江省一流学科建设实施办法》《安徽省一流学科专业与高水平大学建设五年行动计划》对各自的大学和学科建设进行规划,但尚未形成院校办学与学科建设的统一规划。

4. 优质资源共建共享

2011年,沪苏浙皖教育行政部门共同签署了《长三角高等学校大型仪器设施共享协议》《关于长三角高等教育专家资源库建设及共享的协议》《关于建立长三角地区高校图书馆联盟的框架协议》,旨在推动高校大型仪器设施、高等教育专家资源库、高校文献信息资源的共建共享。

2012年4月,教育部办公厅发布《关于推动高校产学研工作发展建设"中国技术供需在线"的通知》,指出"以建设高校成果库、高校专家库、高校公共科研平台信息库和企业技术需求库为基础"推动高校产学研工作的发展。2012年第四届长三角教育联动发展研讨会上提出了"希望探索建立校校协同、校所协同、校企协同、校地协同、国际合作协同的高校科技创新新模式"。

2014年6月,教育部出台的《关于进一步推进长江三角洲地区教育改革与合作发展的指导意见》在"构建区域内优质教育资源共享平台"部分提出"加快建立高校图书馆联盟,实施图书资料共享。鼓励和支持高校重点实验室和大型仪器设施区域内跨省市共享,逐步建立和完善共建共享的工作机制"。2014年12月,国务院发布《关于国家重大科研基础设施和大型科研仪器向社会开放的意见》,明确要求"制定促进科研设施与仪器开放的管理制度和办法"。

2018年,第十届长三角教育一体化发展会议上签署《长三角地区教育更高质量一体化发展战略协作框架协议》,提出"在高等教育领域探索建立长三角跨区域联合实验室,形成需求导向的联合共管机制"。

5. 高校毕业生就业

2003年4月,首届"长江三角洲人才开发一体化论坛"在上海召开,沪苏浙两省一市人事部门发表了《长江三角洲人才开发一体化共同宣言》,在人才合作的目标及原则、具体领域及行动方面达成一致。随后,为促进人才的"无障碍"流动,2003年10月,苏浙沪两省一市教育行政部门签署《关于加强沪浙两地教育合作的意见》《关于加强沪苏两地教育合作的意见》,就高校毕业生就业合作和毕业生就业信息平台建设达成合作意向,并共同签署了《长三角地区高校毕业生就业工作组织合作协议书》,内容包括构建统一的高校毕业生就业服务标准体系和就业市场、建立统一的毕业生就业指导人员从业资格证书制度和毕业生就业指导课程体系等,致力于扩大高校就业市场互相开放程度。2004年6月,沪苏浙人事厅(局)商议建立了"长江三角洲人才开发一体化联席会议制度",共同签署了《关于定期举办网上人才交流大会的合作协议》《关于开展人事争议仲裁业务协助和工作交流的协议》,并与外国专家局负责人签署了《关于三地引进国外智力资源共享的协议》。2009年,第一届长三角教育联动发展研讨会上沪苏浙两省一市教育行政部门提出了建立"一体化就业网络"的构想。

2016年,中共中央颁布了《关于深化人才发展体制机制改革的意见》,在"创新人才教育培养模式"中提出"突出经济社会发展需求导向,建立高校学科专业、类型、层次和区域布局动态调整机制,以及打破户籍、地域、身份、学历、人事关系等制约,健全人才顺畅流动机制"。

2018年3月,在"长三角地区人才交流洽谈会暨2018届高校毕业生择业招聘会"上,沪苏浙皖三省一市人社部门共同签署了《三省一市人才服务战略合作框架协议》,上海市所属区人才服务中心与苏浙皖三省部分地级市的人才服务中心签署了《人才服务项目合作协议》。为强化区域教育人才服务协同,2018年12月沪苏浙皖三省一市联合成立了"长三角教育人才服务联盟",打造"长三角教育人才招聘、培训、流动和创新的教育人才生态圈"。

从地方层面来看,仅上海市在《上海市人才发展"十三五"规划》中提出了"完善长三角世界级城市群人才发展协调机制,研究建立统一的人才市场准入制度和标准"的具体举措。《江苏省中长期人才发展规划纲要(2010—2020年)》提出"积极参与长三角人才资源一体化进程,推进城市互联、发展互动、证书互认",《浙江省中长期人才发展规划纲要(2010—2020年)》提出"积极推进长三角人才开发一体化",《安徽省中长期人才发展规划纲要(2010 — 2020

年)》提出"深入推进泛长三角区域人才多边合作",均只表达了意愿。

总览上述长三角高等教育协同发展的政策内容,可以发现现有的政策体系忽视了配套政策的完善,宏观的教育政策体系尚未形成。长三角区域高等教育协同发展不仅指长三角三省一市之间的高等教育协同发展,还指高等教育与区域经济、人口流动、产业结构升级、科技协同创新之间的协同发展。与长三角区域高等教育协同发展相配套的产业政策、人才政策、科技政策、劳动力市场政策还不完善。长三角区域高等教育协同发展政策还未实现由单一的教育政策向教育政策与产业政策、人才政策、科技政策、劳动力市场政策协同的宏观教育政策体系转型。

在既有的行政区划与管理体制下,每个地区都从自身出发编制各类规划,地区间未能形成统一的区域规划,各省市独立的教育发展规划导致区域整体在优质资源共建共享、专业设置与调整、招生就业、人才培养、师资流动、产学研联合、科研协同创新等方面的协同难以形成利益导向机制。四地要呈现出省市高等教育政策体系对长三角区域高等教育协同发展的适应性政策或要求,不仅需要考虑各自的教育特质和独立发展的问题,还需要做好相互之间的协调发展问题。长三角区域高等教育协同发展政策具有统一性和整体性,需要构建包括国家层面、区域层面与地方层面的高等教育协同发展政策体系。

此外,区域高等教育协同发展政策,不单单是单纯的教育政策,它还涉及产业政策、人才政策、科技政策、劳动力市场政策等一系列政策的制定和执行,但教育部门与其他部门之间的沟通机制并没有建立起来,"各种有效的社会制度之间缺乏一种相互支持的社会结构"[1]是制度失灵的一种典型情况。长三角区域高等教育协同发展绝不仅仅是教育政策层面的问题,但目前长三角高等教育协同发展的掣肘就是与其要落实的社会关系结构不匹配。例如,三省一市在开展以"高等教育创新发展"为主题的相关会议中只有教育部门参加,与科技部门、财政部门等相关部门的沟通机制尚未建立起来,相关部门没有形

---

[1] 辛鸣.制度论——哲学视野中的制度与制度研究[D](博士学位论文).中共中央党校,2004.

成协调一致的协同制度。例如,早在 2003 年三省一市就共同签署了《长三角高校毕业生就业工作合作组织合作协议书》,长三角 20 多个城市的人事官员共同宣读了《长江三角洲人才开发一体化共同宣言》,但一直以来人才保障机制尚未真正统一起来,职业资格和技术等级未实现互认;2018 年 3 月,沪苏浙皖三省一市又签署了《三省一市人才服务战略合作框架协议》,但仍然缺少人力资源和社会保障部门、组织部门的参与,导致政策的整体性、协调性不足。以上海针对非上海生源应届高校毕业进沪就业落户打分为例,在沪"211 工程"建设高校、中科院在沪各研究所的分值与"985 工程"建设高校相当,其他上海各高校及研究生培养单位与其他"211 工程"建设高校、中央直属研究生培养单位分值相当。这种标准在上海高校毕业生和非上海高校毕业生之间表现出了一定的倾向性,在某种程度上具有质量认可的含义。但在户籍制度上没有表现出对长三角其他三省一市高校的优先认可,一定程度上也限制了人才流动。

高等教育协同发展与人口、科技、产业、经济、劳动力市场等各项制度欠缺依凭和衔接的整体制度设计,尚需制度环境的建设。长三角高等教育协同发展政策要保证三省一市高等教育发展规划的统一性和整体性,也需要相关领域政策的配合、协调与认可。

(二) 长三角区域高等教育协同发展政策的基本特点

教育政策是"一个政党或国家为实现一定时期的教育任务而制定的行为准则"。[1] 长三角高等教育协同发展政策主要是指国家为推动区域高等教育协同发展目标而制定的一系列办法和措施,以及长三角三省一市根据国家教育政策并结合本区域发展实际共同制定、结合各省发展实际分别制定的关于区域高等教育协同发展的规划、行动计划和行政协议等政策文本。深入了解长三角区域高等教育协同发展的特点有利于更有效地开展区域高等教育协同发展政策分析工作,其主要呈现目的性、系统性、涉及利益主体的多样性等特点。

---

[1] 袁振国.教育政策学[M].南京:江苏教育出版社,1996:115.

1. 目的性

教育政策是根据特定时期的发展需要而制定的,有着明确的目标导向,以特定时期内教育领域存在和出现的问题的解决为行动目标。明确的目的性是教育政策的基本特性。长三角高等教育协同发展政策作为教育政策的一种,应国家战略要求和长三角区域高等教育发展的需要而出台,成为区域高等教育发展的政策导向,更富有现实意义。2010年7月,《国家中长期教育改革和发展规划纲要(2010—2020年)》,明确提出"统筹推进教育综合改革,促进教育区域协作,提高教育服务经济社会发展的水平;探索省际教育协作改革试点,建立跨地区教育协作机制"。在高等教育领域,提出"适应国家和区域经济社会发展需要,建立动态调整机制,不断优化高等教育结构,优化学科专业、类型、层次结构"。2014年,教育部《关于进一步推进长江三角洲地区教育改革与合作发展的指导意见》,要求长三角地区在"建立健全区域教育合作发展的体制和机制,在管理体制、办学体制、人才培养模式改革以及区域教育一体化建设等方面率先探索"。根据国家区域教育合作发展的要求以及率先探索的历史使命来审视,长三角高等教育外部条件与内部要素基础差异明显,合作成效明显滞后于其他领域,尚未释放强大的合作与辐射效应,尚未能为区域内经济社会、产业发展及科技创新提供有效的支撑。尽管高等教育领域协同发展的探索实践已经开展了十多年,仍存在行政壁垒、政策的衔接不畅、与其他政策缺乏有机协调、缺乏体制机制的突破等问题,以及结构布局优化、招生、人才培养、就业、人才流动、资源共建共享等区域高等教育协同发展全过程中的各类问题亟待解决。

长三角区域高等教育协同发展不仅是国家战略的需要,也是三省一市高等教育发展的需要,完善区域高等教育协同发展政策显得尤为迫切,它对于实现区域高等教育深度合作和有效联动,促进高等教育优质资源流动与共享,释放强大的合作与辐射效应,从而为区域内经济社会、产业发展及科技创新提供有效的支撑,发挥对长三角区域一体化发展的引领和支撑作用,为整个长江三角洲教育创新带乃至全国其他区域高等教育合作提供有益经验和示范,具有非常重要的意义。

2. 系统性

任何教育政策都是在与其他政策相互作用的过程中发挥其功能的,它既是一般政策体系中的一个有机组成部分,同时自身又组成了一个相对独立的体系。① 长三角区域高等教育协同发展政策也呈现出多维度的系统性。从横向上看,一方面,它作为一个宏观的教育政策,与科技政策、产业政策、人才政策等是紧密关联的,他们相互支持,互相制约,形成一种相互支持的社会结构;另一方面,从高等教育内部来看,区域高等教育协同发展政策本身也形成一个政策体系,高校招生政策、高等教育规模布局与结构调整政策、人才流动政策、大学生就业政策等相关高等教育政策都是区域高等教育协同发展政策体系的重要内容。从纵向上看,一方面,中央出台的旨在推动区域教育改革与合作发展的高等教育政策与长三角三省一市为适应区域一体化战略需要共同协商制定、结合自身高等教育发展实际分别制定的高等教育协同发展政策之间相互联系;另一方面,区域高等教育协同发展政策随着政策环境及高等教育发展需要的变化而不断调整,过去、当下和未来的区域高等教育协同发展政策具有延续性。

3. 涉及利益主体的多样性

区域高等教育协同发展政策涉及利益主体的多样性,将教育政策置于社会结构的全局中,会发现"教育政策不是反映某一个社会阶层的利益,而是对一个复杂的、异类的、多种成分的组合体做出反应(包括残留的或新兴的,也包括当今占主流的意识形态)"。② 区域高等教育协同发展政策的主要利益主体包括教育部、三省一市政府及教育行政部门、科技部门、产业部门、人事部门、长三角地区的部属高校、地方高校、科研院所等。如长三角地区的一流高校都以全球化、追求世界排名为目标,协调全球化与区域化的关系,协同的不对称性、不对等性,三省一市政府及教育行政部门各自独立的考核,区域高等教育协同发展政策利益主体的多样性,使得其在制定过程中需要兼顾不同主体的

---

① 孙绵涛. 教育政策学[M]. 北京:中国人民大学出版社,2010:30.

② [英]斯蒂芬·鲍尔. 政治与教育政策制定——政策社会学探索[M]. 王主秋,孙益译. 上海:华东师范大学出版社,2011:1—3.

利益诉求,统筹和协调不同的政策诉求。

三、政策执行中的工具选择

为了更加直观地对长三角区域高等教育协同发展政策采用的手段和途径进行分析,笔者尝试从政策工具的视角进行分析。政策工具是政府实现政策目标的手段和途径。学者们依据不同的标准对政策工具做出了不同的分类。国内的教育政策工具文献中采用麦克唐纳和埃尔莫尔(Mc Donnell & Elmore)分类的占大多数,将政策工具分为命令性工具、激励性工具、能力建设工具、系统变革工具、劝告告知工具;[①]施耐德和英格拉姆(Schneider & Ingram)的分类是将政策工具分为权威工具、激励工具、象征和劝告工具、能力建设工具、学习工具;[②]豪利特和拉米什(Howlett & Ramesh)则将政策工具分为强制性工具、混合性工具、自愿性工具三类。[③] 这三种分类最具代表性,各具优势,且在应用中有一定的交叉。

本研究综合考量政策问题的复杂性以及政策工具的特性,拟从命令性工具、激励性工具、能力建设工具、系统变革工具、劝告告知工具、自愿性工具这六种类型的政策工具对长三角区域高等教育协同发展政策采用的手段和途径进行剖析。命令性工具主要是指政府运用规则、法律、直接提供等方式来发挥规制职能,本研究把规划、机构设置、政府机构能力建构、政府间协定、政策试验、监督、检查、评估、标准、法律、法规、公共财政支出、政府购买等纳入命令性工具范畴;激励性工具是通过能带来有形的奖励(或惩罚)来促使目标群体遵从或提升目标群体效用,主要包括奖励、社会声誉、评估、利益留存、权力下放等;能力建设工具是提供信息、资源和培训使得个人、群体或组织能够进行决策或开展活动,具体包括机制、制度建设、信息(搜集、学习、分享)、咨询服务;

[①] Mcdonnell, L. M. & Elmore, R. F. Getting the Job Done: Alternative Policy Instruments[J]. Educational Evaluation and Policy Analysis, 1987, (2): 133—152.

[②] Schneider, A. & Ingram, H. Behavioral Assumptions of Policy Tools[J]. Journal of Politics, 1990, (2): 510—529.

[③] [美]迈克尔·豪利特, M. 拉米什. 公共政策研究:政策循环与政策子系统[M]. 庞诗等译. 北京:生活·读书·新知三联书店,2006:144.

系统变革工具的内核是权威调整,指个人和组织间正式权威的转移;[①]劝告告知工具通过价值倡导、整合、认同、同化等策略诱导目标群体遵照政策所倡导的理念和目的去行动,[②]包括舆论宣传、鼓励号召、信息(发布、公开)、示范;自愿性工具是指在自愿的基础上,通过个人、家庭、社会组织或市场发挥作用,解决社会问题的方法、手段和途径,[③]可细化为家庭与社区、自愿性组织及市场。

为了促进高等教育协同发展政策目标的实现,长三角采取了签署政府间协定、探索进行政策试验、加强政策实施联合监管督导、鼓励号召与舆论宣传、信息分享与公开、加强教育智库建设等一系列政策工具,区域高等教育协同发展取得了一定的成效。总体来说,主要以命令性工具、能力建设工具为主,激励性工具、劝告告知工具、系统变革工具、自愿性工具应用较少。

(一)"水平型"命令性工具缺乏执行保障,下位工具协同不足

1. 长三角高等教育协同发展规划"制度空白"

从已有的相关政策、制度、文件的颁布情况来看,目前国家层面出台的相关政策多是倡导性的,针对长三角教育协同发展,尚缺乏法律基础和类似《京津冀协同发展教育专项规划》等国家层面的战略规划为国家和区域出台区域教育协同发展的相关政策提供最基本、最重要的依据。目前三省一市的教育事业都是各自规划,长三角高等教育的规划布局、学科建设、资源建设等方面都缺乏一个统一的规划。

2. 政府间协定工具应用较多,监督检查、评估工具配套滞后

长三角开展高等教育合作主要依靠三省一市教育行政部门签署协议的方

[①] 曲洁. 义务教育改革与发展:政策工具选择与优化[M]. 上海:上海人民出版社,2015:19—20.

[②] 李科利,梁丽芝. 我国高等教育政策文本定量分析——以政策工具为视角[J]. 中国高教研究,2015(8):50—56.

[③] 张端鸿,刘虹. 中国高等教育改革与发展的政策工具分析[J]. 复旦教育论坛,2013(1):50—54.

式,2003年10月,在上海举行的沪苏浙教育合作签字仪式上,沪苏浙教育行政部门签署了《关于加强沪浙两地教育合作的意见》《关于加强沪苏两地教育合作的意见》,在高等教育领域,两省一市教育部门还共同签署了《长三角地区毕业生就业工作组织合作协议书》。此后,合作深度和广度逐渐扩展,在2009年沪苏浙两省一市教育行政部门建立"长三角教育协作发展会商机制"后,三地教育部门开始积极探索多方面的合作,不仅签署了统领性的框架协议,还在高等教育领域达成了一系列专项合作协议(见表4—1)。包括推动优质教育资源共建共享、组织高校学生互换交流、加强人才培养合作、建立高校干部教师培养培训制度、推进招考制度改革、构筑一体化人才就业服务平台等政策措施。

表4—1 2009—2019年长三角教育合作发展会议签署的
涉及高等教育的协议

协议类别	会议时间与名称	文 件 名 称
框架协议	2009年3月第一届长三角教育联动发展研讨会	《关于建立长三角教育联动发展机制协议书》
	2012年5月第四届长三角教育联动发展研讨会	《关于建立新一轮长三角教育协作发展会商机制协议书》
	2016年12月第八届长三角教育协作会议	《"十三五"深化长三角地区教育战略合作框架协议》
	2018年12月第十届长三角教育一体化发展会议	《长三角地区教育一体化发展三年行动计划》 《长三角地区教育更高质量一体化发展战略协作框架协议》 《长三角地区教育一体化发展近期工作要点(2018—2019年)》
	2019年12月第十一届长三角教育一体化发展会议	《长三角地区教育一体化发展近期工作要点(2019—2020年)》

续 表

协议类别	会议时间与名称	文 件 名 称
高等教育领域	2011年4月第三届长三角教育联动发展研讨会	《关于长三角高等教育专家资源库建设及共享的协议》 《长三角高等学校大型仪器设施共享协议》 《关于建立长三角地区高校图书馆联盟的框架协议》 《长三角研究生教育创新计划合作协议》 《长三角高校优秀中青年干部挂职培养合作协议》 《长三角地区高校学分互认协议》
	2013年4月第五届长三角教育协作会议	《成立长三角教育协作发展研究中心协议》 《建立长三角地区应用型本科高校联盟协议》 《长三角高水平地方高校合作框架协议》 《长三角地区高校教师培训合作协议》
	2016年12月第八届长三角教育协作会议	《长三角地区联合开展新高考改革方案试点与实施后跟踪研究的协议》 《长三角地区医药类院校联盟协议》

资料来源：国家教育宏观政策研究院"中国教育政策文献库"等系列教育宏观决策数据库。

可见，长三角高等教育协同发展进程中"政府间协定"工具应用较多，签署了大量行政协议，且事务性行政协议较多，组织性的协议文本较少，条款内容简单，统一由教育行政部门签署，并没有清晰地界定责任主体，与传统的自上而下的"垂直型工具"相对应，政府间协定属于"水平型工具"[①]。由于我国目前缺乏法律对这种在没有隶属关系的行政部门之间开展合作的行政协议的效

---

① [美] 莱斯特·M.萨拉蒙.政府工具：新治理指南[M].肖娜等译.北京：北京大学出版社，2016：507.

力问题作出明确规定,因此合作协议缺乏法律保障,权威性与约束力弱。履行和实施的过程中也不能很好地被监督和评估,监督、检查等工具配套滞后,评估工具也不完善,针对督促监查缺乏科学考核的指标体系,没有形成定期审查监测评估的运行机制,不能为"水平型工具"的运用提供执行保障,尚未实现多种工具的真正"协同"。

3. 探索进行政策试验,标准工具协同不足

长三角区域高等教育协同发展的政策试验主要采用了"试点"这一类型,已经开展了"长三角地区应用型人才一体化培养模式改革""长三角地区高校交换生""联合开展新高考改革方案试点与实施后跟踪研究"等试验和探索,先行先试尤其在"长三角地区高校交换生"方面取得了较好的反响。标准工具运用较少,还处于建设阶段。例如,交换生政策试验未与学分转化与认定、区域高等教育质量保证标准体系等工具相协同,学生交换难以推广,迈出实质性步伐,十多年的试点探索未能在长三角区域实现"由点及面"的扩展。目前已由江苏省牵头,探索推进长三角地区大学生跨校专业选修计划,在本科交换生计划的基础上,通过试点工作,加强校际学分互认与转化实践,所在学校将跨校选修学分纳入本校辅修专业学位或双学位计划认定。

4. 加强组织机构建设,公共财政支持工具缺乏长效性

2009年,沪苏浙教育行政部门共同成立了长三角教育联动发展协调领导小组,通过十年的发展,2018年长三角教育联动发展协调领导小组上升为长三角教育一体化发展领导小组,由三省一市分管副省市长任组长,并邀请教育部相关领导担任领导小组特别顾问,在更高层面推动长三角教育协同发展。协调层面,在三省一市教育行政部门设立长三角教育一体化发展领导小组办公室(轮值),这将有利于从区域层面统筹规划教育领域的整体协作。此外,为推进学生资助合作,2019年6月长三角三省一市学生资助管理中心共同签署了《长三角学生资助一体化发展联盟框架协议》,并成立了长三角学生资助一体化发展联盟。

在经费支持方面,一直以来都没有针对长三角教育协同发展统筹成立专门的合作基金。单个省市探索以项目资助的形式提供经费,上海起步较早。

2012年起,上海市将"区域教育协作新机制试验(长三角教育协作发展)"纳入《上海市中长期教育改革和发展规划纲要》的十大工程系列项目之一,设立专项经费,用于该项目的资助。在高等教育领域,陆续设立并开展了"长三角高等教育协作发展的创新机制研究""长三角区域高校毕业生就业形势预测协作机制研究与实践""研究生创新能力培养评估体系与长三角校际互动机制构建""我国新高考改革方案试点与实施的跟踪研究"等项目。在2018年《长三角地区教育一体化发展三年行动计划》制定后,各省市都针对长三角区域教育协同发展年度重点项目、项目工作考核和年度项目研究设立了专项经费。

(二)能力建设工具尚处于组织与平台搭建阶段

1. 教育智库建设启动

在提供决策咨询和研究支撑方面,加强了能力建设类工具中咨询服务工具的应用。2013年,成立了长三角教育协作发展研究中心,设于三省一市的教科院,旨在深化长三角教育协同发展的研究和服务工作,发挥了一定的理论支撑、工作推动作用。2018年,成立了长三角教育一体化发展研究院,研究院设秘书处,挂靠在三省一市教育部门指定单位,作为长三角教育一体化发展领导小组办公室和研究院的具体办事机构,三省一市教育行政部门依托研究院共同做好区域教育改革发展的重大政策研究与重点项目服务等工作。此外,2019年11月,在教育部政策法规司的领导下,"长三角教育发展政策与法治研究中心"在沪正式成立。

2. 协作项目陆续开展

以长三角高等教育协作发展项目为载体积极探索,2012年,上海市启动了探索区域教育协作新机制试验(长三角教育协作发展)项目,并将其纳入《上海市中长期教育改革和发展规划纲要》的十大工程系列项目之一。在高等教育领域,陆续设立并开展了"长三角高等教育协作发展的创新机制研究""长三角区域高校毕业生就业形势预测协作机制研究与实践""研究生创新能力培养评估体系与长三角校际互动机制构建""我国新高考改革方案试点与实施的跟踪研究"等项目。

根据《长三角地区教育更高质量一体化发展的战略协作框架协议》《长三

角地区教育一体化发展三年行动计划》,2018年和2019年三省一市共同制定了《长三角地区教育一体化发展近期工作要点(2018—2019年)》和《长三角地区教育一体化发展近期工作要点(2019—2020年)》,在高等教育领域,制定了搭建高等教育创新发展平台的具体实施项目(见表4—2),并根据三省一市相关工作基础、实施条件比较成熟的情况,确定各项目牵头省市,分期推进项目,定期汇报项目推进情况。各省市围绕重点合作项目设立专项经费,建立稳定的投入机制。高等教育创新发展平台建设包含了高校基础研究"珠峰计划"、高等教育高端专家信息资源共享库、长三角教管服一体化智慧思政平台等项目,成为推动长三角地区高等教育协同发展的重要支撑。

表4—2 推进高等教育创新发展平台建设部分项目

牵头省市	项目名称	核心内容
上海	高校创新创业教育交流合作	探索开展学生创新创业大赛和学科竞赛,携手打造区域性"汇创青春"成果展示平台
	探索建立开放教育学分银行运行机制	推动长三角地区社区教育、老年教育协同发展,共享终身教育资源,推进长三角地区学习型社会建设
	打造特色联盟	包括长三角医学教育联盟、长三角高校金融教育联盟等
江苏	高校基础研究"珠峰计划"	探索建立重大基础研究项目协同攻关的科研平台
	"应用型本科高校联盟"建设	服务推动区域内应用型本科高校的转型发展
	组建长三角高校美育联盟	融合各类美育资源,推进长三角地区高校在美育师资、课程、研究、论坛等方面开展深度交流合作,共建共享平台,推进协同创新

续 表

牵头省市	项目名称	核心内容
浙江	长三角地区"易班"建设	启动开展"思政课慕课"平台区域共建计划,探索思政教育优质资源共建共享
安徽	建立高等教育高端专家信息资源共享库	服务高校学科、专业评估(认证)等
	组建长三角高校协同创新联盟	推进高校与高校、科研院所、行业企业、地方政府以及国内外科研机构的深度合作,在学科、科研、平台、人才培养、团队建设等方面协同创新
	搭建长三角教管服一体化智慧思政平台	加强高校网络思想政治教育,推进长三角地区高校思想政治工作部门协同发力,构建共建共享、同向同行、互惠互利的工作机制

资料来源:长三角教育一体化发展研究院总秘书处:《长三角地区教育一体化发展近期工作要点(2019—2020年)》,第十一届长三角教育一体化发展会议文件汇编,上海:华东师范大学国家教育宏观政策研究院,2019年。

3. 制度机制建设滞后与缺位

长三角三省一市行政壁垒的存在,导致竞争机制以行政区划为界,由此产生了各自为政、重复建设和资源浪费等问题,与长三角高等教育协同发展相适应的扩大区间的竞争机制建设滞后,造成了长三角区域高等教育协同发展水平的低下。一方面,各个省市乃至各个高校都有相对独立的利益,都在追求自身排名的走高。在增进区域高等教育协同发展整体水平提升的同时,由于能激励四方受惠的清晰的利益协调机制缺位,弱化了各方参与协同的意愿和积极性,阻碍了长三角区域高等教育协同发展的深入推进。另一方面,高校按所属部门的不同,分为部属、省属和市属高校,管理权限归属各个行政系统,而长三角地区有23所中央部属高等本科院校,包括教育部以及其他中央部门(单位)。三省一市的更大范围的协调与合作机制缺位。

（三）激励工具缺失

强制性的实施机制是确保任何契约付诸实施的基本前提，[1]但规划和协议不能仅仅依靠法律来强制实施，要通过评估、考核等机制产生激励与约束作用。目前对于开展的合作项目缺乏持续的跟踪与反馈，缺乏科学考核的指标体系，指标体系未将"协同发展"纳入本地区教育事业发展的考核，使得地方官员对于本行政区教育发展的兴趣高于行政区外教育发展的兴趣。高校亦然，如虽然提出高校教育资源共建共享，但常常是考核这个实验室出了多少成果，并未加入"对外开放度"这一指标，导致尤其是大型教育仪器设备陷入"共享困难—重复建设—利用率低—浪费严重"的恶性循环。

竞争机制以行政区划为界，各自有一个利益机制，竞争区间限制了长三角教育的协同发展。目前大家追求的是自己省市的学科排名、学校排名，力争自己所在省市的高等教育在排名中前进。国内外有各种各样的排名，促进长三角教育协同发展首先缺乏促进共同提升的统一机制，正如在调研中，某高校领导提出要"有利于长三角上更多的台阶，评估的方式就是长三角有更多的上去"。[2] 其次，对于有正向溢出效应的行动激励不足，更没有构建起综合性的评价体系。在调研过程中，某高校领导提到"只有双赢才能长久，哪怕是荣誉性的，现在连荣誉都做不到，没有一个能激励四方受惠的机制，所以顶层设计就要做到四方有利，那么这个机制才有效。否则怎么可能协同"。[3]

（四）政策制定程序忽视民主、公开性，尚未激活自愿性工具

在政策制定的程序方面，以长三角三省一市缔结的教育合作协议为例，2009—2018年长三角地区共召开了十届教育协作/一体化（发展）会议，共签署了51份合作协议。长三角地区教育行政部门在缔结行政协议时，并未给予公众、市场和社会力量参与机会，政府与市场和社会力量的互动很不充分，公众的意愿和诉求得不到很好的体现和反映。甚至签署的行政协议都没有公

---

[1] 康永久.教育制度的生成与变革——新制度教育学论纲[M].北京：教育科学出版社，2003：101.

[2] 访谈资料（UL420191218）。

[3] 访谈资料（UL220191021）。

开,无法激活市场体制和市场主体的活力,很难形成一个全社会共同参与的机制。

综上,在政策工具的选择与运用方面,"水平型"命令性工具缺乏执行保障,下位工具协同不足,能力建设工具处于组织与平台搭建阶段,制度机制建设滞后,激励工具缺位,自愿性工具尚未激活,系统变革工具缺失。

第二节 他山之石:国内外实践经验借鉴

随着世界各地关于加强高等教育合作与交流对提高国际竞争力重要性认识的不断提高,各个板块、各个发达国家陆续颁布教育政策,施行各种措施促进区域高等教育协同发展。大洲内跨国高等教育合作与交流,有欧盟高等教育一体化、东盟高等教育合作发展、拉丁美洲高等教育一体化、非洲高等教育一体化等探索实践;国内区域之间高等教育合作与交流,有美国州际高等教育协调与合作、英格兰东北部区域高等教育合作发展、法国"大学区制"的机制和制度探索、澳大利亚高等教育区域合作发展、世界三大一流大湾区高校的集群发展等。就国内而言,当下全国区域协调发展战略持续推进,最具代表性的协同发展区域分别为长三角区域、京津冀地区、粤港澳地区,三大协同发展区域均拥有高品质的教育资源,高等教育协同发展也是其十分关注的领域。京津冀、粤港澳地区也出台了一些政策,进行了探索。国内外区域高等教育协同发展的有益经验值得长三角在立足区情的同时,进一步学习和借鉴。

一、完备的政策、法律保障体系

国外区域高等教育合作发展进程中形成的法律体系为其提供了可靠的制度保障,普遍出台了一系列公约、决议、规划、条约、协议、行动计划等政策文本,为确立共同的高等教育发展目标和战略,制定和实施统一的高等教育行动计划项目奠定了坚实的基础。以欧盟为例,欧盟在其建立和发展过程中形成的法律体系为高等教育一体化提供了可靠的制度保障。《欧洲单一法》《欧洲共同体条约》《欧洲联盟条约》《欧洲联盟运行条约》为欧盟确立共同的高等教育发展目标和战略,制定和实施统一高等教育行动计划项目奠定了坚实的基础。此外,欧盟采用软法机制调整成员国政策,从而使其接受必要的变革。[①]如欧共体委员会于1991年发表了《欧洲共同体高等教育备忘录》,1993年发表了《教育的欧洲维度绿皮书》;1988年欧洲430个大学校长在意大利博洛尼亚共同签署了《大学宪章》[②],确立了大学自治、学术自由与合作的原则;1997年欧洲理事会与联合国教科文组织共同制定了《欧洲高等教育资格认定公约》(《里斯本公约》),是欧洲高等教育区建立的重要法律基础。这些政策均为欧洲高等教育一体化的推行奠定了法律与制度基础。其取得的成效告诉我们,推动区域高等教育协同发展首先应当奠定法律与制度基础。就国内来说,在京津冀地方性高等教育发展规划中,"京津冀高等教育协同发展"已经被作为单独内容加以强调,如2018年6月,北京市委、市政府印发《关于统筹推进北京高等教育改革发展的若干意见》,其中关于京津冀协同发展的内容已经涉及具体的跨区域高校联盟建设、人才培养、资源共享等微观领域。相比之下,长三角的地方性高等教育发展规划中尚未涉及长三角高等教育协同发展的具体内容。此外,京津冀地区也已经积极开展教育政策与相关领域政策互为支持的探索,京津冀在相关领域已经出台了协同发展规划,如2017年京津冀三地人才工作领导小组联合发布了《京津冀人才一体化发展规划(2017—2030年)》,与京津冀的高等教育协同发展政策相互促进,相得益彰。长三角区域应当借鉴国内外的经验,加快完善区域高等教育协同发展的法律与政策体系。

二、完善的组织机构

国外针对区域高等教育合作发展,在不同层面都设立了高等教育协调机构,并建立了高等教育协调与合作机制、区域高等教育合作组织为区域高等教

---

① Laura Nistor. Public Services and the European Union: Healthcare, Health Insurance and Education Services[M]. Hange, the Netherlands: T. M. C. Asser Press, 2011: 365.

② 王晓辉.全球教育治理:国际教育改革文献汇编[M].北京:教育科学出版社,2008:17—18.

育合作与资源共享提供组织和制度保障。此外,发动各方力量积极参与,发挥如协会组织、高等教育联盟、基金会等类型多样的各类机构的合力共同促进高等教育的跨区域合作。以美国为例,美国在国家和州都设立了高等教育协调机构。国家层面的协调机构,比如美国大学联合会;州级的高等教育协调机构主要有统一治理委员会、协调委员会以及规划委员会[①]。州一级层面,如南部地区、西部地区、新英格兰、中西部地区在签署的州际协定的基础上还成立了南部教育委员会(含高等教育)、西部州际高等教育委员会、新英格兰高等教育委员会、中西部高等教育委员会等区域高等教育合作组织。此外,美国的高等教育领域中有着类型多样、数量众多的协会组织,在促进高等教育的跨区域合作方面发挥了重要作用。在高等教育联盟方面,美国的高等教育联盟分为区域联盟、跨州联盟和全国性联盟。高等教育联盟在倡导高校以各自的优势进行协作、资源共享的过程中不断完善,如亚特兰大高等教育区域委员会[②]就是由最初的亚特兰大地区高等教育联盟发展而来。此外,欧洲研究型大学联盟、罗素大学集团、澳洲八校集团等国家或地区的高水平大学联盟组织在内部协调学科专业、教师队伍与课程建设、学生交流等,在外部与社会经济发展保持密切的联系。凝聚各方力量推进区域高等教育协同发展,值得我们学习和借鉴。

三、适切的政策目标与工具

为了更好地落实区域高等教育合作政策,不同国家和地区实施了多项教育行动计划,计划具有连续性和稳定性,不断地阐明政策目标,并为实现政策目标开发相应的系统、途径和工具。例如,针对欧洲高等教育一体化的重要改革——"博洛尼亚进程",从1998年法国、意大利、英国和德国四国教育部长签署的《索邦宣言》到2009年46个成员国教育部长会议发布的《鲁汶公报》,围

---

① 左崇良,潘懋元.美国高等教育治理的核心要义与内外格局[J].江苏高教,2016(6):24—30.

② ARCHE. About Atlanta Regional Council for High Education[EB/OL]. [2019-12-23]. https://www.atlantahighered.org/.

绕促进人员流动、建立共同的二层级制的教育体制、确立"欧洲维度"的高等教育等不断地阐明政策目标，并为推动目标实现采取学分转换与积累系统、资格框架等途径和工具等。此外，在出台相关法律政策的同时，注重对执行政策的实际推进情况进行持续评估，充分收集相关数据，并重视政策利益相关者的需求，不断对政策方案、执行情况、目标达成以及产生的影响进行评估。

四、协同发展领导权威的建构

京津冀和粤港澳地区的高等教育协同发展都是在国务院领导下的省部级合作，协同发展的领导权威得以建构与确立。与长三角相比，京津冀教育协同发展的顶层设计更完善。自 2014 年 2 月"京津冀协同发展"上升为国家重大战略后，2014 年 8 月国务院成立了京津冀协同发展领导小组，《京津冀协同发展规划纲要》也于 2015 年 4 月审议通过，尤其是 2016 年 2 月出台的《"十三五"时期京津冀国民经济和社会发展规划》，是国内第一个跨省市区域的"十三五"规划，为将京津冀协同发展推向纵深阶段提供了重要的框架蓝图。此前教育部 2016 年工作要点中提到要"推动《京津冀协同发展教育专项规划》落实，建立京津冀教育协同发展工作推动机制"。在这一宏观发展规划的统领下，2017 年 1 月，教育部、国家发改委印发了《京津冀协同发展教育专项规划》，对京津冀三地教育协同发展做出了整体规划。2017 年 2 月《京津冀教育协同发展"十三五"专项工作计划》出台，围绕人才培养合作、平台建设、京津冀毗邻地区教育统筹等多个方面做了规划，并设计了相应的政策保障机制。

再观粤港澳大湾区高等教育合作。2010 年 4 月，在国务院牵头下，广东省政府与香港特区政府签署了《粤港合作框架协议》，其中规定了"教育和人才合作"的合作机制，推出了人才合作的具体举措，鼓励在高等教育合作方面探索合作办学模式和运作方式，为推进高等教育和人才的协同发展提供了政策依据。2019 年 2 月，中共中央、国务院颁布了《粤港澳大湾区发展规划纲要》，提出了"打造粤港澳大湾区教育和人才高地"的目标定位，对加快发展粤港澳大湾区教育和人才工作进行了顶层设计，纲要既明确了目标任务，也宣布了重大举措，在高等教育领域，提及了支持三地高校开展合作办学、联合共建优势学科、实验室和研究中心、学生交换、学分互认、科研成果分享转化等方面的合作交流,支持大湾区建设国际教育示范区,引进世界知名大学和特色学院,推进世界一流大学和一流学科建设。尤其在高校合作办学方面,在政策的支持下,香港中文大学深圳校区、香港科技大学广州校区、香港城市大学东莞校区等纷纷设立。此外,《教育部2019年工作要点》将研究制订深化粤港澳大湾区高等教育合作交流的具体方案提上议程。可以看出,国家层面的顶层设计与机构设置为京津冀协同发展提供了重要的政策依据与强有力的组织保障,长三角区域也应积极地争取国家的政策支持,建构与确立区域高等教育协同发展的领导权威。

第五章
长三角区域高等教育协同发展政策优化的方向

第一节 秉承理念、制度优势与原则

一、发挥制度优势

（一）充分发挥集中力量办大事的中国特色的制度优势

"长三角区域一体化"战略是顺应"世界竞争格局，全国发展大局和区域合作全局"提出的，而"长三角区域高等教育协同发展"很大程度上只是作为"长三角区域一体化"的衍生品，缺乏区域高等教育共同价值观的引领，目前大家追求的是本省市的学科排名、学校排名，呈现一种相互为壑又恶性竞争的关系，存在狭隘的地方主义和学校主义。在调研中，有高校领导说道："关键我认为还是理念问题、认识问题，要树立一个为经济社会发展，把我们中国建设强大。建设强大靠谁？靠高校，要克服学校功利主义，要为国家的大局考虑，为培养人才考虑，为长三角的发展考虑，所以讲来讲去还是人的问题。包括我们党委书记、校长也是人的问题，要树立为中国社会发展。这样的话，大家都有一种大局意识、战略意识，从我们国家意识考虑问题，有这么一个高度，那就不考虑仅仅为了自己了。"[①]

---

① 访谈资料（UL120191013）。

2019年10月,《中共中央关于坚持和完善中国特色社会主义制度、推进国家治理体系和治理能力现代化若干重大问题的决定》指出"调动各方面积极性,集中力量办大事的显著优势"。长三角区域高等教育协同发展必须调动长三角三省一市的积极性,加强长三角区域高等教育资源整合,构筑区域高等教育协同创新共同体,发挥比较优势,实现功能互补,把三省一市都凝聚在服务国家发展战略,提升高等教育整体发展水平,率先实现并引领国家教育现代化发展的共同目标下,充分发挥集中力量办大事的制度优势。

(二)夯实协同治理结构,促进跨领域、跨部门协同的形成

中共十九大报告提出的目标是到2035年基本实现社会主义现代化,到本世纪中叶建成社会主义现代化强国;十九届四中全会提出到2035年基本实现国家治理体系和治理能力现代化,到本世纪中叶全面实现国家治理体系和治理能力现代化。相应地,对教育不断提出新的要求,推动教育改革发展,开辟新的局面。治理现代化是支撑教育现代化的重要保障,教育现代化是国家现代化的重要支撑。

在新型国家治理体系构建的背景下,长三角区域高等教育协同发展不只是简单的教育发展,还是区域治理结构体系创新的重要内容。在这一进程中形成了有特色的治理结构,中央领导下地方之间的协同治理已经初步形成,但尚需健全教育政策协同机制,加强三省一市教育政策制定的理念统一性、规则一致性和执行协同性。在市场经济体制下,与利益主体多元化相适应,价值主体也日益多元化,国家、地方政府、高校、企业、个人都是价值主体。诚然,国家利益至上,但不可否认不同的价值主体有不同的利益需求,有不同的价值选择和价值追求,而在价值选择和价值追求的过程中,主体总是根据有利于自身发展的最大价值进行选择,而这种选择可能会与其他主体的价值选择产生冲突,价值冲突在所难免。[①] 一方面,应充分调动市场和社会组织参与的积极性,促进政府、市场和社会组织的跨领域协同;另一方面,应推动跨部门协调机制的

---

① 陈章龙.论社会转型时期的价值冲突[J].南京师大学报(社会科学版),2004(5):5—10.

建立,促成教育部门同发改委、人力资源和社会保障部门、科技部门、财政部门等的跨部门协同。

二、坚持融合发展新理念

当今世界,经济全球化和区域一体化是并行不悖的两大趋势,人们生活在一个日益全球化和相互联系的世界中,新知识、学者、学生、课程内容的流动趋势不断凸显,人类生活的空间不断扩展。[①] 学生除了走出国门开阔视野,在国内也可以深刻理解不同的城市文化,汲取其独特的精神风貌,加深对区域内文化、价值观、历史的理解。

区域高等教育协同发展可以理解为一种"流动的现代性",[②]教育资源、学生、教师、信息、知识以及技术跨区域的流动,反映了各区域之间与日俱增的联系和相互依赖的特征。比如,教师在区域里可以更方便、更便捷、更有效地交流,流动比较自由、宽松,这不仅可以赋予教师不同的学术体验,也有利于促进学校的学科建设。访谈中,某高校校长说道:"教师流动,可以更加宽松一些,就像到国外合作可以免签,比如长三角一体化共同体,有些方面可以免除一些烦琐的手续,这样流动比较自由、比较宽松。充分利用资源,像教育部允许高校教师搞第二职业,完全可以嘛,比如交通大学的到中国科技大学,特别是在休假期间,或者是他比较空的时候,这种流动,可以充分发挥教师的作用,对支持其他的学校也有作用。"[③]"在科学研究领域我们各有特点,尤其在促进学科建设方面,相互之间根据教师需要,制订一些更有利于长三角教师流动的政策,让一些弱势学科通过长三角教师一体化流动得到改善。"[④]

经济全球化和区域一体化的趋势正在日益引起人们对高等教育多样性的关注。在教育环境中,多样性通常意味着具有差异性,涉及身份和经验的方方

---

① [美]克拉克·克尔.王承绪译.高等教育不能回避历史——21世纪的问题[M].杭州:浙江教育出版社,2001:32.

② [英]齐格蒙特·鲍曼.流动的现代性[M].欧阳景根译.北京:中国人民大学出版社,2018.

③ 访谈资料(UL120191013)。

④ 访谈资料(ES420190926)。

面面,包括国籍、种族、语言、价值体系、社会经济背景、家庭结构、教育背景和学习方式等。学生国内外的流动或迁移,提供了从彼此的差异中学习的新机会,有助于锻炼学生的批判性思维、提高沟通和解决问题的能力。换言之,从个人发展的角度,教育多样化是个人完善发展所必需的。[①]

学生和教师流动、跨区域合作办学、设立分校、高校联合发展、建立国际合作伙伴关系都是促进多样性实现的途径。目前区域内学生和教师流动性有待提高,跨区域合作办学尚无政策可依,与国际知名高校的合作办学有待加强,不能充分满足人民群众教育多样化的需求。

三、遵循差异、互补、开放原则

(一) 差异性原则

承认差异和尊重差异是协同发展的前提。因此,把握不同地区高等教育发展的差异和不同高校的差异是区域高等教育协同发展的基础。一方面,长三角三省一市处于不同的经济发展水平,高等教育发展的外部条件与内部要素基础都存在着客观的差距,高等教育发展水平也存在差异。因此,在制定区域高等教育协同发展政策时,要结合各地区经济发展水平和教育发展水平的差异,以及各自的教育特质和独立发展的问题,因地制宜、因时制宜,在平等协商和相互尊重的基础上制定包容性的协同政策。另一方面,不同类型、不同发展水平的高校有着不同的历史传统、发展优势和特色,不仅要考虑国家战略的需要,结合区域的经济社会发展实际,更要根据自身的特点和优势,制订适合区情、校情的长远发展战略,寻找适切的结合点,有选择、有重点、有差异、有特色地参与区域高等教育协同发展。

(二) 互补性原则

互补性原则即基于区域间禀赋差异,借助于"合作与共享"促进区域间优势互补,使得整体效益大于个体效益之和。长三角三省一市中一个地区乃至一所高校的高等教育都有着不同的历史传统、发展优势和特点,也有着自身的

---

① 刘复兴.教育政策的价值分析[M].北京:教育科学出版社,2003:131.

局限和不足。高等教育资源具有稀缺性，有一定程度的独占性和排他性，整合高等教育资源，可以减少资源的浪费，提高教育资源的使用效益，促进高等教育资源的互补。在人才培养中，学生在不同高校间的交流、跨校选课也是教育资源共享的体现。在师资培养中，教师在不同高校间的交流与访问亦是融合与共享的一种形式。不同的高校在学科专业的建设上有着不同的历史传统和比较优势，根据区域的产业布局对学科专业的分工与合作进行统筹，有利于实现学科专业的优势互补，也有助于为长三角地区产业错位发展的优势互补形态格局提供有效的人才和智力支持。在科学研究中，国际科技发展前沿和趋势也对跨学科、跨领域的综合研究提出了强烈的诉求。不同学科的交叉与融合，区域性学科集群的发展体现了知识的互补性。从人才需求和供给角度来说，长三角三省一市都大力开发培养经济社会发展重点领域及战略性新兴产业领域的人才，但是上海、江苏、浙江、安徽各自都有一些特点，每个省市的人力资源开发需求不同，紧缺人才需求也存在差异。但"有的地区、有的学科来不及发展"[①]，促进区域内人才的自由流动，实现劳动力资源的互补，才能适应劳动力市场的要求。

（三）开放性原则

区域高等教育协同发展需要遵循开放性的原则。区域高等教育系统必须是开放的，这样才能与外界进行沟通，进行资源共享和信息传递等，实现进一步的发展。长三角区域高等教育系统不是一个孤立的、封闭的系统，它的开放性主要体现在三个方面：一是长三角区域高等教育必须打破壁垒，推进对内开放，实现区域内功能互补，增强三省一市高等教育的整体竞争力，打造区域高等教育品牌，为进一步扩大开放做好铺垫。二是在对外教育贸易中，长三角三省一市需要建立协调对外的合作机制，建立统一的对外开放的市场环境，联合开拓教育市场，以长三角国际高等教育合作区的形式吸引海外名校合作办学、国际学生前来留学，提升对国际人才的吸引力。三是区域高等教育协同发展，需要全社会的共同支持与参与。一方面，要进一步开放区域高等教育投资

---

① 访谈资料（UL220191021）。

市场,鼓励市场资本和民间资源投入教育服务,投资联合办学,形成教育服务提供主体多元化格局;另一方面,要更多地关注公众的意愿和诉求,鼓励成立相关的协会组织、专业组织,形成全社会共同参与的机制。

第二节 厘清协同发展各方的权责定位

区域高等教育协同发展要遵循高等教育发展规律和内在逻辑,同时受到各种外部力量的束缚和推动。从已有研究看,政府和社会力量被认为是两股重要的外部力量,在不同阶段和背景下对区域高等教育协同发展发挥着不同的作用。在现实中,政府、高校、社会力量具有高度的复杂性,在区域高等教育协同发展进程中有着不同的逻辑理路。因此,有必要厘清政府、高校和社会力量在区域高等教育协同发展中的权责定位。

一、政府的权责定位

《高等教育法》第13条规定:"国务院统一领导和管理全国高等教育事业。省、自治区、直辖市人民政府统筹协调本行政区域内的高等教育事业,管理主要为地方培养人才和国务院授权管理的高等学校。"政府是高等教育的举办者和主要投资者,在资源配置、行政管理和资金支持等方面占据优势,因此在区域高等教育协同发展进程中,政府是外部支持和统筹协调的主体,发挥着至关重要的引导、支持和统筹协调作用。

在政策支持方面,政府应通过制度设计和政策制定,为区域高等教育协同发展活动各个层面的开展提供制度保障和政策导向,营造能充分调动区域高等教育协同发展的环境和氛围,设计激励机制、评价机制和监督体系,协调协同主体的利益关系,引导和鼓励各项协同发展活动的开展,搭建区域高等教育协同发展的各类平台,为区域高等教育协同发展活动的开展提供载体。在资源配置和资金支持方面,运用经济手段引导区域高等教育科类、层次、空间布局结构优化,切实保障区域高等教育协同发展所需的资金投入,通过项目立项和设置不同专项基金,加大协同发展项目的经费投入,保障区域各类高等教育协同发展项目的顺利开展。

在目前我国高等教育管理体制下,教育供给和政策制定主要以行政区划为依据。既有的行政区划和管理体制使得各省市高等教育各自发展,管理呈碎片化,不利于竞争力的整体提升。因此,需要深化高等教育管理体制改革。目前国家在专业的设置和调整上实行审批制度,虽然赋予高校一定的自主权,但缺乏科学的预测和反馈机制,不利于引导其人才培养结构的调整。当前,要进一步扩大高校办学自主权,推进高校真正面向社会自主办学。只有充分地赋权,才能最大程度地发挥高等教育为长三角区域一体化提供人才支撑和智力支持的潜力。在评价导向方面,转变"唯排名论",树立科学的评价导向,评价制度的设计要紧扣高等教育对社会发展和人的发展的"贡献率",要强调和重视高校的区域角色,促使高校更好地发挥各自的比较优势,形成整体性的优势,使得人才培养更好地满足、适应、支撑社会经济发展。

针对区域高等教育协同发展中出现的央地关系不协调、地方利益冲突等问题,为了保障政府更好地发挥统筹协调作用,形成区域统筹的合力,必须理顺长三角区域高等教育协同发展中政府间关系。

第一,增强中央与地方的协调性。中央与地方政府间关系的核心涉及权力、利益、资源的分配关系,以及这类分配关系的权威性。[①] 长三角区域一体化发展是国家根据社会经济发展需要做出的重大战略决策。相应地,国家一方面需要加大权力下放的力度,扩大地方自主权,调动地方积极性;另一方面也需要设计更具前瞻性的调控体制,最大限度地调动资源存量,实现资源的最优配置。高等教育作为长三角区域一体化发展的重要引领和支撑力量,在高等教育领域需要厘清中央与地方的权力与职能,只有这样才能使其达到协调、良性互动的状态,构建起和谐的央地关系。

从中央层面看,一方面,要保证中央的统一领导,中央政府应当从宏观层

---

① 沈远新.正和互动:中央与地方关系的新范式及其政策意义[J].上海行政学院学报,2001(2):50—56.

面进行顶层设计,出台原则性、导向性、框架性的指导性政策,对长三角区域高等教育协同发展的整体规划、功能定位、资金投入等作出规定,并强化对地方政府落实相关政策的监督。另一方面,在政策供给和需求不协调的情况下,要给予更大的政策空间和更多的政策支持。2019年10月,《中共中央关于坚持和完善中国特色社会主义制度、推进国家治理体系和治理能力现代化若干重大问题的决定》提到"赋予地方更多自主权,支持地方创造性开展工作"。"权力下放"也是区域高等教育协同发展政策应然实质价值之一。国家对长三角提出了先行先试、率先探索的要求,但对地方政府及高校的放权与授权不够。一直以来,长三角教育协同发展的政策主要是试点类型,但单凭"长三角地区应用型人才一体化培养模式改革""长三角地区高校交换生""联合开展新高考改革方案试点与实施后跟踪研究"等单项改革进行试验和探索显然是不充分的,亟须国家支持共建"长三角教育综合改革试验区",赋予试验区自主权,进行更加广泛的综合性政策试验。针对"地方政府认为国家对长三角跨区域高等教育协同发展先行先试、率先探索的实质性政策支持缺位,也没有得到相应的授权"的反馈和"建议三省一市教育行政部门争取更多先行先试的政策支持"的诉求,中央政府需要积极做出回应,加大权力下放的力度,扩大地方自主权,调动地方积极性,以创新区域高等教育协同发展支撑,为长三角区域高等教育协同发展提供更加灵活的政策空间。如调研中教育部某领导所言:"在新形势下,教育部将在部党组的领导下,进一步做好长三角三省一市的协同配合,面向需求做好服务,为进一步推动长三角高质量一体化贡献力量。"[①]从地方层面看,地方政府应该根据中央的原则性政策,着眼于区情以及地方的实际情况,制定相应的、具有可行性的政策文本,同时作为政策的执行者,确保政策措施的有效落实。在与中央政府职能转变的联动中,相互协调、相互促进,在高等教育资源配置的现有体制下,盘活总量,最大限度地实现资源配置最优化,提升高等教育资源的效能。

简言之,在长三角区域高等教育协同发展中,中央与地方的权力和职能应

---

① 会议资料(201912181EA)。

当合理划分,中央加大权力下放,地方充分运用自主权。国家层面上把握方向并强化监督,地方层面切实执行,有效落实,形成相互协调、相互促进的良性互动关系。

第二,理顺地方利益与区域利益关系。在区域高等教育协同发展进程中,根据利益主体和所涉及的范围,大致可划分为地方利益和区域利益。所谓地方利益,是指在一定行政辖区内各种利益的综合,是地方政府及其官员利益、本地企业利益和本地居民利益的综合表现,包括政治、经济、文化等多方面。相应地,区域利益则是指在空间相邻的若干行政区组成的区域内各主体追求的利益总和,体现了各个主体的共同愿望与一致诉求。[1]

具体到本书的研究对象,长三角区域整体利益凝聚了沪苏浙皖的共同利益,是地方利益的集中体现。维护长三角区域利益,有利于地方利益的实现;区域高等教育整体发展水平的提高,有利于带动地方高等教育发展水平的提升,从而帮助地方利益的实现。换言之,地方利益与区域利益是统一的而非对立的。地方利益的增加将激励其参与区域协同,而区域发展为地方利益提供保障,若地方只顾追求本地区的利益,把地方利益与区域利益完全对立起来,那么,封闭、各自为政的地方高等教育发展模式难以将有限的人力、财力、物力等资源集中起来,支持本地优势学科专业发展,也难以有效吸收外部优质资源满足自身发展需要,势必错失更多的发展机遇和潜在利益,甚至在一定条件下,当地方利益之间不能协调而发生冲突时,将阻碍区域整体利益的实现。

区域高等教育协同发展为地方高等教育提供发展机遇,地方将获得更多利益。地方高等教育作为区域高等教育的一个子系统,只有与区域内其他各行政区高等教育形成协同发展关系时,才能在资源共享、优势互补中,在逐渐提升本地区高等教育发展水平的过程中获取更多的利益。地方若要有效地、持续地获得本地区利益和分享区域协同的利益,也只有参与区域高等教育的

---

[1] 汪伟全.区域经济圈内地方利益冲突与协调——以长三角地区为例[M].上海:上海人民出版社,2011:14,56.

合作与分工，充分利用本地区高等教育比较优势与其他地区进行资源共享和优势互补，在追求自身更多利益的过程中，与其他地区协同发展去满足区域整体利益最优化的需要。例如，长三角三省一市高等教育发展只有整体统筹，明确发展定位，避免重复建设，多样化互补，才能使区域整体教育优势得到发挥，提高学科结构与经济、产业结构、社会需求的适应性，从而促进长三角地区高校整体实力的提升，进一步提高高等教育服务社会经济发展的能力。此外，允许人力资源的自由流动也能使区域内人才资源实现最佳配置。释放人才、资源等创新要素活力，有利于实现协同发展共赢。

区域利益与地方利益从根本上说是一致的，作为地方利益主体的地方政府主要包括政府工作人员的利益和政府机构本身的利益。地方利益与各利益主体的联系最为直接，在一定的财政压力、政绩考核与晋升机制的压力下，政府的决策和行为往往从增加地方财政收入，创造更多政绩的角度出发。而区域利益与各利益主体的联系更为间接和隐晦，也更容易被忽视。

利益始终是区域高等教育协同发展的主要推动力。一方面，要在理顺区域利益与地方利益关系的基础上，使各利益主体认识到封闭、各自为政的地方高等教育发展模式势必会错失更多的发展机遇和潜在利益，只有协同发展促进资源共享、优势互补，提升高等教育发展水平，才能获得更多的利益，从而坚持区域共同利益的价值取向，并通过地区间的互动，强化自我的区域集体身份认同，淡漠边界意识，增强地区间的相互信任，共同推动区域高等教育协同发展。另一方面，要在区域高等教育合理分工与充分合作的基础上，不断探索区域各利益主体能够共享且共同追求的共同利益，并促成区域共同利益形成机制、共享机制、补偿机制的建立，从而使得各利益主体能共享区域高等教育协同发展的红利。

二、高校的权责定位

高等学校作为一所教育学术机构具有多重身份，因为它与社会具有多维和多样化的联系。《高等教育法》界定高等教育是培养具有社会责任感、创新精神和实践能力的高级专门人才，发展科学技术文化，服务社会主义现代化建设、促进社会发展的教育活动。① 2015年,国务院《统筹推进世界一流大学和一流学科建设总体方案》明确了高等学校承担着人才培养、科学研究、社会服务、文化传承与创新的重要职能,在区域经济社会发展中,社会分工的深化对人才培养提出了更高的要求,科技革命的发展需要强大的智力支持,肩负着人才培养和科学研究两大使命的高校应当对这一系列的需求作出回应。

高等教育是专业教育,要确保培养出来的人才满足经济社会发展的需要,高等学校必须对市场的变化作出灵活反应,这必然要求赋予高校相应的自主权,使其成为面向社会自主办学的实体。我国《高等教育法》第十一条规定:"高等学校应当面向社会,依法自主办学,实行民主管理。"赋予了高等学校依法自主办学的"自主权",同时,该法第四章对这种"自主权"做了具体规定,其中,包括依法自主设置和调整学科、专业,自主制定教学计划、选编教材、组织实施教学活动,自主开展科学研究、技术开发和社会服务。此外,该法第十二条规定:"国家鼓励高等学校之间、高等学校与科学研究机构以及企业事业组织之间开展协作,实行优势互补,提高教育资源的使用效益。"赋予了高校参与区域高等教育协同发展的法律基础。

区域高等教育系统由若干高等教育机构组成,作为办学主体的高校是区域高等教育协同发展的具体执行者、直接操作者。在学科、专业设置和调整方面,经历了统一规划专业—放松学科专业管理—框架下的审批管理的转变历程。在科类结构上,高校应坚持高等教育结构内部自主调整与外部调控的统一,结合国家(区域)经济社会发展的需求情况,高校重点加强自身的优势和特色学科专业建设,充分发挥自己的比较优势,根据需求增设或裁撤专业,实现区域间、高校间的协作与分工,形成优势互补、特色办学的区域科类结构。在资源共享方面,通过学分互认、课程互选等方式促进区域高等教育资源配置的优化,实现资源的共建共享,保障协同发展的良好运行。在科学研究方面,要充分发挥高校在跨学科协同方面的优势,通过整合科研团队、共享科研平台,

---

① 全国人民代表大会. 中华人民共和国高等教育法[EB/OL]. (2019-01-07)[2019-07-01]. http://www.npc.gov.cn/npc/c30834/201901/9df07167324c4a34bf6c44700fafa753.shtml.

为重大项目攻关提供人才和智力支撑。

具体地,作为高等教育系统中的不同类型,研究型高校与应用型高校有着不同的使命和定位,承担着不同的职能和职责。在明晰高校办学定位和职能的基础上实现分工与合作,可以避免高校的盲目竞争和重复建设,有利于高校发挥比较优势,形成办学特色。在区域高等教育协同发展进程中,也应依据不同类型高校的定位,明确协同的对象和侧重点,在此基础上,提供相应的政策机制支持,以及为不同类型协同发展活动提供保障条件。

(一) 研究型高校参与的定位

根据《教育部关于"十三五"时期高等学校设置工作的意见》,研究型高校主要以培养学术研究的创新型人才为主,开展理论研究与创新,研究生培养占较大比重。[①] 研究型高校以科学研究为首要任务,同时也开展教学。在研究的类别上,研究型高校的科研主要以基础研究和战略高新技术研究为主,是高水平科研成果的产出基地,承担着推动国家知识创新和科技进步的重要任务。

各个研究型高校都有着不同的历史传统和办学特色,研究型高校应首先明确优势学科,并重视与其密切相关学科的发展。结合不同高校的比较优势,在区域内形成分工与合作。

在科学研究中,单一学科已无力应对复杂的研究问题,国际科技发展前沿和趋势也对跨学科、跨领域的综合研究提出了强烈的诉求。在高校内部要促进不同学科的交叉与融合,打造跨学科的研究中心,在此基础上,推动区域性学科集群的发展。鼓励、推动高校、科研院所与企业的全面合作,建立区域性跨学科创新平台,建立高校、科研院所围绕企业的重大科技攻关项目的协同攻关机制。在人才培养方面,研究型大学致力于高层次、创新型的一流人才的培养,是创新型人才培养的摇篮,并注重科研与教学的紧密结合,打造跨学科、跨领域综合课程教育体系。

具体地,研究型高校要充分运用办学自主权,打破传统的学科建制,推动

---

① 中华人民共和国教育部. 教育部关于"十三五"时期高等学校设置工作的意见[EB/OL]. (2017-01-25)[2017-02-04]. http://www.moe.gov.cn/srcsite/A03/s181/201702/t20170217_296529.html.

交叉与融合发展,目前研究型高校正在推进世界一流大学建设,一方面要积极推进与国际知名大学的交流与合作,另一方面应积极参与区域高等教育协同发展,开展跨学科、跨领域协同创新,注重实验室资源、重大仪器设备的共建共享。

(二) 应用型高校参与的定位

根据《教育部关于"十三五"时期高等学校设置工作的意见》,应用型高校主要从事服务经济社会发展的本科以上层次应用型人才培养,并从事社会发展与科技应用等方面的研究。[①] 应用型高校以教学为主,开展研究为辅,在人才培养方面,注重培养实践型、应用型人才,对接区域经济社会发展和产业转型升级对专门人才的需求。在科学研究方面,开展应用性、开发性的研究,是实用技术开发成果的产出基地。

基于应用型高校的本质,其与产业有着更紧密的关系,学科专业的设置与调整必须主动适应产业发展的需要,这决定了高校与市场之间应该具有较高的协同度,需要进一步增强应用型高校与市场的协同,才能提高应用型高校对区域经济社会发展的服务和支撑能力。

各个应用型高校都有着不同的历史传统和办学特色,应用型高校应结合学校近期、中期发展的需要与可能,结合产业发展需要,明确优势学科专业,集中精力重点发展,在区域内形成分工与合作,对难以体现本校特色的部分学科专业应在教育主管部门的审批下进行裁撤。在科学研究方面,面向区域发展需求,着力推动校地协同创新平台建设,促进科研成果转化。长三角地区应用型高校占比高达95%,更要充分利用优势为实现产业结构升级提供高层次应用技术和技能人才支撑。

具体地,应用型高校应充分发挥办学自主权,根据产业需求调整学校的资源配置和专业设置,进一步推进其与区域经济社会的协同发展。在应用型人才的培养中,既要促进实验实训基地、仪器设备等资源的共建共享,也需要形

---

① 中华人民共和国教育部. 教育部关于"十三五"时期高等学校设置工作的意见[EB/OL]. (2017-01-25)[2017-02-04]. http://www.moe.gov.cn/srcsite/A03/s181/201702/t20170217_296529.html.

成高校与企业的合力。

三、社会力量的权责定位

社会力量是相对于政府和高校的第三方,是指政府和高等教育机构以外的所有非官方力量。社会力量既是区域高等教育协同发展的重要参与者和推动者,又是区域高等教育协同发展的监督者。因此,区域高等教育协同发展不仅需要社会力量的积极参与、推动与配合,还需要社会力量的监督与反馈。

在区域高等教育协同发展进程中,开放区域高等教育投资市场,鼓励市场资本和民间资源投入教育服务,投资联合办学,有利于形成教育服务提供主体多元化格局;同时市场调节可以不断地刺激高校,使其适应不断变化的社会经济状况。[①] 因此,一方面要激活市场体制,充分发挥市场的作用,引入竞争机制,释放市场力量提供服务和市场机制调节资源配置的自主空间。另一方面要建立以市场为导向的教育结构运行和调节机制,通过就业指导中心等中介组织把经济发展对人才的供求信息反馈到高校教育系统中,使高等教育系统及时作出结构调整。同时也根据一定时期内经济社会发展实际和各个产业的人才需求,综合预测未来一段时间内人才需求的状况,并将这些信息反馈到高等教育系统中,引导高校前瞻性地调整学科专业,增减某一层次的招生数量,适度超前地引领社会发展。社会对高校科技成果转化的需求也需要高校、科研院所与企业的产学研协同,高校、科研院所与企业间通过构建产学研协同平台,进行资源共享、技术应用和成果转化等合作。与此同时,不仅要关注公众的意愿和诉求,协同扩大优质教育供给,共享高品质教育资源,破解高等教育领域"不平衡不充分"的难题,也要充分发挥社会中介组织和第三方机构对区域高等教育协同发展的监督和评价功能。

区域高等教育协同发展需要政府、高校、社会三方协同,政府为高校参与区域高等教育协同发展提供制度保障、政策支持及资金支持,赋予高校办学自

[①] [美]伯顿·克拉克.高等教育新论:多学科的研究[M].王承绪等译.杭州:浙江教育出版社,2001:92—93.

主权,促使高校更好地发挥各自的比较优势,形成整体性的优势,使得人才培养能更好地满足、适应、支撑社会经济发展。高校要为区域产业错位发展的优势互补形态格局提供有效的人才和智力支持,社会对高校科技成果转化的需求也需要高校、科研院所与企业的产学研协同,通过构建产学研协同平台,进行资源共享、技术应用和成果转化等合作。政府需要社会中介组织和第三方机构发挥对区域高等教育协同发展的监督和评价功能。

概言之,区域高等教育协同发展的推进是政府、高校、社会三方协同的结果。政府统筹协调作用的发挥离不开高校的主体性作用和社会力量参与和监督的辅助作用,高校主体性作用的生成需要政府的赋权和市场资源配置作用的合力,社会力量作用的实现离不开政府的引导。三者交互作用,在协同发展中各司其责、各安其位。

第三节 制定区域高等教育协同发展的分阶段目标

长三角区域高等教育协同发展政策既是服务长三角一体化发展国家重大战略的需要,也是长三角三省一市提高教育发展水平的需要。长三角区域高等教育协同发展是一个宏观的教育政策,与人才、科技、经济、产业、劳动力市场等方面紧密相关。但同时长三角高等教育面临外部条件与内部要素基础差异明显的现状,各自也有不同的教育特质,这些特定的问题情景决定了长三角区域高等教育协同发展的政策目标要正视差异,具有层次性和结构性,立足优势互补和特色发展。

一、制定总目标

长三角区域一体化发展已经上升为国家战略,必须高度重视教育的战略支撑作用,提高对长三角区域高等教育协同发展的认识,突破地区间行政壁垒及体制机制壁垒,应以高质量发展的眼光重新定位长三角区域高等教育协同

发展,从国家战略层面制定规划及目标,因此,可从以下角度提出长三角区域高等教育协同发展的总目标:

在国家统一部署和指导下,以"创新、协调、绿色、开放、共享"的发展理念,加快实现高等教育现代化,提升长三角高等教育协同发展水平,打造长三角高等教育发展极,着力提升长三角高等教育的战略支撑作用,使其服务于长三角一体化发展国家重大战略需要,打造区域高等教育协同发展样板,率先实现并引领国家教育现代化发展。

长三角三省一市发挥各自高等教育比较优势的溢出效应带动区域高等教育整体发展,率先把长三角区域打造成区域高等教育协同发展的样板区、高等教育现代化建设先行区,长三角区域高等教育要从全局角度统筹协调布局结构,为长三角地区产业错位发展的优势互补形态格局提供高质量的人才支撑和智力支持;长三角区域高等教育要打造区域高等教育协同创新共同体,释放人才、资源等创新要素活力,提升高等教育的战略支撑作用;要成为对内开放的引领者,带动长江经济带甚至全国的对内开放,把长三角区域打造成亚太地区教育高地,打造区域高等教育品牌,提升对国际人才的吸引力,引领辐射周边国家的教育发展,为世界教育发展提供中国经验和中国智慧。

在总目标之下,要用长三角区域高等教育协同发展的目标来审视各省市高等教育发展的目标和思路,确保各省市发展目标与区域发展总目标相对接,呈现出各省市高等教育政策目标对长三角区域高等教育协同发展目标的适应性政策调适,并有效分解政策目标,使目标更加具体和明确,在此基础上,协调省市、高校等不同层面的发展目标。

二、制定中长期目标

长三角区域高水平教育资源富足,但三省一市的社会经济、教育事业发展水平并不平衡,实现长三角区域高等教育协同发展必然是一项长期的系统工程。在确立总目标的前提下,应保证目标程度的适中,分阶段设立子目标。长三角区域高等教育协同发展伴随着长三角区域一体化发展,因此,高等教育协同发展的阶段划分必然与长三角区域一体化发展的整体规划相一致。

2019年12月《长江三角洲区域一体化发展规划纲要》的正式颁布,标志着这一国家重大战略进入全面施工阶段,其规定,到2025年,科创产业融合发展体系基本建立,公共服务便利共享水平明显提高,一体化体制机制更加有效,长三角一体化发展取得实质性进展。到2035年,现代化经济体系基本建成,公共服务水平趋于均衡,一体化发展体制机制更加完善,长三角一体化发展达到较高水平。长三角区域一体化发展两个阶段发展目标的确定既标志着四地一体化发展的方向,也规定了近期、中长期一体化发展需要执行的步骤与需要取得的成效。高等教育协同发展作为长三角区域社会经济一体化发展的重要支撑力量,是极为重要的一环,也需要与整体目标同步,分阶段推进四地高等教育协同发展。近期要实现的是将高等教育领域自发的功能性协同上升至制度化协同,完善体制机制,加强长三角区域高等教育资源整合,搭建高等教育创新发展平台,支持"先行先试"项目实行试验和探索。在先期从项目试点中取得较为成熟的经验后,构建完善的协同发展政策框架,对区域内高等教育科类、层次、空间布局结构的调整和优化形成相对完备的规划,促成协同发展的共识,建立区域高等教育协同创新共同体,三省一市高等教育发挥比较优势,实现功能互补,为长三角地区经济社会发展和产业转型升级提供人才支撑和智力支持初见成效。在2025—2035年的中长期阶段,全面实现长三角区域高等教育协同发展,三省一市高等教育深度融合,无缝对接,提升高等教育整体发展水平,打造区域高等教育协同发展样板,率先实现并引领国家教育现代化发展。

三、制定具体目标

在确立总目标的前提下,有效分解政策目标,分领域设立当下的具体目标,如推进区域性高校招生考试改革政策,对区域性招生考试制度改革进一步探索,区域和学校考试招生的自主权进一步增强;实施人才培养合作与交流政策,区域人才培养模式进一步创新,区域性高校合作育人和合作办学机制更加健全,人才培养质量不断提高;推动师资队伍联合培养,校际研修和学术交流机制更加健全,学科带头人和学术骨干后备力量培育成效明显提升;推进合作办学与学科协同政策,区域内紧缺人才培养模式进一步创新,合作办学机制更加健全,学科专业、类型、层次结构和区域布局进一步优化,区域高等教育结构更加合理,优势学科的跨界合作不断开展,学科协同机制更加健全;推进优质资源共建共享政策,推动高校大型仪器设施、高等教育专家资源库、高校文献信息资源共建共享,高等教育资源在更大空间范围内得到充分地利用,资源共建共享机制更加健全,资源共建共享体系全面建立;实行高校毕业生一体化就业政策,扩大高校就业市场互相开放程度,人才流动机制更加健全,人才实现"无障碍"流动。这些具体政策目标可以制定考核指标进行量化评估。

第六章
长三角区域高等教育协同发展政策优化的路径

第一节 改进长三角区域高等教育协同发展政策制定

一、强化公平正义的价值导向

价值是教育政策活动的基本要素,教育政策不可避免地要涉及价值问题。所谓价值,"是现实的人同满足其某种需要的客体的属性之间的一种关系。价值同人的需要有关,但不是由人的需要决定的,价值有其客观基础,这种客观基础就是各种物质的、精神的现象所固有的属性,但价值不单纯是这种属性的反映,而标志着这种属性对个人、阶级和社会的一定的积极意义,即能满足人们的某种需要,成为人们的兴趣、目的所追求的对象"。① 所谓价值取向,是指人们在一定场合以一定的方式采取一定行动的价值倾向,它来自行为主体的价值关系、价值意识,表现为政治取向、功利取向、审美取向、道德取向等不同方面。② 教育政策的价值选择是教育政策制定者在自身价值判断基础上所做出的一种集体选择或政府选择。它蕴涵着政策制定者对于政策的期望或价值

---

① 中国大百科全书编辑委员会.中国大百科全书·哲学卷[M].北京:中国大百科全书出版社,1987:345.
② 袁贵仁.价值学引论[M].北京:北京师范大学出版社,1991:350.

追求,体现了政策系统的某种价值偏好,表达着教育政策追求的目的与价值。① "以人为本""教育平等""效益优化""分权""多样化""民主化""科学化"等是现代教育政策应追求的基本价值目标。② 具体到长三角区域高等教育协同发展政策,坚持以人为本,促进公平正义是我们的应然价值追求,必须进一步强化以人为本、公平正义的价值导向。

以人为本的教育价值观是全人类对教育价值回归的共识。在中国思想史中,"以人为本"一词最早出现在《管子·霸言》中:"夫霸王之所始也,以人为本。本理则国固,本乱则国危。"③"以人为本"是习近平新时代中国特色社会主义思想的重要内容,在教育领域,"坚持以人民为中心发展教育"贯穿习近平关于教育重要论述的始终。诸多教育政策都鲜明体现了以人为本的教育理念,如《中国教育现代化2035》就提出了"坚持教育为人民服务,办好人民满意的教育"的工作要求,区域高等教育协同发展政策的实施有助于更好地为学生的发展服务,促进学生个体的成长与自我实现,切实贯彻以人为本的价值理念。

公平正义作为社会主义的核心理念和本质要求,是人类社会永恒的追求目标。"正义或公平,要求人们生活中由政府决定的那些状况应该平等地提供给所有人享有。"④也即是说,公平正义的实现要依靠公共服务均等化的大力推进。教育公共服务是政府公共服务的内容,高等教育资源具有准公共产品属性。目前,我国社会主要矛盾已经转化为人民日益增长的美好生活需要和不平衡不充分的发展之间的矛盾,这对教育发展提出了更高的要求。我国高等教育领域发展"不平衡不充分"问题主要体现在优质高等教育资源区域分布、高等教育层次、高等教育生态发展、高等教育科类结构四个方面⑤。面对

---

① 刘复兴.教育政策的价值分析[M].北京:教育科学出版社,2003:45.
② 刘复兴.教育政策的价值分析[M].北京:教育科学出版社,2003:112—133.
③ 戴望.管子[M].上海:商务印书馆,1936:8.
④ [美]埃德加·博登海默.法理学——法哲学及其方法[M].邓正来译.北京:华夏出版社,1987:121.
⑤ 申怡,夏建国.论我国高等教育的"不平衡不充分"及其破解路径[J].中国高等教育,2018(1):10—12.

人民日益增长的对优质高等教育的需求,高等教育发展"不平衡不充分"问题亟待破解。就长三角区域高等教育协同发展而言,就是对破解"不平衡不充分"问题的重要回应。区域高等教育协同发展政策应注重促进教育均衡发展。教育均衡才有教育公平,进而才会有社会公平。① 区域高等教育均衡发展是动态的、辩证的、特色化的,均衡发展不能简单地理解为平均发展或均等发展,而是不同地区高等教育逐步实现优势互补、特色发展、整体提升的历史发展过程。② 长三角三省一市基于比较优势和发展潜能,通过协同发展推动结构布局的优化,借此强化各自的功能特色,通过各扬所长培育新的比较优势,释放比较优势的溢出效应,优化长三角高等教育结构布局,形成区域高等教育发展的整体优势,集中要素资源培育"单打冠军",集成整体优势打造"团体冠军",推进长三角区域高等教育整体竞争力的提升。整体水平的提升有助于扩大优质教育供给,提升高等教育供给能力、供给效率和供给质量。提高人均受教育年限,有利于缩小地区间人民享有公共服务的差距,促进公共服务均等化,不断满足人民群众日益增长的对优质教育的需求和对美好生活的需要。

二、提升决策民主化和科学化水平

民主化是教育政策程序价值(形式价值)的核心内容。③ 对于教育政策民主来说,"关键概念是'参与':在特定的共同体内,社会成员对于涉及切身利益的政治决策应该有所参与,而参与的广度和深度自然要成为衡量民主的尺度"。④ 长三角区域高等教育协同发展政策初步构建了一个决策体系,但由于政策的制定并未充分赋予公众参与权和知情权,并未给予公众、市场、社会组织更多的参与机会,公众的意愿和诉求得不到很好的体现和反映,很难形成全社会共同参与的机制。甚至部分行政协议都没有公开,例如,2009—2019 年

---

① 陈健,周谷平.解决好教育发展不平衡不充分问题[N].人民日报,2018-04-04.
② 李硕豪,魏昌廷.我国高等教育布局结构分析——基于 1998—2009 年的数据[J].教育发展研究,2011(3):8—13.
③ 刘复兴.教育政策的价值分析[M].北京:教育科学出版社,2003:136.
④ 何子建.利益:民主政治与社会结构的联结点[J].社会学研究,1995(1):50—58.

长三角地区共召开了十一届教育协作/一体化(发展)会议,历届会议共签署了涉及高等教育领域的框架协议或专项协议19份,最终并未公开。这暴露出决策不够民主化的问题。

科学化也是教育政策程序价值(形式价值)的基本内容,其目的是保证教育政策价值选择的合理性和教育政策活动的合规律性。[①]"长三角区域高等教育协同发展"很大程度上只是作为"长三角区域一体化"的衍生品,缺乏区域高等教育共同体价值观的引领,实质性推进缓慢,在区域内经济社会、产业发展及科技创新方面的支撑成效也不显著。究其原因,在区域高等教育协同发展政策决策和实施过程中未遵循区域高等教育发展的规律和内在逻辑,区域高等教育协同发展缺乏合理性,决策的科学化程度不够。因此,有必要进一步提升决策的民主化和科学化水平。一方面,应无差别地收集民意以掌握更全面的信息,进一步推进决策程序的民主化;另一方面,需充分利用大数据来促进决策的科学化和精准化。

三、建立政策动态调整机制

(一)积极适应社会环境的变化不断更新和完善政策

国内外宏观环境的变化、国家区域发展战略的实施使长三角区域高等教育协同发展政策环境发生了重大变化。随着长三角区域一体化发展上升为国家战略,长三角区域一体化发展进入新阶段,"高水平打造长三角世界级城市群"也成为一体化背景下的重大任务。

新时代长三角区域高等教育协同发展要按照长三角一体化建设目标需要,充分考虑长三角区域整体需求乃至国家教育改革需求,同时借势于长三角城市群的建设,参照当今国际经济发展的新模式,从以省域为中心发展转向多中心、多元主体同时发展的城市群发展模式。以长三角世界级城市群建设目标为导向,规划长三角区域高等教育协同发展的新目标和新定位,以期为长三角打造世界级城市群提供人才支撑和智力支持,为长三角区域经济发展提供

---

① 刘复兴.教育政策的价值分析[M].北京:教育科学出版社,2003:139.

创新驱动新动能。

伴随着区域产业布局的优化,区域高等教育结构也必须相应地进行动态调整。中央政府对三省一市的产业布局做出了调整,要求形成分工合理、各具特色的空间格局,例如,上海避开劳动密集型和资源消耗型产业,重点发展资本密集型和技术密集型产业;江苏和浙江重视发展劳动密集型和资源消耗型产业,适度发展高新技术产业;安徽以劳动密集型和资源消耗型产业为主,适度发展高新技术产业。上海金融、贸易及航运中心的地位领先,江苏和浙江在生物医药、新能源、电子信息等方面表现出较强的竞争力,安徽在加工制造业、原材料、能源、农副产品等产业上具有比较优势。与之相适应,要围绕长三角三省一市最新的产业布局,推进高等教育区域统筹和布局,明确区域高校服务产业创新方向,开展学校分类定位及宽口径的学科专业布局优化调整,促进区域高等教育和产业集群的协同发展。

此外,需努力构建长三角区域教育开放的新格局,坚持以全球视野统筹谋划长三角区域高等教育发展,在整合长三角区域内部高等教育优势资源的同时,跳出长三角,利用国内外智力资源、教育资源,打造高等教育开放高地。

(二)整合与调适三省一市高等教育发展规划

长三角三省一市处于不同的经济发展水平,高等教育发展水平也存在差异,在制定区域高等教育协同发展政策时,需结合各地区经济发展水平和教育发展水平的差异,因地制宜、因时制宜,在平等协商和相互尊重的基础上制定包容性的协同政策。此外,应当保证三省一市高等教育发展规划的统一性和整体性。在三省一市高等教育发展规划的基础上,制定长三角区域高等教育协同发展规划。长三角区域高等教育协同发展首先体现为三省一市之间的高等教育协同发展,四地要呈现出省市高等教育政策体系对长三角一体化背景的适应性政策调适,与区域高等教育发展规划相对接,即不仅需要考虑各自的教育特质和独立发展的问题,还需要做好相互之间的协调发展问题。长三角区域高等教育协同发展政策需要在保证统一性和整体性的前提下,构建包括国家层面、区域层面与地方层面的高等教育协同发展政策体系。也即这些政策既要考虑到各地区的教育发展实际水平,又要指向长三角区域高等教育共同的发展目标;既体现差异性,又具有整体性。

(三) 逐步完善相关领域政策的依凭和衔接

作为一项宏观的教育政策,注重相关领域政策的配合、协调与认可,促进功能之间的协同至关重要。目前需对高等教育协同发展与人口、科技、产业、经济、劳动力市场等各项政策的依凭和衔接进行整体制度设计,构建良好的制度环境。协同不单指部门和机构的合作,还需将高等教育人才培养和科学研究的职能延伸到产业发展等具体领域,进而实现功能之间的协同。在教育政策从人才供给的角度与长三角三省一市产业错位发展、优势互补相适应,密切与产业界联系的同时,科技政策需支持区域高校科研合作,资助高校的产学研联合研究,产业政策需关注企业群体的共同需求,支持企业的技术吸收。劳动力市场政策需健全劳动力市场数据平台,形成科学的反馈和预测机制,为高校调整学科专业人才培养结构提供依据。在融合性强、相互促进的领域可以制定融合规划。

第二节 强化长三角区域高等教育协同发展政策执行

美国政策学者艾利森(G. Alison)曾指出:"在实现政策目标的过程中,方案确定的作用只占10%,其余的90%则取决于政策执行。"[1]而影响政策有效执行的一个关键因素就是政策工具的恰当选择与运用。英国政策学者胡德(C. Hood)甚至指出:"政策执行就是政策工具选择的管理过程。"[2]"'水平型'命令性工具缺乏执行保障,下位工具协同不足""能力建设工具处于组织与平台搭建阶段,制度机制建设滞后""激励工具缺位""自愿性工具尚未激活""系统变革工具缺失"是目前长三角区域高等教育协同发展政策执行过程中政策

---

[1] 范国睿等.教育政策的理论与实践[M].上海:上海教育出版社,2011:122.
[2] 吕志奎.公共政策工具的选择——政策执行研究的新视角[J].太平洋学报,2006(5):7—16.

工具选择与运用的总体特征。未来应当优化政策工具内部结构,加强不同政策工具之间的协同运用,力求最大限度地发挥多元工具组合的整体效能。

一、提供政策执行保障

命令性工具中需要在应用规划、政府间协定工具的基础上,加强法律、监督、检查、标准、评估等工具的协同应用。

规划是保证区域教育协作能够启动并得到实质性推进的最重要、最基本的依据和保障。虽然目前国家正式发布了《长江三角洲区域一体化发展规划纲要》,但具体到教育领域,尚缺乏像《京津冀协同发展教育专项规划》的专项规划。"几个行政区若为了一个共同目的而采取联合行动,这就有一个如何步调一致的问题。"[1]长三角区域需抓住2020年三省一市着手制定"十四五"教育事业发展规划的时机,将"协同发展"作为重要内容整体部署。长三角区域高等教育协同发展也亟待制定整体的专项规划,首先,应深入分析长三角区域高等教育的优势和机遇、弱势和挑战,充分考虑三省一市之间的高等教育发展差距和差异,在此基础上规划未来区域高等教育发展。规划要凸显方向性、统一性、整体性,要明确高等教育协同发展的目标、主要任务、责任主体、基本原则以及实施周期、资源配置、绩效考核等内容。其次,长三角各省市高等教育发展规划应与区域高等教育协同发展专项规划相对接,增强政策的协同性,以协同高效的发展规划共同促进区域高等教育的协同发展。与《长三角区域高等教育协同发展专项规划》相配套,需出台《长三角区域高等教育协同发展专项规划实施细则》,每一项工作任务都要落实到责任单位。再次,应有机地统筹与《长三角区域高等教育协同发展专项规划》相关的其他部门政策的配合、协调与认可,进而更好地发挥协同效应。最后,政策要有一定的弹性空间,具有更多的灵活性和可操作性,赋予执行者、实践者更多自主权。

长三角区域高等教育协同发展进程中政府间协定工具应用较多,签署了

---

[1] [法] 让·里韦罗,让·瓦利纳. 法国行政法[M]. 鲁仁译. 北京:商务印书馆,2008:129.

大量行政协议,"契约式"方式的推进需要法律工具的保障,四地人大及政府应构建区域法制协调机制,协同制定《长三角区域高等教育协同发展实施办法》及适应本地情况的具体条例和细则,明确区域行政协议的法律地位及效力,增强协议的权威性、约束力与稳定性,并建立评估后协议定期清查制度。为了使已制定的政策得到切实执行,在规划、协议施行的同时,要辅以监督、检查、标准、评估等工具,实现多种工具的真正"协同",为政策执行提供保障,强化问责,确保政策刚性。与此同时,在高等教育产学研协同发展中,高校与其他机构间的争议和冲突需由《知识产权法》加以规制。

加强机构设置和政府能力建构能为区域高等教育协同发展提供组织保障。为了在更高层面推动长三角区域高等教育协同发展,从区域层面统筹规划教育领域的整体协作,建议在国务院及教育部牵头下,设立长三角区域教育协同发展领导小组,并建立教育部主管领导与苏浙沪皖三省一市主管教育的副省(市)长例会制度,邀请科技、人社、财政等相关部门领导参加例会制度化,进一步建立和完善决策机制。成立由教育部和三省一市教育部门相关负责人组成的"长三角高等教育协同发展协调委员会",建立高等教育主管部门协调工作机制,定期召开联席会议,建立合作交流机制,充分发挥协调功能。长三角高等教育协同发展协调委员会下设专项工作小组,建立和完善执行机制,落实推进长三角区域高等教育协同发展的各项议题或工作内容,具体还可根据"高校招生考试改革""人才培养合作与交流""合作办学与学科协同""优质资源共建共享""高校毕业生就业"等不同领域分设相应的工作小组。在高校层面,建立一个专门的办公室通过专门的渠道联结区域内的高校资源,密切与科技、产业、劳动力市场的合作,系统推进区域高等教育协同发展。

此外,在公共财政支出工具的应用上,三省一市教育行政部门需争取更多的政策支持,以保证财政支持的长效性,改善依托课题和项目的临时性拨款的现状。一方面,可以由中央联合三省一市共同出资组建长三角区域高等教育协同发展基金会,为区域高等教育协同发展提供长期稳定的资助与支持;另一方面,由于经济、产业、科技、劳动力市场都从高校获取帮助它们达成目标的资源,也可以激发它们反哺高校的积极性,激活市场活力,吸收民间资本。

二、夯实政策执行能力

协同发展建立在跨行政区域基础之上，必须在"不破行政隶属"的基础上形成共同的内在机制，并在保证共同利益的基础上探索制定具有约束力的共同政策规范，实现"打破行政边界"的协调与统筹。需要加强能力建设工具的应用，加强体制机制创新与制度建设。

（一）建立长三角区域教育协同发展协调管理机制

为了进一步突破区域高等教育协同发展面临的制度障碍和突出问题，亟须对现有的协调管理机制进行制度创新，一是要实现政府对高等教育管理体制的转变，需要从以往的地方各自管理向区域统筹管理转变，从"一元化主体"管理向"多元主体参与"的现代教育治理转变，创新建立"不破行政隶属，打破行政边界"的区域高等教育协同发展管理机制。二是要探索政府、高校、科研院所和社会的关系，打破高等教育与经济社会发展、科技创新的藩篱，探索新型的多元化管理机制。三是区域高等教育协同发展政策，不是一个单纯的教育政策，它还涉及产业、人才、科技、劳动力市场等政策的制定和执行，为确保教育政策执行的效果，要尽量做到使区域高等教育协同发展政策所涉及的相关领域，如人口、科技、产业、经济、劳动力市场等与其要落实的社会关系结构相匹配，采取"关系同构"的教育治理模式，使得教育政策与相关政策"关系同构"，相互支持，建立教育部门与其他部门之间的沟通机制，为促使教育、产业、科技和财政等各部门更加"协同"，确立推进长三角区域高等教育协同发展的多部门协调机制（如图6—1），协调发展战略、发展项目和资源配置的决策。

（二）创建长三角区域高等教育协同发展运行与保障机制

长三角三省一市要率先以协同机制创新突破体制性壁垒，主动推进区域高等教育协同发展运行与保障机制建设，要建立包括教育部等中央部门（单位）、长三角区域高等教育协同发展协调机制，有利于不受地方领导的部属高校更好地参与协同发展。要构建完善的宏观决策机制、统一协调机制以及执行落实机制，搭建信息、资源共享的协同交流平台。在具体运行机制方面，要在高校布局与学科专业设置、资源共建共享、人才培养合作与交流以及毕业生

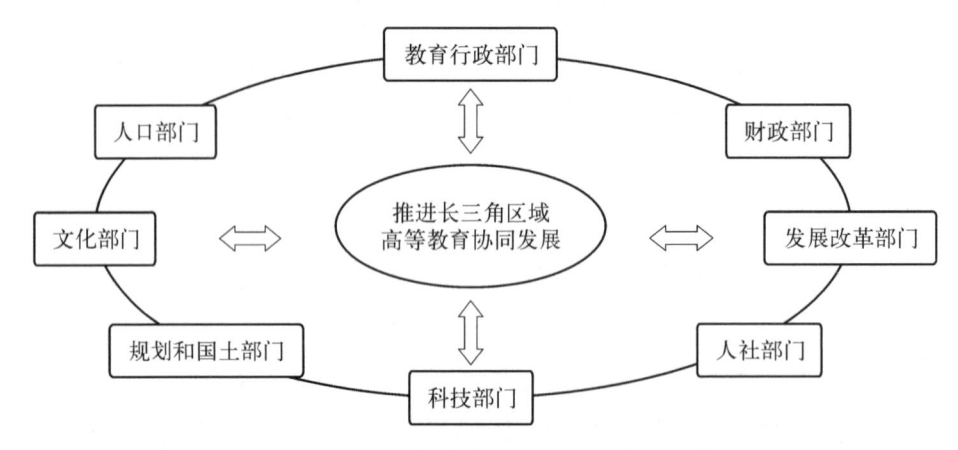

图 6—1　长三角区域高等教育协同发展多部门协调机制

就业等方面构建协同网络体系。具体表现在高校布局上,一方面,推进高校跨省市合作办学,区域内跨省高校分校开设或者双方合作办新校,进一步构建和完善政府间的联合管理机制,探索"共建、共管"高校在本区域内的合作办学。另一方面,积极探索长三角区域化中外合作办学新机制,突破原有一省或一市与国际知名高校合作办学的模式,推进长三角区域整体对接,创新一项合作多地办学或一处办学区域内招生模式,建立新型区域化中外合作办学的管理体制,扩大国际合作教育在区域范围内的辐射效应。在学科专业设置方面,结合经济社会发展需求、产业布局以及各省市高等教育发展传统和比较优势进行调整和优化,建立优势互补宽口径的人才培养格局,同时也鼓励高校优势学科专业之间跨界协作。在资源共建共享方面,建立资源共享开放平台和信息库,实现大型仪器设备、师资、信息等资源的共享,打造长三角联合培养基地,深化长三角高校联盟建设。在高校招生方面,在一定程度上增加区域内高校长三角招生指标,实现部分高校招生指标区内的统筹共享,进一步考虑相对一致的招生录取方式,探索统一高考成绩、招生高校综合测评成绩和高中阶段综合评价结果,按照一定权重合成综合成绩录取。在高校学生互换交流方面,拓展"长三角高校交换生计划"名额,实施跨区域课程共享计划,推进课程互选和学分互认。在教师交流方面,推行学术休假,实施"长三角高校教师访学计划",创新"免签"制度。在毕业生就业方面,建立毕业生一体化就业网络。在科研攻关方面,推进"区域高水平大学协作交流"机制,组织跨学科、跨高校、跨区域联合攻关,进一步探索建立重大科研项目协同创新的合作平台。在科研成果转化方面,促进政府、高校、企业协同,加快研究成果的落地转化。在文化交流方面,探索高校互动机制,促进更多的高校文化和改革的交流,相互借鉴有益经验。

信息作为一种能力建设工具,搭建优质资源共享平台,建立长三角高等教育数据库,至少应包括教师和学生数据、产学研资源信息以及协同发展项目信息,通过运用大数据等信息化手段实现长三角高等教育资源的共享与整合,发挥信息的媒介价值,使高等教育资源在更大的空间范围内得到充分地利用。如进一步加强学分银行建设,将全日制高等教育纳入学分互认的范围,全日制高等教育可以将学分银行作为区域内高校建立学生校际流动和培养互认机制、区域内课程互选和学分互认机制的重要载体。

欧洲高等教育领域流动与合作获得很大成功的重要前提之一在于欧洲不同国家以及不同院校间的高等教育质量差异相对较小。[1] 因此,为了取得更好的成效,应加强能力建设与标准工具的协同,缩小长三角不同地区高等教育质量差异,夯实协同发展的基础。此外,在长三角区域高等教育协同发展的进程中,要充分发挥各类教育智库的咨询服务功能。

三、激发系统变革活力

在协同理论看来,在没有开展协同之前,长三角三省一市高等教育子系统是相对独立的系统,具有相对清晰的边界,但是,当这些子系统围绕共同目标构成有机整体,即长三角区域高等教育系统,各个子系统就成为区域总系统的构成要素。在区域系统的框架下,子系统之间的边界应当是相互开放的,要积极参考、借鉴世界高等教育发展国家及地区的相关经验,推动系统要素的调整与更新,创造性地探索"不破行政隶属,打破行政边界"的体制机制创新,突破

---

[1] [德]乌尔里希·泰希勒.迈向教育高度发达的社会:国际比较视野下的高等教育体系[M].肖念,王绽蕊译.北京:科学出版社,2014:78.

以省级单位行政区划的刚性约束,确立跨区域治理的新思维,破除行政区划对教育资源、人才、科技等要素流动的分割,推动对内功能互补、对外开放合作。探索高等教育为经济社会、产业发展及科技创新提供有效支撑的机制。

具体地,可以依托区域高等教育协同发展创新行动激发系统变革活力,如区域高等教育发展共同体。根据人类命运共同体理论,在全球化背景下的区域发展竞争中,每一个区域都构成了一个命运共同体,基于共同目的或利益,必须联合在一起协同发展才能应对各种挑战,提升整体竞争力。长三角区域高等教育不仅面临日趋激烈的国际竞争,也肩负着打造亚太地区教育高地,服务国家发展大局的历史使命。因此,长三角在推进区域高等教育发展时,不仅要强调地理相近因素,更要在人类命运共同体理念下,在价值层面强调长三角是一个命运共同体,休戚相关,紧紧围绕区域高等教育发展的内在逻辑,梳理共同的目标、需求和利益,明确长三角区域高等教育的共同价值取向,以区域作为高等教育整体协同发展的高地,以教育发展、人才培养的大局观引导正确的政绩观、科研观和学术观。进一步地,长三角地区应当超越地理界限,以共同利益、共同责任为核心,在尊重和平等的基础上,努力推动区域高等教育发展共同体的构建,构筑为满足社会、经济、文化发展需要,实现共同目的和利益而联合在一起的有机统一体,通过体制机制创新和治理结构变革,推动三省一市在高等教育领域的优势互补、特色发展、合作共赢,并具有共同性、互动性、包容性、协调性。重视高等教育与经济社会的全面协调,高等教育与经济社会发展你中有我、我中有你,学科专业与行业产业的区域适配需要特别强化,综合区位优势与高等教育资源优势,加强互动,坚持合作共赢,以联系的眼光看待彼此间的关系,催生新的发展动力。

四、创新激励约束机制

长三角区域高等教育协同发展具有全局性和整体性,在激励工具的设计和选择中,既要紧扣长三角区域高等教育协同发展的整体目标和价值取向,又要与四地参与区域高等教育协同发展的动机和需求相契合,关照国家共同利益和三省一市特殊利益,应用激励和约束相容机制,建立利益协调机制以及共同提升机制,将竞争机制从省市扩大到长三角区域;要完善区域综合绩效评价与政绩考核的激励机制,从内部激发行动者的积极性,从外部给政策执行者压力,引导人们积极地采取实现政策目标的行动,围绕教育均衡、教育质量、教育开放等设置考核指标,如考核实验室对外的开放度、为社会提供了多少服务,这些服务产生了什么效果。

此外,可以采用"社会声誉"工具,设置以激励为目的的资助项目,对政策执行效果好的省市、部门或高校予以表彰和奖励。适度地权力下放,给予地方政府及高校更多的政策空间和更广泛的自主权,激发地方政府和高校的积极性和主观能动性。

第三节 打造新型长三角高等教育治理格局

一、完善督导评价体系

对于提高政策制定的质量,纠正政策执行过程中的偏差,提高政策成效而言,教育督导评估具有重要的作用。然而,对于目前仍处于探索阶段的长三角区域高等教育协同发展政策而言,督导评价体系尚未构建,因此,积极探寻出符合长三角区域高等教育协同发展政策自身特性的督导评价体系显得尤为重要。

(一)完善分级联动、内外结合的督导评估机制

高等教育督导评估是我国高等教育质量保障体系的重要一环,在教育治理和教育发展中发挥着规范监督和诊断指导功能。"督导"和"评估"呈现出不同的职能导向。督导主要承担对政府管理部门国家方针、政策导向的遵循以及教育政策执行基本规范的监督,评估侧重于高等教育实际工作情况的诊断。为了更好地推进长三角区域高等教育协同发展,首先,教育部高等教育教学评估中心和学位与研究生教育发展中心作为国家层面组织高等教育督导评估工作的主要机构,应会同长三角三省一市人民政府教育督导室共同制定督导评估机制。国家层面的高等教育督导评估机构应当对教育部发布的相关政策的

执行情况进行监督,开展部属高校参与区域高等教育协同发展项目专项督导;三省一市人民政府教育督导室对联合发布的相关政策的执行情况进行监督,开展省(市)隶属高校参与区域高等教育协同发展项目的专项督导。在"管办评分离"改革理念的指导下,政府应当转变长期以来担任评估主体的现状,让渡部分权力给第三方评估机构,并制定分类评估体系,对不同类型的高校及不同的学科专业制定差异化的评估方案。总体上形成国家、区域分级联动、政府和第三方机构内外结合的督导评估机制。

从以往的实际情况来看,在长三角区域高等教育协同发展政策实施过程中,三省一市教育行政部门依托"长三角教育协作发展会商机制"和一年一度的教育合作发展研讨会(后陆续更名为"教育协作会议""教育协作发展会议""教育一体化发展会议"),重点对往年的具体协同项目开展评估,包括长三角高校交换生计划、长三角研究生教育创新计划等,这种零散的、非持续性的评估没有形成完善的体系,评估结果并没有对决策部门和执行部门形成有效的约束与激励。应当在督导评估机制完善的基础上,推进区域高等教育协同发展监测平台建设,打破区域数据采集的壁垒,建立区域数据采集的统一标准,持续全面地收集各方信息,注重不同领域、不同部门数据的对接,定期发布监测报告。重视评估结果的应用。对长三角区域高等教育协同发展政策的落实情况应纳入相关部门考核的指标体系,并制定《长三角区域高等教育协同发展政策评估办法》,对政策的执行形成约束和激励,对如何激励正向溢出效应的行动做出规定。

(二)构建协同发展的评价体系

长三角区域高等教育协同发展的目标是资源共享畅通,整体布局优化,整体水平提升,而该目标的实现需要经历一个长期的过程,对长三角区域高等教育协同发展水平的评价能够为协同发展方向调整和路径选择提供客观依据。

1. 评价指标体系的构建原则

对长三角区域高等教育协同发展水平进行评价,要求所选指标必须能客观、综合地反映长三角区域高等教育发展的协同性,在构建长三角区域高等教育协同发展评价指标体系时必须遵循以下两条原则。

（1）科学性和系统性原则。一方面，指标体系的构建要以长三角区域高等教育协同发展的现实情况为基础，所选择的指标必须能够客观、综合地反映长三角区域高等教育协同发展的内涵及特征，评价指标的内涵必须界定明确；另一方面，区域高等教育是一个复杂的系统，因此指标体系的构建既要考虑区域高等教育协同发展多视角的特征，又要考虑区域高等教育系统内部各子系统之间的相互关系，以形成既相互独立，又相互联系、互为补充、彼此依存的指标体系。

（2）可获得性和可比性原则。一方面，评价指标的设置力求全面、详尽，应具有代表性且考虑数据的可获得性，指标值必须能够进行测量；另一方面，指标的统计口径、统计结构、计算方法在横向和纵向上要具有可比性，以便指标体系能够在不同阶段和不同地区之间进行比较分析。

2. 评价指标体系的构建

根据长三角区域高等教育协同发展的内涵，对长三角区域高等教育协同发展水平的评价主要考量区域高等教育发展的协同性。在构建评价区域高等教育协同发展水平的指标体系时，要同时兼顾区域高等教育的差异性、互补性和开放性。具体地，在借鉴已有研究成果和总结专家访谈的基础上，以教育现代化指标体系为指引，从教育均衡、教育质量、教育开放等维度，设置学分转化与认定、师生流动、课程开放、资源共享、科研合作等指标，以系统反映长三角区域高等教育协同发展的目标和内涵。

二、加强信息舆论引导

长三角区域高等教育协同发展进程涉及各种各样的利益相关者，大多在高等教育部门之内，而有些则代表其他部门和群体，都有着自己的目标和预期结果。而制度要真正实现其功能，完善的制度被大多数社会成员所认同与遵守以及制度不折不扣地被实施是充分条件和必要条件。[1] 为了凝聚共识、增进认同，应大力加强信息舆论引导。

---

[1] 辛鸣.制度论——哲学视野中的制度与制度研究[D]（博士学位论文）.中共中央党校，2004.

(一) 增进文化认同

"我们的观念、价值、行动甚至我们的感情……都是文化的产物。"[①]长三角三省一市有不同的地域文化和人文精神、上海体现了"海派文化"、江苏秉承了"吴文化""淮扬文化"等传统、浙江继承了"越文化"的精髓、安徽则孕育了"徽文化"。除个性之外,长三角区域拥有同根同源的江南文化,这是长三角区域高等教育协同发展的文化基础。此外,长三角四地的教育文化氛围都十分浓厚,在某种程度上也有着很大的一致性,这些都应该充分加以利用。文化传承创新是高等教育的基本职能之一,高校理应成为区域文化的倡导者,使江南文化成为长三角区域社会所有成员共同接受和共享的共识文化,促进长三角共识的建立,增强区域凝聚力,为长三角区域一体化厚植文化根基,同时也为长三角区域高等教育协同发展营造良好的文化氛围。

(二) 营造良好的舆论导向

其一,营造良好的评价导向。从国际经验来看,世界一流高校大多是服务区域经济社会发展的典范,高校追求一流大学建设和提升国际竞争力与高校重视区域角色并不冲突。诚然,国际高等教育排名是反映一个国家高等教育综合实力的综合指标,但并不能够真正全面地体现一个国家高等教育发展质量与水平,"高等教育强国的最终判定标准要取决于高等教育对社会发展和人的发展的'贡献率'上"[②],也即高等教育的结构与功能,故应当转变政府与民间对高校的绩效与声誉的评价导向,要强调和重视高校的区域角色,重视高校的社会贡献评价,并澄清"高等教育强国不仅仅是一个排行榜概念,而是一个结构性概念"[③],为区域高等教育协同发展营造良好的评价导向,从而转变高校围绕各种指标和排名办学的现状,促使高校更好地发挥各自的比较优势,形成整体性的优势,使得高等教育更好地引领和支撑区域社会经济发展。其二,

---

[①] [美] 克利福德·格尔茨. 文化的解释[M]. 纳日碧力戈等译. 上海: 上海人民出版社, 1999: 131.

[②] 邬大光, 赵婷婷, 李枭鹰, 梁燕玲, 李国强. 高等教育强国的内涵、本质与基本特征[J]. 中国高教研究, 2010(1): 4—10.

[③] 谢维和. 高等教育: 区域发展的新地标[J]. 中国高教研究, 2018(4): 12—15.

重视舆论宣传。新闻媒体是舆论引导的主力军和主阵地,要综合运用传统媒体和新媒体大力宣传长三角区域高等教育协同发展政策,对具体领域协同发展活动的开展进行持续和深入的报道,为长三角区域高等教育协同发展营造良好的社会氛围。

(三)运用大数据提升区域高等教育协同发展水平,加大主动公开信息的力度

目前我国已经建立了国家教育科学决策服务系统,其中,包含教育、人口、经济、科技等不同模块。以此为借鉴,也应当从顶层设计上统筹高等教育与区域经济社会的协同发展,建立融合区域教育、产业、科技等不同领域数据收集的制度体系,全面系统地收集各类信息数据,打破部门、领域和行业壁垒推进数据融合、数据共享,营造产学研协同创新发展的数据链,释放大数据共享红利。在此基础上,加大对数据的开发应用,最大限度地挖掘数据背后"隐喻"的价值,通过对协同发展的态势进行持续监测并进行前瞻性的预测,从而为多元主体在复杂场域中的集体行动提供更多可能。在国家教育科学决策服务系统的基础上,构建区域子系统,以此为依托,打造不同利益主体间资源共享、功能互补、互惠双赢、协同创新的平台。要完善信息公开制度,坚持全方位、多渠道、宽领域公开原则,确保信息及时、全面公开,赋予公众知情权、参与权和监督权。

三、动员多元主体参与

在以往的区域高等教育协同发展进程中,政府发挥主导推动作用,而社会力量参与不足,事实上,区域高等教育协同发展作为一项复杂的系统工程,不仅需要政府的统筹协调,更需要充分发挥社会力量的作用。在访谈中,也有专家强调了民间力量的重要性:"要重视自上而下和自下而上的两大驱动力,其中自下而上的驱动力更加重要,真正起作用的,很大程度是民间力量,强在民间。"[1]如何通过系统性的制度设计激发社会力量参与的积极性,以及建构社

---

① 访谈资料(ES120190630)。

会力量有效参与的渠道和机制,是我们需要重点回答的问题。

　　"共建共享"是长三角区域高等教育协同发展的应然形态。"共建"的主体包括政府、高校、社会等,其内容则包含合作办学、联合实验室、实习基地建设等,这些都需要政府、高校、社会力量的共同参与。"共享"是指全体社会成员共同享有区域高等教育协同发展的成果,唯有发展成果更多、更公平惠及全体人民才能激发社会力量参与的积极性。首先,增加社会力量参与的制度供给。制定精细化、可操作性的具体制度,对社会力量参与的程序和途径作出规定。其次,加大信息公开力度,增进公众对信息的了解,不仅有助于减少公众在集体行动中的信息不对称,使其更好地参与到决策中,也有助于他们更好地发挥监督作用。再次,激活市场体制,充分发挥市场的作用,引入竞争机制,释放市场力量提供服务和市场机制调节资源配置的自主空间。一方面,开放区域高等教育投资市场,鼓励市场资本和民间资源投入教育服务,投资联合办学,有利于形成教育服务提供主体多元化格局;另一方面,市场调节可以不断地刺激高校,使其适应不断变化的社会经济状况。[①] 最后,政府应加强对社会组织、第三方机构的培育和引导,鼓励成立教育评价的行业组织,提升社会力量参与的能力。在形成一个全社会共同参与机制的基础上,形成"政府统筹协调、高校自主办学、社会积极参与"的格局。

---

① [美]伯顿·克拉克.高等教育新论:多学科的研究[M].王承绪等译.杭州:浙江教育出版社,2001:92—93.

结论与反思

行文至此,关于长三角区域高等教育协同发展政策优化的研究已接近尾声,本研究通过概念的澄清、现实问题的考察与提炼、优化依据的探寻与借鉴,提出了优化方向与路径,笔者认为本研究在已有研究基础上作出了一定的突破,诚然,研究依然存在可以完善和扩展的余地。

一、研究创新与不足

(一)研究创新之处

1. 内容上的创新

本研究在内容上的创新主要包含了区域高等教育协同发展内涵的澄清、现实基础与发展需求的厘清、长三角区域高等教育协同发展现状与问题的剖析和政策优化方向与路径的提出四个方面。

第一,区域高等教育协同发展内涵澄清。本研究指出区域高等教育协同发展是指通过高校空间、学科专业布局、招生就业、人才培养、科技成果转化和资源要素的重新整合等方面的统筹协调,使区域高等教育系统由无序到内部协调、外部适应的良性有序的演化过程,同时深入分析了区域高等教育协同发展包含的两层含义以及两者之间的关系。

第二,现实基础与发展需求的厘清。通过分析长三角社会经济发展和高等教育发展现状,发现三省一市高等教育投入和发展水平均存在差异,江苏、上海是高等教育强省(市),安徽比较薄弱,高等教育资源分布不均衡,既有教育资源和发展的比较优势,又存在薄弱环节和发展差距,长三角高等教育协同发展具有现实基础和发展需求。而国家区域发展战略的形势要求和高等教育发展的诉求则分别形成了长三角区域高等教育协同发展的"外生推动力"和"内生牵引力"。

第三,长三角区域高等教育协同发展现状与问题剖析。通过访谈调查和政策文本分析,研究发现长三角区域高等教育协同发展在区域高校联盟构建、学生交流交换、合作办学与学科协同、产学研协同创新等方面取得了一些成效,同时也存在协同主体的错位与缺位、协同内容的局限与滞后、协同成效不显著等问题。究其原因,有协同发展制度机制不健全、传统管理体制掣肘、区域文化认同缺失等因素。

第四,提出了长三角区域高等教育协同发展政策优化的方向和路径。在长三角区域高等教育协同发展政策优化的方向上,我们认为应充分发挥制度优势,坚持共建共享、融合发展的新理念,遵循差异性、互补性、开放性原则。厘清区域高等教育协同发展中政府、高校和社会力量各方的权责定位,理顺长三角区域高等教育协同发展中政府间关系,增强中央与地方的协调性,理顺地方利益与区域利益关系,推动研究型高校与应用型高校分类定位参与协同发展。制定区域高等教育协同发展的分阶段目标,在制定体现国家战略的总目标的基础上,制定中长期目标和当下的具体目标。在长三角区域高等教育协同发展政策优化路径上,首先,应改进长三角区域高等教育协同发展政策制定,着眼于强化公平正义的价值导向,提升决策民主化和科学化水平,建立政策动态调整机制等。其次,强化长三角区域高等教育协同发展政策执行,具体从提供政策执行保障、夯实政策执行能力、激发系统变革活力、创新激励约束机制等方面着力。最后,通过完善督导评价体系,加强信息舆论引导,动员多元主体参与,打造新型长三角高等教育治理格局。

2. 方法上的创新

本研究综合运用文献法、政策文本分析法、访谈法和比较法对长三角区域高等教育协同发展政策这一议题进行研究,突破了已有研究在方法应用方面的单调性。针对研究的对象需要深入长三角区域高等教育协同发展实践中发掘问题,在深入分析长三角区域高等教育协同发展存在的问题时除了查阅相关研究文献、政策文本外,主要采用非结构式访谈的方式,深入长三角区域高等教育协同发展现场进行深度访谈,从而掌握真实反映区域高等教育协同发展现状和存在的问题的一手资料,并以此作为参照提出区域高等教育协同发展政策优化的方向和路径,具有现实针对性和可操作性。

(二)研究存在的不足

第一,资料搜集上的不足。在资料搜集过程中,由于政府没有对以往的协同成效进行追踪,导致部分资料缺失。为了弥补资料的缺失对政策成效进行质的记述,研究使用了访谈法,但容易受到访谈对象数量的限制及其主观因素的影响。

第二,研究深度上的不足。区域高等教育协同发展是一项复杂的系统工程,相应地,区域高等教育协同发展政策作为一项宏观的教育政策,涉及广泛的领域和不同的部门,为这一政策优化寻找有效的策略尚需借鉴多方理论及实践经验。限于研究者知识储备及研究时间的不足未能对这一问题进行更加深入的讨论。

二、研究展望

第一,尝试以新的视角来研究长三角区域高等教育协同发展政策,特别是借鉴其他学科的理论框架对其进行研究,以期有新的发现。

第二,进一步收集相关数据资料和开展实证研究,在了解更多区域高等教育协同发展现实的基础上,不断修正和完善本文的研究结果。

附　录

一、教育行政人员访谈提纲

1. 请您谈谈长三角教育合作的现状，区域高等教育协同发展的实践探索取得的成效，介绍一下现有的长三角联动合作平台？

2. 您觉得省际跨区域合作在多大程度上推动了长江三角洲区域高等教育的协同发展？省际跨区域合作解决了多少有关长三角高等教育协同发展的重要议题？

3. 您觉得长三角区域高等教育协同发展有哪些亟待解决的问题，需要在哪些方面做出突破？

4. 在区域高等教育协同发展政策执行的过程中，遇到哪些障碍？您觉得有哪些因素制约了政策的执行？

5. 三省一市定位不同，合作还涉及利益协调的问题。不同地方的政策存在差异，政策差异冲突主要表现在哪几个方面？面对地方政策（目标、工具、利益）冲突，地方政府应该主要做好哪些工作？上海在长三角一体化中扮演的角色和发挥的作用有哪些？如何更好地发挥中心城市的功能？如何更好地发挥长三角在国家区域教育合作发展中的示范作用？

6. 在长三角区域一体化上升为国家战略以后，您觉得在实现区域高等教育协同发展进程中面临的新挑战和新机遇是什么？

7. 看到会议中提到《长三角教育联动发展规划纲要》，但没有搜到相关资料，是没有编制，还是并未公开？

8. 由国家发改委牵头，会同国家有关部委和上海市、江苏省、浙江省、安徽省拟定的《长江三角洲区域一体化发展规划纲要》已正式审议通过并印发。相关的教育方面的一体化规划是否正在编制？

9. 设立探索区域教育协作新机制试验（长三角教育协作发展）项目的初衷是什么？三省一市有推进长三角教育协作发展的固定基金吗？

10. 请您谈谈对推进区域高等教育协同发展的政策建议。

二、高校领导访谈提纲

1. 谈谈您对长三角区域高等教育协同发展这个课题的整体看法。

2. 您是高等教育实践者，又是高等教育研究者，也是长三角区域高等教育协同发展政策的执行者，想听听您如何看待长三角区域高等教育协同发展的政策？过去怎么样？现在又有什么新的变化？在执行过程中取得哪些成效？遇到哪些问题？协同发展存在哪些困境？造成这些困境的关键原因是什么？

3. 您觉得长三角区域高等教育协同发展需要设计哪些方面的政策和哪些内容？需要哪些政策保障？您觉得推进长三角区域高等教育协同发展，需要做好哪些方面的机制设计和政策保障？采取什么样的路径去实现？

三、二级学院领导访谈提纲

1. 谈谈您对长三角区域高等教育协同发展这个课题的整体看法。

2. 您历任学校高等教育研究所副所长和二级学院副院长等职务，既是实践者，又是研究者，亦是政策执行者，想听听您觉得长三角区域高等教育协同发展存在哪些困境？过去怎么样？现在又有什么新的变化？造成这些困境的关键原因是什么？

3. 您还是 M 学科博士点一级学科方向带头人，上海市高原学科（M 学科）带头人，对于长三角区域高校的 M 学科的合作现状、成效和存在的障碍，想听听您的看法。

4. 您所在的学院有一个校级实验室，能谈谈实验室资源共享情况吗？

5. 您觉得推进长三角区域高等教育协同发展，需要做好哪些方面的机制设计和政策保障？采取什么样的路径去实现？

四、"长三角高等工程教育联盟"负责人访谈提纲

1. 长三角高等工程教育联盟是由上海理工大学联合南京工业大学、浙江工业大学于2015年发起成立的,作为长三角高等工程教育联盟的发起单位,请谈谈当时的背景和愿景。

2. 联盟成立时,出台了一些联盟政策文件,如《"长三角高等工程教育联盟"的框架协议书》《长三角高等工程教育联盟章程》《长三角高等工程教育联盟合作方案》,也出过《联盟2016工作计划》,谈谈这些政策的落实情况。目前在浙江工业大学举行的校长论坛上签署了《联盟建设框架协议》,相比之前的政策文件有什么创新之处吗？

3. 看联盟组建时的介绍,继南京工业大学、浙江工业大学、上海理工大学成为"长三角工程教育联盟"的单位会员后,联盟还将同时吸纳在国内高等工程教育研究领域、产业界有一定影响力的专家、学者和行业领袖为个人会员,能谈谈相关的进展吗？

4. 联盟成立近4年,内部协作如工程人才培养、课程资源共享、师资队伍互聘、"学生交流与互换"、学生学分互认、协同创新等方面进展如何？遇到什么问题？

5. 我了解到,2016年春季学期上海理工大学接收了来自浙工大的3名机械设计制造及其自动化专业交换生,是和浙工大互派吗？上海理工也派出了对等数额的交换生吗？在互认学分、联合培养方面实施顺利吗？有没有遇到一些难题？交换生反响如何？现在随着高等教育国际化的发展,国外本科生交换生项目也不断深入开展,怎么提高国内高校交换生的吸引力,从而加强联盟校学生交换的意愿？

6. 中国的工程教育转型,必须与行业企业联手。高校与行业、产业的对接融合有什么困境？对产业政策、科技政策的配套有什么诉求？

7. 搜索相关信息时发现,在联盟中上海理工大学的表现较为积极,联盟成立一年内启动学生交流培养项目,赴其他高校推进联盟建设工作。互换交

换生项目也仅有上海理工和浙江工业大学参与,但从搜集到的信息发现只进行了一学期,从2016年秋季学期到这次校长会议的召开中间没看到什么信息,是信息没有公开还是合作遇到困难而搁浅了?

8. 联盟在创建长三角工程教育领域高校协作机制体制、开放共享的工程教育与科研协同平台等方面做出了一些积极探索,有没有取得什么体制机制上的突破?

五、专家学者访谈提纲

1. 谈谈您对长三角区域高等教育协同发展这个课题的整体看法。

2. 您是高等教育领域的研究专家,您觉得长三角区域高等教育协同发展存在哪些困境?造成这些困境的关键原因是什么?政策方面过去怎么样?现在又有什么新的变化?

3. 不同层次的高校参与协同的动力不尽相同。对于长三角区域高水平大学而言,面临兼顾"国际化"与"区域化"的问题,似乎"国际化"比"区域化"显得更为迫切,在已经开展的长三角交换生中出现的交换不平衡、协作关系不对称等问题也削减了高水平大学参与协同的积极性。您觉得需要做好哪些方面的机制设计和政策保障来解决不同发展水平的主体参与合作的动力问题?

4. 您觉得推进长三角区域高等教育协同发展,需要做好哪些方面的机制设计和政策保障?采取什么样的路径去实现?

六、教师访谈提纲

1. 如果有一项长三角高校教师访学计划(一学期或一年),保留你的教职,带薪访学且给予你一定补贴,类似国内"学术假",可以去南京大学、浙江大学这样整体实力更强的高校,或者出国访学,你会申请这个计划吗?如果愿意申请,你觉得自己会有什么收获?能谈谈做出这项选择的想法吗?

2. 假如你任教的班里有来自长三角地区其他高校的交换生(一学期交换),在对他的培养和交流方面你有什么看法?

七、学生访谈提纲

假如有一项长三角高校交换生计划(一学期或一学年),交换学习的专业与你的专业一致,交换的学期或学年你只需支付交换高校的学费和住宿费,原学校的学籍和床铺保留,医药费报销等事宜会协调好,你可以在交换高校选择修读与本校类似的课程(方便学分转化,学分互认),如若交换高校没有本校这学期开设的必修课,可以选择等第二年与本校下一届同学一起修读;你可以去浙江大学、南京大学这样的国内高水平大学,也可以去和你所在的高校实力整体差不多,但相关学科实力较强的高校交换,但不会是上海的高校,是长三角其他省份(江苏、浙江或安徽)的高校,你会申请这个计划吗?如果愿意申请,你觉得自己会有什么收获?如果不愿意申请,能谈谈做出这项选择的想法吗?

参考文献

一、文献资料汇编类

[1] 长三角教育一体化发展研究院总秘书处编.长三角地区教育一体化发展近期工作要点(2019—2020年)[A].第十一届长三角教育一体化发展会议文件汇编[G].上海:华东师范大学国家教育宏观政策研究院,2019.

[2] 国家统计局社会科技和文化产业统计司,科学技术部创新发展司编.中国科技统计年鉴2018[M].北京:中国统计出版社,2018.

[3] 教育部国际合作与交流司编.2009年来华留学生简明统计[M].北京:教育部国际合作与交流司,2010.

[4] 联合国教科文组织.21世纪的高等教育:展望和行动宣言[A].国家教育行政学院编.世界高等教育:改革与发展趋势[C].北京:国家教育行政学院,2002.

[5] 王晓辉.全球教育治理:国际教育改革文献汇编[G].北京:教育科学出版社,2008.

[6] 浙江省人民政府研究室,浙江图书馆.关注长三角:长江三角洲研究资料汇编[G].杭州:浙江省人民政府研究室,2003.

[7] 中国社会科学院语言研究所词典编辑室.现代汉语词典(第5版)[M].北京:商务印书馆,2005.

[8] 中国大百科全书编辑委员会.中国大百科全书·哲学卷[M].北京:中国大百科全书出版社,1987.

[9] 中华人民共和国国家统计局编.中国统计年鉴2019[M].北京:中国

统计出版社,2019.

二、著作类

（一）中文著作类

［1］蔡劲松.大学文化理论构建与系统设计［M］.北京：文化艺术出版社,2009.

［2］陈庆云.公共政策分析［M］.北京：北京大学出版社,2011.

［3］陈瑞莲等.区域公共管理理论与实践研究［M］.北京：中国社会科学出版社,2008.

［4］陈向明.质的研究方法与社会科学研究［M］.北京：教育科学出版社,2000.

［5］陈振明.公共政策分析［M］.北京：中国人民大学出版社,2003.

［6］褚宏启.教育政策学［M］.北京：北京师范大学出版社,2011.

［7］崔玉平.区域高等教育的经济学分析［M］.哈尔滨：黑龙江人民出版社,2011.

［8］戴望.管子［M］.上海：商务印书馆,1936.

［9］樊福卓,张彦,于秋阳.长三角分工、协同与一体化：上海探索与实践［M］.上海：上海人民出版社,2019.

［10］范国睿等.教育政策的理论与实践［M］.上海：上海教育出版社,2011.

［11］房淑云,窦文章.区域教育发展理论探索［M］.太原：山西教育出版社,1997.

［12］高兵.京津冀教育协同发展战略探究［M］.北京：知识产权出版社,2016.

［13］郭治安等.协同学入门［M］.四川：四川人民出版社,1988.

［14］康永久.教育制度的生成与变革——新制度教育学论纲［M］.北京：教育科学出版社,2003.

［15］李钢,蓝石等.公共政策内容分析方法：理论与应用［M］.重庆：重

庆大学出版社,2007.

[16] 李连科.哲学价值论[M].北京：中国人民大学出版社,1991.

[17] 刘复兴.教育政策的价值分析[M].北京：教育科学出版社,2003.

[18] 潘懋元.高等教育学讲座[M].北京：人民教育出版社,1993.

[19] 潘懋元.新编高等教育学[M].北京：北京师范大学出版社,2009.

[20] 曲洁.义务教育改革与发展：政策工具选择与优化[M].上海：上海人民出版社,2015.

[21] 申剑敏.跨域治理视角下的地方政府合作：基于长三角的经验研究[M].上海：上海人民出版社,2016.

[22] 沈承刚.政策学[M].北京：北京经济学院出版社,1996.

[23] 孙绵涛.教育政策学[M].北京：中国人民大学出版社,2010.

[24] 孙善学,吴霜,杨蕊竹.京津冀教育协同发展战略探究[M].北京：首都经济贸易大学出版社,2016.

[25] 汪伟全.区域经济圈内地方利益冲突与协调——以长三角地区为例[M].上海：上海人民出版社,2011.

[26] 王新凤.欧洲高等教育区域整合研究——聚焦博洛尼亚进程[M].北京：社会科学文献出版社,2013.

[27] 王战军.中国研究型大学建设与发展[M].北京：高等教育出版社,2003.

[28] 王振等.长三角协同发展战略研究[M].上海：上海社会科学院出版社,2018.

[29] 习近平.决胜全面建成小康社会,夺取新时代中国特色社会主义伟大胜利——在中国共产党第十九次全国代表大会上的报告[R].北京：人民出版社,2017.

[30] 许涛,刘乃全,张学良.2018—2019中国区域经济发展报告——长三角高质量一体化发展[M].北京：人民出版社,2019.

[31] 袁贵仁.价值学引论[M].北京：北京师范大学出版社,1991.

[32] 袁振国.教育政策学[M].南京：江苏教育出版社,1996.

[33] 叶必丰等.行政协议——区域政府间合作机制研究[M].北京：法律出版社,2010.

[34] 俞可平.治理和善治[M].北京：科学文献出版社,2000.

[35] 曾珍香等.基于复杂系统的区域协调发展：以京津冀为例[M].北京：科学出版社,2010.

[36] 张力.区域教育协同发展的政策方案与理论研究——京津冀教育协同发展对策研究[M].广州：广东教育出版社,2017.

[37] 张金马.公共政策分析：概念·过程·方法[M].北京：人民出版社,2004.

[38] 张喜才.京津冀高等教育与产业协同发展模式及对策——基于产业链视角的研究[M].北京：中央编译出版社,2018.

[39] 张振助.高等教育与区域互动发展论[M].桂林：广西师范大学出版社,2004.

[40] 中国人民大学竞争力与评价研究中心研究组.中国国际竞争力发展报告[R].北京：中国人民大学出版社,2001.

[41] 朱志宏.公共政策[M].台北：三民书局,1991.

[42] 左大康.现代地理学词典[M].北京：商务印书馆,1990.

（二）中文译著类

[1] [美]埃德加·M.胡佛.区域经济学导论[M].王翼龙译.北京：商务印书馆,1990.

[2] [美]埃德加·博登海默.法理学—法哲学及其方法[M].邓正来译.北京：华夏出版社,1987.

[3] [法]埃米尔·涂尔干.社会分工论[M].渠敬东译.上海：上海三联书店,2000.

[4] [美]伯顿·克拉克.高等教育新论：多学科的研究[M].王承绪等译.杭州：浙江教育出版社,2001.

[5] [古希腊]柏拉图.理想国[M].郭斌和等译.北京：商务印书馆,1996.

［6］［德］斐迪南·滕尼斯.共同体与社会——纯粹社会学的基本概念[M].张巍卓译.北京：商务印书馆,2019.

［7］［美］弗兰克·费希尔.公共政策评估[M].吴爱明,李平等译.北京：中国人民大学出版社,2003.

［8］［美］弗朗西斯·C.福勒.教育政策学导论[M].许庆豫译.南京：江苏教育出版社,2007.

［9］［德］赫尔曼·哈肯.协同学：大自然构成的奥秘[M].凌复华译.上海：上海译文出版社,2005.

［10］经济合作与发展组织.高等教育与区域：立足本地,制胜全球[M].清华大学教育研究院译.北京：教育科学出版社,2012.

［11］［美］克拉克·克尔.高等教育不能回避历史——21世纪的问题[M].王承绪译.杭州：浙江教育出版社,2001.

［12］［美］克拉克·克尔.大学之用[M].高铦,高戈,汐汐译.北京：北京大学出版社,2008.

［13］［美］克利福德·格尔茨.文化的解释[M].纳日碧力戈等译.上海：上海人民出版社,1999.

［14］［美］莱斯特·M.萨拉蒙.政府工具：新治理指南[M].肖娜等译.北京：北京大学出版社,2016.

［15］［德］马克斯·韦伯.经济与社会[M].林荣远译.北京：商务印书馆,1997.

［16］［美］迈克尔·豪利特,M.拉米什.公共政策研究：政策循环与政策子系统[M].庞诗等译.北京：生活·读书·新知三联书店,2006.

［17］教育部国家教育发展研究中心.美国加利福尼亚州高等教育总体规划[M].王道余译.北京：人民教育出版社,2005.

［18］［英］齐格蒙特·鲍曼.共同体[M].欧阳景根译.南京：江苏人民出版社,2007.

［19］［英］齐格蒙特·鲍曼.流动的现代性[M].欧阳景根译.北京：中国人民大学出版社,2018.

[20][法]让·里韦罗,让·瓦利纳. 法国行政法[M]. 鲁仁译. 北京:商务印书馆,2008.

[21][美]萨柏斯坦·罗斯. 区域财富:世界九大高科技园区的经验[M]. 金马工作室译. 北京:清华大学出版社,2003.

[22][英]斯蒂芬·鲍尔. 政治与教育政策制定——政策社会学探索[M]. 王主秋,孙益译. 上海:华东师范大学出版社,2011.

[23][美]托马斯·R. 戴伊. 理解公共政策[M]. 谢明译. 北京:中国人民大学出版社,2011.

[24][美]威廉·N. 邓恩. 公共政策分析导论[M]. 谢明等译. 北京:中国人民大学出版社,2011.

[25][德]乌尔里希·泰希勒. 迈向教育高度发达的社会:国际比较视野下的高等教育体系[M]. 肖念,王绽蕊译. 北京:科学出版社,2014.

(三)外文著述类

[1] Altbach, P. G., & Peterson, P. M. *Higher Education in the 21st Century: Global Challenge and National Response*[M]. Annapolis Junction: IIE Books, 1999.

[2] Charles, O. Jones, *An Introduction to the Study of Public Policy*[M]. North Scituate Ma: Duxbury Press, 1977.

[3] Chou, M.-H., & Ravinet, P. The rise of "higher education regionalism": an agenda for higher education research[A]. *Handbook of Higher Education Policy and Governance*[C]. Palgrave: Basingstoke, 2015: 361—378.

[4] Dang, Q. A. *The Bologna Process Goes East? From "Third Countries" to Prioritizing Interregional Cooperation between the ASEAN and EU*[A]. *The European Higher Education Area*[C]. Cham: Springer, 2015: 763—783.

[5] Education, Audiovisual and Culture Executive Agency, European Commission. *Focus on Higher Education in Europe 2010: The Impact of*

the Bologna Process[R]. Brussels: Education, Audiovisual and Culture Executive Agency, European Commission, 2010: 14.

[6] European Commission. *The Role of Universities in the Europe of Knowledge*[R]. Commission Communication, 2003.

[7] Evert Vedung. *Public Policy and Program Evaluation*[M]. New Brunswick and London: Transaction Publishers, 1997.

[8] Fellin. P. *The Community and the Social Workers*[M]. Itasca, IL: F. E. Peacock, 2001.

[9] HMSO. Realising Our Potential: Strategy for Science, Engineering and Technology[M]. London: HMSO, 1993.

[10] Karen Christensen, David Levinson. *Encyclopedia of Community: From the Village to the Virtual World*[M]. California: SAGE Publications, 2003.

[11] Knight J. Regionalization of higher education in Asia: functional, organizational, and political approaches[A]. In Collins C., Lee M., Hawkins J., Neubauer D. (eds). *The Palgrave Handbook of Asia Pacific Higher Education*[C]. New York: Palgrave Macmillan, 2016: 113—127.

[12] Laura Nistor. *Public Services and the European Union: Healthcare, Health Insurance and Education Services*[M]. Hange, the Netherlands: T. M. C. Asser Press, 2011.

[13] Perri Six, D. Leat, K. Seltzer, and G. Stoker. *Towards Holistic Governance: The New Reform Agenda*[M]. Basingstoke: Palgrave, 2002.

[14] Sergiovanni, T. *Building Community in Schools*[M]. San Francisco: Jossey Bass, 1994.

三、报刊文章

[1]陈健,周谷平.解决好教育发展不平衡不充分问题[N].人民日报,2018-04-04.

[2] 耿联,任松筠,倪方方. 第一届长三角一体化发展高层论坛在安徽芜湖举行[N]. 解放日报,2019-05-23.

[3] 刘昕璐. 长三角医学教育联盟成立[N]. 青年报,2019-12-16.

[4] 习近平. 携手构建合作共赢新伙伴,同心打造人类命运共同体——在第七十届联合国大会一般性辩论时的讲话[N]. 人民日报,2015-09-29.

四、期刊论文

(一) 中文期刊

[1] 别敦荣,胡颖. 论大学协同创新理念[J]. 中国高教研究,2012(10):4—8.

[2] "长三角地区教育联动发展战略研究"上海课题组. 以共同发展为导向,推动长三角地区教育率先联动[J]. 教育发展研究,2009(Z1):8—10.

[3] "长三角地区教育联动发展战略研究"浙江课题组. 以改革为动力,构建长三角教育一体化发展平台[J]. 教育发展研究,2009(Z1):14—16.

[4] "长三角地区教育联动发展战略研究"江苏课题组. 以项目为载体,加快长三角地区教育联动发展[J]. 教育发展研究,2009(Z1):11—13.

[5] 陈景春,尤玉军. "长三角"高校科学联合与产业发展互动[J]. 江西社会科学,2006(3):249—252.

[6] 陈学飞,沈文钦. 建设高等教育强国的背景与条件分析[J]. 中国高教研究,2011(11):8—12.

[7] 陈瑞莲,杨爱平. 从区域公共管理到区域治理研究:历史的转型[J]. 南开学报(哲学社会科学版),2012(2):48—57.

[8] 陈章龙. 论社会转型时期的价值冲突[J]. 南京师大学报(社会科学版),2004(5):5—10.

[9] 崔玉平,夏焰. 区域高等教育联动改革与协调发展的经济意义——基于长三角地区的分析[J]. 清华大学教育研究,2012(01):40—45.

[10] 崔玉平,陈克江. 区域一体化进程中高等教育行政区划改革与重构——基于长三角高等教育协作现状的分析[J]. 现代大学教育,2013(4):

63—69.

[11] 邓尚民,韩靖.高校合作参与机制的博弈分析[J].软科学,2007(6):79—82.

[12] 丁晓昌.长三角高等教育联动发展的实践与思考[J].中国高教研究,2010(8):13—17.

[13] 董泽芳,柯佑祥.高等教育区域化研究[J].江苏高教,2000(5):31—34.

[14] 范笑仙."区域现代化与高等教育发展"中英研讨会综述[J].中国高教研究,2012(8):10—14.

[15] 方易.弗兰克·费希尔:《公共政策评估》[J].公共管理评论,2013(2):156—163.

[16] 高树仁,宋丹.区域教育一体化发展的机制创新[J].中国教育学刊,2014(9):18—21.

[17] 高新发,胡赤弟.高教园区应促进高等教育与社会经济的协同发展[J].扬州大学学报(高教研究版),2002(1):21—23.

[18] 高雪莲.政策评价方法论的研究进展及其争论[J].理论探讨,2009(5):139—142.

[19] 龚放.整合与联动:打造长三角高等教育发展极[J].教育发展研究,2004(1):5—7.

[20] 龚放.观念认同,政府主导,项目推动——再论打造"长三角高等教育发展极"[J].教育发展研究,2005(7):55—57.

[21] 共建"长三角教育综合改革试验区"课题组.推进长三角教育综合改革,实现区域教育联动发展[J].教育发展研究,2012(5):27—45.

[22] 郭康.应用技术大学服务区域经济发展的理论探析——兼论地方高校转型应用技术大学[J].高教探索,2016(6):25—29.

[23] 何子建.利益:民主政治与社会结构的联结点[J].社会学研究,1995(1):50—58.

[24] 侯蔚.长三角区域一体化下的高校协同发展战略选择与制度创新

[J].中国高教研究,2014(4):31—37.

[25] 侯蔚.论产业转型升级与高校专业协同发展——基于长三角区域一体化的思考[J].高等工程教育研究,2014(4):22—29.

[26] 黄崴,孟卫青.泛珠三角区域教育发展合作的背景、现状与机制[J].教育研究,2007(10):67—72.

[27] 季诚钧,朱亦翾,张墨涵.长三角地区教育发展现状及规划比较研究——基于教育现代化视角[J].决策与信息,2019(2):88—100.

[28] 金太军.从行政区行政到区域公共管理——政府治理形态嬗变的博弈分析[J].中国社会科学,2007(6):53—65.

[29] 雷树祥,肖阳.长三角区域经济一体化下的高等教育合作[J].现代教育科学,2008(3):28—31.

[30] 李航敏,陈文敬.全球高等教育服务贸易发展态势及对我国的启示[J].国际贸易,2014(3):63—66.

[31] 李科利,梁丽芝.我国高等教育政策文本定量分析——以政策工具为视角[J].中国高教研究,2015(8):50—56.

[32] 李孔珍,李鑫.京津冀教育协同发展政策执行的综合模式分析[J].教育理论与实践,2017(25):22—26.

[33] 李硕豪,魏昌廷.我国高等教育布局结构分析——基于1998—2009年的数据[J].教育发展研究,2011(3):8—13.

[34] 李旭.京津冀区域高校联盟建设的现状、困境与对策[J].高等教育研究,2018(6):42—50.

[35] 李学,张勤.区域教育一体化改革：内涵、动因与路径[J].现代教育管理,2013(12):38—42.

[36] 刘海波.江浙沪高等教育资源整合与发展[J].江苏高教,2005(5):28—30.

[37] 刘舒玉.经济地理学视角下的长三角高教一体化战略[J].教书育人,2012(36):4—6.

[38] 刘勇,姚舒扬.文化认同与京津冀协同发展[J].北京联合大学学报

(人文社会科学版),2014(3):35—40.

[39] 吕志奎.公共政策工具的选择——政策执行研究的新视角[J].太平洋学报,2006(5):7—16.

[40] 马陆亭.促进高等教育区域发展的模式、机制、文化[J].中国高教研究,2012(8):8—10.

[41] 欧小军.世界一流大湾区高水平大学集群发展研究——以纽约、旧金山、东京三大湾区为例[J].四川理工学院学报(社会科学版),2018(3):83—100.

[42] 彭红玉,张应强.美国州际高等教育协调与合作机制及其启示[J].高等教育研究,2012(4):99—104.

[43] 祁型雨.论教育政策的价值及其评价标准[J].教育科学,2003(2):7—10.

[44] 齐艳杰,薛彦华.京津冀高等教育一体化进程对策研究[J].北京师范大学学报(社会科学版),2017(2):15—20.

[45] 秦晖.共同体·社会·大共同体——评滕尼斯《共同体与社会》[J].书屋,2000(2):57—59.

[46] 沈远新.正和互动:中央与地方关系的新范式及其政策意义[J].上海行政学院学报,2001(2):50—56.

[47] 申怡,夏建国.论我国高等教育的"不平衡不充分"及其破解路径[J].中国高等教育,2018(1):10—12.

[48] 眭依凡.合作与引领发展:"长三角"高等教育行动[J].中国高教研究,2010,(6),1—6.

[49] 田汉族,王超.京津冀高等教育合作困境的制度分析[J].首都师范大学学报(社会科学版),2016,(5):122—132.

[50] 王鲜萍.关于高等教育区域合作绩效评价指标体系的探讨[J].江苏高教,2010(3):49—50.

[51] 王建华.什么是高等教育[J].高等教育研究,2012(9):1—6.

[52] 邬大光,赵婷婷,李枭鹰,梁燕玲,李国强.高等教育强国的内涵、本

质与基本特征[J].中国高教研究,2010(1):4—10.

[53] 巫丽君,王河江.长三角高等教育区域一体化模式探析——基于历史进程的考察[J].清华大学教育研究,2010(4):52—56.

[54] 吴志攀.高等教育与区域发展——以"首都教育"为视角的考察[J].北京大学教育评论,2003(4):68—77.

[55] 夏建勇,茹惠祥,方展画,高宁,李明华,祝鸿平.以改革为动力,构建长三角教育一体化发展平台[J].教育发展研究,2009(Z1):14—16.

[56] 谢维和.高等教育:区域发展的新地标[J].中国高教研究,2018(4):12—15.

[57] 谢爱磊,李家新,刘群群.粤港澳大湾区高等教育融合发展:背景、基础与路径[J].中国高教研究,2019(5):58—63.

[58] 许长青,卢晓中.粤港澳大湾区高等教育融合发展:理念、现实与制度同构[J].高等教育研究,2019(1):28—36.

[59] 许长青,黄玉梅.制度变迁视域中粤港澳大湾区高等教育融合发展研究[J].中国高教研究,2019(7):25—32.

[60] 薛二勇,刘爱玲.京津冀教育协同发展政策的构建[J].教育研究,2016(11):33—38.

[61] 薛二勇,刘爱玲.京津冀高等教育布局结构优化的政策研究[J].高等教育研究,2018(8):38—44.

[62] 杨秀芹,范先佐.高等学校行为的博弈分析[J].高等教育研究,2006(5):40—45.

[63] 杨振军.推动形成京津冀高等教育协同发展新格局[J].中国高等教育,2017(8):52—54.

[64] 余秀兰.促进与区域经济的良好互动:长三角教育的应为与难为[J].教育发展研究,2005(17):60—62.

[65] 余秀兰.分工与合作:促进长三角高等教育新发展[J].教育发展研究,2004(1):8—9.

[66] 袁晶,张珏.长三角区域高等教育一体化发展:需求、障碍与机制突

破[J].教育发展研究,2019(5):54—59.

[67] 袁兴国.结构与功能的矛盾:我国高等教育人才培养研究的社会学视角[J].中国高教研究,2008(10):49—51.

[68] 张端鸿,刘虹.中国高等教育改革与发展的政策工具分析[J].复旦教育论坛,2013(1):50—54.

[69] 张红霞,曲铭峰.长三角高等教育一体化:学科与课程层面[J].教育发展研究,2005(17):63—65.

[70] 张亚,王世龙.高校服务京津冀协同发展的路径研究——以新发展理念为分析视角[J].国家教育行政学院学报,2020(01):51—56.

[71] 张阳.我国高等教育的区域问题研究及其发展简述[J].江苏高教,2002(3):29—31.

[72] 赵庆年.分工与合作:区域高等教育协同发展的现实需要与理性诉求[J].黑龙江高教研究,2009(1):13—17.

[73] 赵渊.长三角高等教育协作:路径矫正及动力机制建构[J].中国高教研究,2013(2):37—40.

[74] 钟秉林.遵循教育规律,建设高等教育强国[J].中国高等教育,2019(2):1.

[75] 朱建成.粤港澳高等教育共同体建设的探讨[J].高教探索,2009(6):77—80.

[76] 周萍.长三角中心城市高等教育发展模式初探[J].江苏高教,2005(5):31—34.

[77] 宗晓华,冒荣.合作博弈与集群发展:长三角地区高等教育协同发展研究[J].教育发展研究,2010(9):1—5.

[78] 左崇良,潘懋元.美国高等教育治理的核心要义与内外格局[J].江苏高教,2016(6):24—30.

(二)外文期刊

[1] Bleaney, M. F., Binks, M. R., Greenaway, D., Reed, G. V., & Whynes, D. K. What does a University add to its local economy[J].

Applied Economics, 1992, 24(3): 305.

[2] Corbett A. Ping Pong: competing leadership for reform in EU higher education 1998—2006[J]. *European Journal of Education*, 2011, 46 (1): 36—53.

[3] Gornitzka, Å. Bologna in context: A horizontal perspective on the dynamics of governance sites for a Europe of knowledge[J]. *European Journal of Education*, 2010, 45, 536—548.

[4] Kerr, C. The Internationalization of Learning and the Nationalization of the Purposes of Higher Education: Two Laws of Motion in Conflict[J]. *European Journal of Education*, 1990, 25(1): 5—22.

[5] Khalid, Jamshed; Ali, Anees Janee; Nordin, Nordiana Mohd. Regional Cooperation in Higher Education: Can It Lead ASEAN toward Harmonization[J]. *Southeast Asian Studies*, 2019, 8(1): 81—98.

[6] Khalid, J., Ali, A. J., Khaleel, M., and Islam, M. S. Towards Global Knowledge Society: A SWOT Analysis of Higher Education of Pakistan in Context of Internationalization[J]. *Journal of Business*, 2017, 2(2): 8—15.

[7] McGuire, Michael. Collaborative Public Management: Assessing What We Know and How We Know It[J]. *Public Administration Review*, 2006, 66(1): 33—43.

[8] Mcdonnell L M & Elmore R F. Getting the Job Done: Alternative Policy Instruments[J]. *Educational Evaluation and Policy Analysis*, 1987, (2): 133—152.

[9] Neave, G. The Bologna Declaration: Some of the Historic Dilemmas Posed by the Reconstruction of the Community in Europe's Systems of Higher Education[J]. *Educational Policy*, 2003, 17(1): 141—164.

[10] Premfors, R. Analysis in Politics: The Regionalization of Swedish Higher Education[J]. *Comparative Education Review*, 1984, 28(1): 85—

104.

[11] Ramburuth, P., and McCormick, J. Learning Diversity in Higher Education: A Comparative Study of Asian International and Australian Students[J]. *Higher Education*, 2001, 42(3): 333—350.

[12] Ravinet P, Chou M H. Higher education regionalism in Europe and Southeast Asia: Comparing policy ideas[J]. *Policy and Society*, 2017, 36(1): 143—159.

[13] Schneider A & Ingram H. Behavioral Assumptions of Policy Tools[J]. *Journal of Politics*, 1990, (2): 510—529.

[14] Seeber M, Lepori B, Agasisti T, et al. Relational arenas in a regional Higher Education system: Insights from an empirical analysis[J]. *Research Evaluation*, 2012, 21(4): 291—305.

[15] Zborovsky G E, Ambarova P A. Network Interaction of Universities in Higher Education System of Ural Macro-Region[J]. *Economy of Region*, 2017, 13(2): 446—456.

五、学位论文

[1] 陈凯. 从共同体到联合体——马克思共同体思想研究[D]. 厦门：华侨大学, 2017.

[2] 刘静. 我国区域高等教育协同发展及其对综合水平的影响[D]. 长沙：湖南大学, 2014.

[3] 王雅梅. 欧盟区域政策研究[D]. 成都：四川大学, 2005.

[4] 韦日平. 毛泽东教育哲学研究[D]. 武汉：武汉大学, 2003.

[5] 辛鸣. 制度论——哲学视野中的制度与制度研究[D]. 北京：中共中央党校, 2004.

[6] 岳建军. 高等学校教育资源共享问题研究[D]. 大连：辽宁师范大学, 2012.

[7] 詹立炜. 台湾跨域治理机制之研究——理论、策略与个案[D]. 新竹：

中华大学,2005.

[8] 湛俊三. 地方高校战略联盟研究[D]. 武汉：武汉理工大学,2008.

[9] 章佳梅. 法国大学区制历史沿革研究[D]. 上海：华东师范大学,2016.

[10] 张志刚. 高等教育区域优化研究[D]. 济南：山东师范大学,2009.

六、网络资源

(一) 中文电子文献

[1] 安徽省人民政府网. 安徽省"十三五"教育事业发展规划[EB/OL]. (2017-01-06)[2019-12-23]. http://www.ah.gov.cn/UserData/DocHtml/1/2017/2/16/4462171271996.html.

[2] 长三角地区应用型本科高校联盟. "长三角地区应用型本科高校联盟"成立大会在合肥学院召开[EB/OL]. (2014-11-13)[2019-12-23]. http://csjlm.hfuu.edu.cn/c5/21/c4428a50465/page.htm.

[3] 长三角绿色制药协同创新中心. 中心简介[EB/OL]. [2019-12-23]. http://www.2011jh.zjut.edu.cn/ReadClassDetail.jsp?bigclassid=1&sid=16.

[4] 法律图书馆. 江苏省政府关于印发江苏高水平大学建设方案的通知[EB/OL]. (2016-06-15)[2019-11-23]. http://www.law-lib.com/law/law_view.asp?id=549985.

[5] 法律图书馆. 安徽省人民政府关于印发一流学科专业与高水平大学建设五年行动计划的通知[EB/OL]. (2016-12-28)[2019-11-23]. http://www.law-lib.com/law/law_view1.asp?id=572999.

[6] 光明网. 长三角5所高校成立大学科技园联盟[EB/OL]. (2019-10-25)[2019-12-23]. http://edu.gmw.cn/2019-10/25/content_33266262.htm.

[7] 国家发展改革委、住房城乡建设部. 长江三角洲城市群发展规划[EB/OL]. (2016-05-11). [2019-12-02]. http://www.gov.cn/xinwen/

2016-06/03/content_5079264.htm.

[8] 杭州电子科技大学学科建设与发展规划处. 浙江省一流学科建设实施办法[EB/OL]. (2017-01-06). http://zdb.hdu.edu.cn/2017/0106/c3310a86910/page.htm.

[9] 孔令池,刘志彪. 长三角地区高质量一体化发展水平研究报告(2018年)[EB/OL]. (2019-04-03)[2019-06-01]. http://www.yangtze-idei.cn/index.php? m=content&c=index&a=show&catid=19&id=782.

[10] 溧阳市人民政府. 上海交大江苏中关村研究院:为溧阳创新创业注入"活性因子"[EB/OL]. (2018-10-25)[2019-12-23]. http://www.liyang.gov.cn/? mod=article&do=detail&tid=125496363.

[11] 联合国教科文组织. 关于高等教育的变革与发展的政策性文件(一)[EB/OL]. [2019-04-25]. http://old.moe.gov.cn/publicfiles/business/htmlfiles/moe/moe_236/200409/975.html.

[12] 民盟上海市委. 关于对标世界级城市,提升长三角高等教育全球竞争力的建议[EB/OL]. (2019-02-19)[2019-12-23]. http://www.shszx.gov.cn/node2/node5368/node5376/node5388/u1ai103170.html.

[13] 南京师范大学. 长三角教师教育联盟第二次工作会议在我校召开[EB/OL]. (2014-11-03)[2019-12-23]. http://sun.njnu.edu.cn/news/2014-11/095741_256837.html.

[14] 全国人民代表大会. 中华人民共和国高等教育法[EB/OL]. (2019-01-07)[2019-07-01]. http://www.npc.gov.cn/npc/c30834/201901/9df07167324c4a34bf6c44700fafa753.shtml.

[15] 人民网. 长三角高校技术转移联盟成立[EB/OL]. (2019-07-08)[2019-07-08]. http://sh.people.com.cn/n2/2019/0708/c134768-33118064.html.

[16] 人民网. 从"活动型"走向"机制型"打造亚太教育高地[EB/OL]. (2014-07-09)[2019-12-23]. http://edu.people.com.cn/n/2014/0709/c1053-25260694.html.

[17] 人民网.徐青森：高等教育现代化重在提高质量优化结构深化改革[EB/OL].（2019-12-12）[2020-01-06].http://edu.people.com.cn/n1/2019/1212/c431016-31503675.html.

[18] 上海财经大学浙江学院网[EB/OL].[2019-12-23].http://www.shufe-zj.edu.cn/xqzl/xygk.htm.

[19] 上海国际人才网.上海市教育委员会关于印发《上海高等学校学科发展与优化布局规划（2014—2020年）》的通知[EB/OL].（2014-11-21）[2019-11-23].http://www.sh-italent.com/article/201603/201603150007.shtml.

[20] 上海教育网.2018年上海市教育工作年报[EB/OL].（2019-04-05）[2019-12-23].http://edu.sh.gov.cn/html/xxgk/201904/9042019001.html.

[21] 上海理工大学."长三角高等工程教育联盟"签约仪式在我校举行[EB/OL].（2015-09-16）[2019-12-23].http://www.usst.edu.cn/2015/0916/c34a9105/page.htm.

[22] 上海市人民政府.上海交通大学安徽陶铝新材料研究院揭牌[EB/OL].（2017-08-09）[2019-12-23].http://www.shanghai.gov.cn/nw2/nw2314/nw2315/nw31406/u21aw1249282.html.

[23] 上海市人民政府.上海市教育改革和发展"十三五"规划[EB/OL].（2016-08-15）[2019-12-23].http://www.shanghai.gov.cn/nw2/nw2314/nw39309/nw39385/nw40603/u26aw49535.html#.

[24] 上海音乐学院.上音浙音签署合作办学备忘录[EB/OL].（2016-11-07）[2019-12-23].http://www.shcmusic.edu.cn/view_0.aspx?cid=2&id=1325&navindex=0.

[25] 同济大学浙江学院网.学校介绍[EB/OL].[2019-12-23].https://www.tjzj.edu.cn/about.php?pid=743&cid=752.

[26] 皖江工学院网[EB/OL].[2019-12-23].http://www.hhuwtian.edu.cn/about/xueyuanjianjie/.

[27] 新华网.长三角高校智库联盟在沪成立[EB/OL].(2019-09-23)[2019-12-23].http://www.xinhuanet.com/2019-09/23/c_1125027833.htm.

[28] 盐城市大丰区人民政府.江苏省"十三五"教育发展规划[EB/OL].(2016-08-23)[2019-12-23].http://dafeng.yancheng.gov.cn/art/2017/11/17/art_12291_1901154.html.

[29] 浙江大学苏州工业技术研究院.研究院简介[EB/OL].[2019-12-23].http://www.zjuszgyy.com/about.asp?ID=2.

[30] 浙江省人民政府办公厅.关于印发浙江省人才发展"十三五"规划的通知[EB/OL].(2016-09-10)[2019-05-03].http://www.zj.gov.cn/art/2016/9/12/art_12461_285248.html.

[31] 浙江政务服务网.浙江省教育事业发展"十三五"规划[EB/OL].(2016-08-16)[2019-12-23].http://jyt.zj.gov.cn/art/2017/10/10/art_1532994_27483887.html.

[32] 赵红军,刘民钢.1 639份问卷背后:长三角教育一体化需求高[EB/OL].(2019-04-26)[2019-06-01].https://www.thepaper.cn/newsDetail_forward_3342280.

[33] 浙江省药监局.浙医药学校正式加入"长三角地区医药类院校联盟"[EB/OL].(2016-12-21)[2019-12-23].http://www.zj.gov.cn/art/2016/12/21/art_13128_2204841.html.

[34] 中共中央、国务院.长江三角洲区域一体化发展规划纲要[EB/OL].(2019-12-01).[2019-12-02].http://www.gov.cn/zhengce/2019-12/01/content_5457442.htm.

[35] 中共江苏省委、江苏省人民政府.关于印发《江苏省中长期人才发展规划纲要(2010—2020年)》的通知[EB/OL].(2010-11-23)[2019-05-03].http://www.js.gov.cn/art/2010/11/23/art_46836_2680936.html.

[36] 中共上海市委办公厅、上海市人民政府办公厅.印发《上海市人才发展"十三五"规划》的通知[EB/OL].(2017-06-05)[2019-05-03].http://

fgw. sh. gov. cn/fzgggz/sswgg/ggwbhwgwj/27740. htm.

[37] 中国网. 熊竞: 长三角的前世今生[EB/OL]. (2019 - 04 - 25)[2019 - 12 - 02]. http://business. china. com. cn/2019 - 04/25/content_40731178. html? f=pad&a=true.

[38] 中国科学技术大学. 我校与中国美术学院合作开展跨界协同创新人才培养[EB/OL]. (2015 - 06 - 03)[2019 - 12 - 23]. http://news. ustc. edu. cn/2015/0623/c15884a300948/page. htm.

[39] 中国科学技术大学. 长三角研究型大学联盟成立[EB/OL]. (2019 - 05 - 23)[2019 - 12 - 23]. http://news. ustc. edu. cn/2019/0523/c15884a381353/page. htm.

[40] 中国科学技术大学苏州研究院. 校园概况[EB/OL]. [2019 - 12 - 23]. https://sz. ustc. edu. cn/content/show - 5. html.

[41] 中华人民共和国教育部. 关于 2018 年全国教育经费执行情况统计公告[EB/OL]. (2019 - 09 - 26)[2019 - 12 - 23]. http://www. moe. gov. cn/srcsite/A05/s3040/201910/t20191016_403859. html.

[42] 中华人民共和国教育部. 2018 年来华留学统计[EB/OL]. (2019 - 04 - 12)[2019 - 07 - 01]. http://www. moe. gov. cn/jyb_xwfb/gzdt_gzdt/s5987/201904/t20190412_377692. html.

[43] 中华人民共和国教育部. 教育部关于"十三五"时期高等学校设置工作的意见[EB/OL]. (2017 - 01 - 25)[2017 - 02 - 04]. http://www. moe. gov. cn/srcsite/A03/s181/201702/t20170217_296529. html.

[44] 中华人民共和国教育部. "双一流"建设学科名单[EB/OL]. (2017 - 12 - 06)[2019 - 12 - 23]. http://www. moe. gov. cn/s78/A22/A22_ztzl/ztzl_tjsylpt/sylpt_jsxk/201712/t20171206_320669. html.

[45] 中华人民共和国教育部中外合作办学监管工作信息平台. 中外合作办学机构与项目(含内地与港澳台地区合作办学机构与项目)名单(按地区)[EB/OL]. [2019 - 12 - 23]. http://www. crs. jsj. edu. cn/.

[46] 中华人民共和国中央人民政府滚动新闻. 安徽: 2020 年前战略性新

兴产业人力资源缺口约 2.6 万人次［EB/OL］.（2017 - 09 - 03）［2019 - 05 - 03］. http：//www. gov. cn/xinwen/2017 - 09/03/content_5222409. htm.

［47］中国学位与研究生教育信息网. 全国第四轮学科评估结果公布［EB/OL］. http：//www. cdgdc. edu. cn/xwyyjsjyxx/xkpgjg/.

［48］最好大学网. 软科中国最好学科排名 2017［EB/OL］. http：//www. zuihaodaxue. com/BCSR/zhexue2017. html.

［49］最好大学网. 2019 软科中国最好学科排名［EB/OL］.（2019 - 10 - 30）. http：//www. zuihaodaxue. com/news/20191030 - 1063. html.

［50］中国高校人文社会科学信息网,"首届长三角都市圈地方重点高校传统学科协作会议"在上海大学举行［EB/OL］.［2012 - 12 - 18］https：//www. sinoss. net/2012/1218/44143. html.

（二）外文电子文献

［1］Arbo，P. and P. Benneworth，Understanding the Regional Contribution of Higher Education Institutions：A Literature Review［EB/OL］.（2007 - 07 - 09）. https：//www. oecd-ilibrary. org/education/understanding-the-regional-contribution-of-higher-education-institutions_161208155312.

［2］ARCHE. About Atlanta Regional Council for High Education［EB/OL］.［2019 - 12 - 23］. https：//www. atlantahighered. org/.

［3］EHEA. Monitoring And Stocktaking［EB/OL］.［2019 - 12 - 23］. http：//www. ehea. info/page-monitoring-and-stocktaking.

［4］ESU. Bologna With Student Eyes［EB/OL］.［2019 - 12 - 23］. https：//www. esu-online. org/? s＝Bologna＋With＋Student＋Eyes.

［5］European Union. Education，Training and Youth［EB/OL］.［2019 - 12 - 23］. https：//europa. eu/european-union/topics/education-training-youth_en.

［6］Klaus Schwab，World Economic Forum. The global competitiveness report 2016—2017［EB/OL］.（2016 - 09 - 28）［2019 - 12 - 23］，https：//www. weforum. org/reports/the-global-competitiveness-report-2016 - 2017 - 1.

［7］Midwestern Higher Education Commission. About MHEC［EB/

OL]. [2019 - 12 - 23]. https://www.mhec.org/about/committees.

[8] New England Board of Higher Education. About Us[EB/OL]. [2019 - 12 - 23]. https://nebhe.org/about.

[9] OECD. Supporting the Contribution of Higher Education Inatitutions to Regional Development[EB/OL]. (2007 - 09 - 20)[2019 - 12 - 23]. http://www.oecd.org/education/imhe/highereducationinregionalandcitydevelopment.htm.

[10] QS Top Universities. Best Student Cities 2019[EB/OL]. https://www.qschina.cn/city-rankings/2019.

[11] QS Top Universities. QS World University Rankings by Subject [EB/OL]. https://www.qschina.cn/en/subject-rankings-2019.

[12] SREB. About Southern Regional Education Board [EB/OL]. [2019 - 12 - 23]. https://www.sreb.org.

[13] WICHE. About Western Interstate Commission for Higher Education[EB/OL]. [2019 - 12 - 23]. https://www.wiche.edu.

[14] World Bank Library. Education Sector Strategy [EB/OL]. https://elibrary.worldbank.org/doi/pdf/10.1596/0 - 8213 - 4560 - 5.

后　记

　　本书是在我的博士论文的基础上修改而成的。随着长三角区域一体化高质量发展以及长三角三省一市高等教育发展变革的现实需求和政策诉求愈加强烈,目前区域高等教育协同发展已经进入实质性推进的关键时期,亟须理论创新与实践推进。已有研究从不同理论视角和主题内容对长三角区域高等教育协同发展进行了诸多探索,但仍然存在不足,需进一步深入研究。笔者在梳理前人相关研究的基础上,对长三角区域高等教育协同发展政策进行系统性的梳理和研究,深入长三角区域高等教育协同发展实践中发掘问题,从而透视长三角区域高等教育协同发展政策存在的不足之处和面临的困境,以期为政策的完善提供反馈性和预测性的依据。

　　本书能够顺利出版,要感谢我的博士生导师陈国良教授对我的谆谆教诲与悉心指导。陈老师有着宽广的学术视野、立意高远的学术追求,是"国家教育科学决策服务系统"建设的总设计师。是陈老师让我有机会接触"国家教育科学决策服务系统",从而对教育政策与决策分析有了更直观的认识。感谢给我思想启迪和学术智慧的各位老师。感谢朱益明教授,朱老师为人谦和,具有广博睿智的学识魅力。感谢童世骏教授、张民选教授、袁振国教授、李政涛教授、范国睿教授、黄忠敬教授、马和民教授、吴遵民教授、唐汉卫教授、郅庭瑾教授、胡耀宗教授、林荣日教授、杨德广教授、李正明教授、孙绍荣教授、杜晓利研究员、董轩教授、刘世清教授、侯定凯副教授等让我开拓了学术视野,感受到了学术魅力,并为本书的修改完善提出了细致的参考意见和建议。感谢在我研究调研中给予帮助的专家和老师,在此一并表示感谢。

　　博士毕业一年之余,在忙碌工作之暇整理出版此书,离不开单位各位领导和同仁的支持与帮助！感谢上海开放大学发展研究部杨晨部长的关心与支持；感谢市民终身学习监测研究中心常务副主任周翠萍老师对本书出版的督促与建议；感谢各位同仁对我这位新人的帮助和宽容；感谢上海开放大学科研处为本书的出版提供了基金资助。

感谢促使我学习成长、带给我温暖与感动的师兄师姐、师弟师妹和同窗好友；感谢一直默默支持我的家人；感谢出版社相关编辑老师付出的心血。

"路漫漫其修远兮,吾将上下而求索"。我将怀着感恩和谦卑之心继续在学术道路上前行。

曹 燕

2023 年 1 月于上海开放大学

图书在版编目(CIP)数据

长三角区域高等教育协同发展政策优化研究 / 曹燕著. — 上海：上海社会科学院出版社，2023
ISBN 978-7-5520-3791-3

Ⅰ.①长… Ⅱ.①曹… Ⅲ.①长江三角洲—高等教育—发展—教育政策—研究 Ⅳ.①G649.21

中国国家版本馆CIP数据核字(2023)第039216号

长三角区域高等教育协同发展政策优化研究

著　　者：曹　燕
责任编辑：周　萌
封面设计：梁业礼
出版发行：上海社会科学院出版社
　　　　　上海顺昌路622号　邮编200025
　　　　　电话总机 021-63315947　销售热线 021-53063735
　　　　　http://www.sassp.cn　E-mail:sassp@sassp.cn
排　　版：南京展望文化发展有限公司
印　　刷：上海万卷印刷股份有限公司
开　　本：710毫米×1010毫米　1/16
印　　张：14.5
字　　数：220千
版　　次：2023年4月第1版　2023年4月第1次印刷

ISBN 978-7-5520-3791-3/G·1243　　　　定价：79.00元

版权所有　翻印必究